Node.js & Co.

 **Golo Roden** (*www.goloroden.de*) ist freiberuflicher Wissensvermittler und Technologieberater für Webtechnologien, Codequalität und agile Methoden. Zu diesen Themen berät er Unternehmen bei der Evaluierung, Erforschung und Verwendung geeigneter Technologien und Methoden. Darüber hinaus ist er journalistisch für verschiedene Fachzeitschriften und als Referent und Content Manager für Konferenzen im In- und Ausland tätig. Für sein qualitativ hochwertiges Engagement in der Community wurde Golo von Microsoft zweifach als Most Valuable Professional (MVP) für C# ausgezeichnet.

iX-Edition

In der *iX*-Edition erscheinen Titel, die vom dpunkt.verlag gemeinsam mit der Redaktion der Computerzeitschrift *iX* ausgewählt und konzipiert wurden. Inhaltlicher Schwerpunkt dieser Reihe sind Standardwerke zu professioneller Datenverarbeitung und Internet.

Golo Roden

Node.js & Co.

Skalierbare, hochperformante und echtzeitfähige Webanwendungen professionell in JavaScript entwickeln

iX Edition

 dpunkt.verlag

Golo Roden
webmaster@goloroden.de

Lektorat: René Schönfeldt
Copy-Editing: Annette Schwarz, Ditzingen
Herstellung: Birgit Bäuerlein
Umschlaggestaltung: Helmut Kraus, www.exclam.de
Druck und Bindung: M.P. Media-Print Informationstechnologie GmbH, 33100 Paderborn

Bibliografische Information der Deutschen Nationalbibliothek
Die Deutsche Nationalbibliothek verzeichnet diese Publikation in der Deutschen Nationalbibliografie;
detaillierte bibliografische Daten sind im Internet über http://dnb.d-nb.de abrufbar.

ISBN 978-3-89864-829-5

1. Auflage 2012
Copyright © 2012 dpunkt.verlag GmbH
Ringstraße 19 B
69115 Heidelberg

❖❖❖ In Liebe für Susanna und Fleur ❖❖❖

Vorwort

Node.js ist ein Framework zur Entwicklung von serverseitigen Webanwendungen in JavaScript. Auf diese Weise wird Webentwicklern die einheitliche Verwendung von JavaScript für Client und Server ermöglicht. Node.js wurde von Ryan Dahl entwickelt und erstmals im Jahr 2009 veröffentlicht.

Einen besonderen Schwerpunkt legt Node.js auf die einfache und *Skalierbar* zugleich äußerst hohe Skalierbarkeit von Webanwendungen, um dem ständig wachsenden Bedarf an zahlreichen gleichzeitigen und dauerhaften Verbindungen gerecht zu werden.

Da Node.js auf Google V8, dem derzeit schnellsten verfügbaren *Hochperformant* JavaScript-Compiler basiert, verfügen die entwickelten Webanwendungen über eine ausgesprochen hohe Performance. Der funktionale Ansatz von JavaScript ermöglicht darüber hinaus eine ausgezeichnete Parallelisierung der Ausführung.

Zudem können auch echtzeitfähige Webanwendungen problemlos *Echtzeitfähig* entwickelt werden, da Websockets und Streaming fundamentale Konzepte in Node.js sind. Mit wenigen Zeilen JavaScript-Code können deshalb leistungsfähige und moderne Webanwendungen erstellt werden, die Desktopanwendungen in keiner Weise nachstehen.

Die Entwicklung und auch die Ausführung erfolgen dabei voll- *Plattformunabhängig* kommen plattformunabhängig: Node.js steht ohne zeitaufwendige Installation für Linux, Mac OS X und Windows zur Verfügung und kann mit jedem beliebigen Texteditor und zahlreichen integrierten Entwicklungsumgebungen verwendet werden.

Unterstützt wird Node.js von der Firma Joyent und einer ausge- *Unterstützung* sprochen engagierten Community, die innerhalb von zwei Jahren ein umfassendes Ökosystem mit annähernd 10.000 ergänzenden Komponenten für nahezu jeden Anwendungsfall geschaffen haben, die stetig erweitert und ergänzt werden.

Das vorliegende Buch führt in die Welt von Node.js & Co. ein und *Node.js & Co.* vermittelt außer den benötigten Technologien, Kenntnissen und Fähigkeiten auch einen Überblick über das umfangreiche Ökosystem, um das Fundament für die professionelle Entwicklung von modernen Webanwendungen zu legen.

An wen richtet sich dieses Buch?

Node.js & Co. richtet sich an alle Webentwickler, die JavaScript nicht nur im Webbrowser, sondern auch auf dem Server verwenden wollen, und die bereits über Vorkenntnisse in dieser Sprache und potenziell in anderen Webframeworks verfügen.

Ziel dieses Buches   Das Ziel des vorliegenden Buches ist, diesen Webentwicklern ein umfassendes Fundament in Node.js und den dazu erforderlichen Technologien, Kenntnissen und Fähigkeiten zu vermitteln. Außer der einführenden Theorie wird dabei stets auch die praktische Implementierung ausführlich beschrieben.

Zusätzlich wird ein Überblick über das Ökosystem und einige der wichtigsten Komponenten für Node.js gegeben. Dadurch wird die Fähigkeit vermittelt, sich innerhalb des äußerst umfangreichen und zumindest zu Beginn ausgesprochen unübersichtlichen Ökoystems eigenständig zurechtzufinden.

JavaScript als Basis   Da dieses Buch keine Einführung in JavaScript darstellt, sei derjenige, der noch keinerlei Erfahrung mit der Webentwicklung im Allgemeinen und JavaScript im Speziellen sammeln konnte, zunächst an andere Autoren verwiesen.

Besonders hervorzuheben als Einführung und Vertiefung in die Sprache JavaScript sind *Die Kunst der JavaScript-Programmierung* von Marijn Haverbeke[1] und *JavaScript: The Good Parts* von Douglas Crockford[2].

Wie ist das Buch strukturiert?

Das vorliegende Buch gliedert sich prinzipiell in zwei voneinander unabhängige Teile:

Node.js ...   ▪ Teil 1, *Node.js ...*: Der erste Teil befasst sich mit Node.js an sich. Nach der Installation und Konfiguration von Node.js werden die ersten Schritte erläutert, das Modulsystem erklärt und die Anwendung npm zum Verwalten der Module vorgestellt. Außerdem werden der Umgang mit dem Debugger, das Ausführen von Komponen-

---

1.   *http://www.amazon.de/dp/3898647870/*
2.   *http://www.amazon.de/dp/0596517742/*

tentests und das Veröffentlichen von Webanwendungen beschrieben.

■ Teil 2, ... & Co.: Der zweite Teil behandelt verschiedene ausgewählte Module, die in der Regel für die Entwicklung einer modernen Webanwendung erforderlich sind. Dies umfasst unter anderem das Verwenden von Vorlagen, die Arbeit mit Websockets, das Anbinden von NoSQL- und relationalen Datenbanken wie auch die Implementierung typischer Querschnittsbelange wie Validierung, Internationalisierung und Authentifizierung.

... & Co.

Webentwicklern, für die Node.js gänzlich neu ist, sei geraten, die vorgegebene Reihenfolge der Kapitel, insbesondere innerhalb des ersten Teils, einzuhalten.

Reihenfolge der Kapitel

Zwar sind die Themen der einzelnen Kapitel weitestgehend unabhängig voneinander, und insbesondere der zweite Teil kann prinzipiell in nahezu beliebiger Reihenfolge gelesen werden, allerdings folgen die Kapitel einem für Einsteiger hilfreichen roten Faden.

Durch die Unabhängigkeit der verschiedenen Kapitel kann das Buch jedoch zu einem späteren Zeitpunkt gezielt als Referenz zu den einzelnen Themen verwendet werden.

Die Auswahl der im zweiten Teil vorgestellten Module folgt primär deren Verbreitung, sekundär jedoch auch der Erfahrung und teilweise den persönlichen Vorlieben des Autors. In einigen Fällen wurde von verschiedenen gleichwertigen Modulen aus Platzgründen nur eines ausgewählt.

Auswahl der Module

Eine ausschließlich sachliche und nach objektiven Kriterien durchgeführte Auswahl ist bei annähernd 10.000 verfügbaren Modulen[3] aus naheliegenden Gründen nicht möglich.

Das Beispielprojekt

Ergänzt wird *Node.js & Co.* durch ein durchgängiges Beispielprojekt, das von Kapitel zu Kapitel erweitert und um neue Funktionen ergänzt wird.

Dabei handelt es sich um eine Webanwendung, die dem Handel mit digitalen Gütern wie beispielsweise E-Books, Fachartikeln, Bildern, Musik- oder Videodateien dient.

silkveil.js

Das Projekt trägt den Namen *silkveil.js* und steht kostenfrei als Open Source im Web zur Verfügung[4].

---

3. Stand Juli 2012
4. *https://github.com/goloroden/silkveiljs*

Schwerpunkt auf Node.js

Da der Schwerpunkt des vorliegenden Buches auf Node.js liegt, ist die grafische Benutzeroberfläche des Projekts verhältnismäßig schlicht gestaltet. Insbesondere wird auf die Verwendung von einigen Java-Script-Bibliotheken verzichtet, die in einem realen Projekt fraglos zum Einsatz kämen.

Der Code der grafischen Benutzeroberfläche verwendet daher weder die gängigen Entwurfsmuster noch erfüllt er die üblichen Qualitätsstandards. Dies ist der Entscheidung geschuldet, das Beispiel kompakt und übersichtlich zu halten und deshalb keine Bibliotheken zu verwenden, die keinen direkten Bezug zu Node.js aufweisen.

Aktualität

Das vorliegende Buch ist in dem Zeitraum von Dezember 2011 bis Juli 2012 entstanden. Allein in diesen acht Monaten hat sich Node.js um zahlreiche Versionen weiterentwickelt. Begonnen wurde das Buch auf Basis von Version 0.6.6, im Juni 2012 ist die Version 0.8.0 erschienen.

Kern von Node.js stabil

Ein Buch über ein dermaßen schnelllebiges Thema wie Node.js zu schreiben, das zugleich bei seinem Erscheinen noch aktuell ist, ist daher ausgesprochen schwierig. Prinzipiell gilt, dass die in diesem Buch beschriebenen Elemente von Node.js seit längerer Zeit verhältnismäßig stabil sind.

Dennoch stellt dies keine Garantie für die Zukunft dar, so dass es bei dem einen oder anderen Beispiel unter Umständen zu Konflikten kommen könnte.

Gleiches gilt für die verwendeten Module und deren jeweils aktuelle Versionen.

Danksagungen

Node.js & Co. wäre ohne die tatkräftige Unterstützung vieler engagierter Helfer nicht möglich gewesen.

Ingo Rammer und Achim Domma danke ich für das Korrekturlesen und die zahlreichen wertvollen Anregungen, die ich an entsprechender Stelle eingearbeitet habe.

Auch Laurin Stoll und Roberto Bez danke ich für unzählige interessante und aufschlussreiche Diskussionen, teils skeptischer, teils beflügelnder Natur über Node.js und verwandte Technologien.

Ich danke außerdem Jonathan Weiß, ohne den ich JavaScript nicht kennen und vor allem schätzen gelernt hätte.

Des Weiteren danke ich Christian Wenz für die von ihm unter Mac OS X erstellten Screenshots. Gleiches gilt für Alan Wilson, der das Eisbärenfoto aufgenommen und für den Titel zur Verfügung gestellt hat.

Ich danke auch meinem Lektor René Schönfeldt für die zahlreichen E-Mails und Telefonate, in denen er mir jederzeit mit Rat und Tat zur Seite gestanden hat.

Abschließend danke ich meiner Frau Susanna und meiner Tochter Fleur für ihr unendliches Verständnis und ihre Unterstützung. Ohne sie wäre es mir nicht möglich gewesen, so viel Zeit in den vergangenen Monaten am Schreibtisch zu verbringen und dieses Buch zu schreiben.

Zu guter Letzt widme ich dieses Buch Susanna und Fleur, der einen großen und der einen kleinen Liebe meines Lebens!

Kontakt

Node.js & Co. wird durch eine gleichnamige Webseite ergänzt[5]. Dort werden im Lauf der Zeit Errata und ergänzende Informationen zu diesem Buch zur Verfügung gestellt.

Bei Fragen, Anregungen, Lob oder Kritik erreichen Sie mich per E-Mail unter *webmaster@goloroden.de*.

Golo Roden
Riegel am Kaiserstuhl, im Juli 2012

---

5.   *http://www.nodejs-und-co.de/*

Inhaltsverzeichnis

Teil 1

Node.js ...

1 Was ist Node.js?

Der Begriff *Node.js* geistert seit dem Jahr 2009 durch die IT-Fach-presse und wird mit einer gewissen Regelmäßigkeit als »das nächste große Ding« bezeichnet[1]. Was verbirgt sich hinter diesem Begriff?

Um Node.js, dessen Bedeutung und den Hype darum verstehen zu können, muss man den Blick zunächst auf die bisherige Evolution des Webs richten und versuchen nachzuvollziehen, welche Technologien und Sprachen zu welcher Zeit aus welchen Gründen ihre jeweilige Hochzeit hatten.

Was war wann warum wichtig?

1.1 Die Zeitalter des Webs

1.1.1 1990 bis 2000: Das Web 1.0

Im Jahr 1989 wurde das Web von Tim Berners-Lee am CERN in Genf als Dokumentenaustauschsystem für Wissenschaftler entwickelt.

Da als Ziel zunächst nur galt, statische Dokumente abbilden zu können, waren die ersten Webseiten ebenso: statisch. Dies spiegelt sich bis heute in der Natur von HTML wider, das ohne Zuhilfenahme weiterer Technologien lediglich zur Darstellung rein statischer Inhalte taugt.

HTML für statische Webseiten

Zudem war HTML ausschließlich als Sprache zur Gliederung und Strukturierung von Dokumenten gedacht, nicht zur Beschreibung von deren Darstellung am Bildschirm oder in anderen Medien. Allerdings hielt dies nicht lange vor: Elemente wie beispielsweise <font> hielten Einzug in HTML, und die Verwendung von Tabellen als Designinstrument war gang und gäbe.[2]

---

1. *http://www.wired.com/wiredenterprise/2012/01/node-dot-js/*

CSS als Designsprache

Dies änderte sich erst im Jahr 1994 mit der Einführung einer separaten Sprache, die gezielt die Belange der Darstellung und des Designs anvisierte und es HTML somit ermöglichte, sich wieder auf die Gliederung und Strukturierung von Dokumenten zu konzentrieren: CSS.

Doch auch unter Zuhilfenahme von CSS ermöglichte HTML lediglich die Darstellung statischer, wenn auch optisch ansprechender Inhalte.

Der Bedarf an dynamischen Webseiten stieg jedoch zunehmend an. Ohne deren Verfügbarkeit wären beispielsweise die Gründungen von Amazon im Jahr 1994 oder eBay im Jahr 1995 gänzlich unmöglich gewesen.

JavaScript für clientseitige dynamische Webseiten

Hierfür etablierten sich gleich zwei Möglichkeiten: Zum einen konnten dynamische Inhalte clientseitig erzeugt werden, zum anderen serverseitig. Netscape veröffentlichte im Jahr 1995 die in ihren Webbrowser integrierte Programmiersprache JavaScript, um Webseiten clientseitig verändern zu können.

Im Rahmen des Wettlaufs zwischen den verschiedenen Herstellern von Webbrowsern um den größten Marktanteil wurde JavaScript zügig um zahlreiche Fähigkeiten erweitert, die damals im Wesentlichen mit dem Begriff *Dynamic HTML* bezeichnet wurden.

PHP & Co. für serverseitige dynamische Webseiten

Auf der Serverseite hingegen entstanden die ersten Sprachen und Frameworks zur dedizierten Entwicklung von Webanwendungen, unter anderem das ebenfalls im Jahr 1995 erschienene und als Open Source frei verfügbare PHP.[3]

Doch auch die Hersteller der Webbrowser versuchten, sich ihr Stück des Kuchens zu sichern: So veröffentlichte Microsoft im Jahr 1996 die im Wesentlichen in Verbindung mit VBScript genutzte Technologie *Active Server Pages* (ASP).

Erst drei weitere Jahre später, also im Jahr 1999, erschien die Technologie *Java 2 Platform Enterprise Edition* (J2EE) von Sun, die sich ebenfalls die Entwicklung dynamischer, serverseitiger Webseiten zum Ziel gesetzt hatte.

2.   Tatsächlich wurden von Anfang an auch sogenannte »physische Stile« wie **fett** oder *kursiv* für HTML vorgesehen. Allerdings wurde zugleich darauf hingewiesen, dass die logischen Stile in der Regel vorzuziehen seien. In dem IETF-Draft 1.2 für HTML aus dem Jahr 1993 (siehe *http://www.w3.org/MarkUp/draft-ietf-iiir-html-01.txt*) heißt es: »*The logical styles should be used wherever possible, unless for example it is necessary to refer to the formatting in the text. (Eg, ›The italic parts are mandatory‹.)*«

3.   Auch vor dem Jahr 1995 bestand bereits die Möglichkeit, dynamische Webseiten zu entwickeln, beispielsweise auf Basis von Perl und CGI. Spätestens mit Erscheinen der *Zend Engine* im Jahr 1998 überholte PHP jedoch die übrigen Plattformen hinsichtlich ihrer Popularität.

Der Wettbewerb zwischen client- und serverseitigen Technologien zur Entwicklung dynamischer Webseiten wurde damals eindeutig zugunsten der serverseitigen Varianten entschieden. Ein wesentlicher Grund hierfür war, dass die Inhalte der Webseiten in der Regel vom jeweiligen Anbieter bereitgestellt wurden und daher ohnehin unter der Kontrolle des ausliefernden Webservers lagen.

Von Anbietern generierte Inhalte

Der Zeitraum von 1990 bis zum Jahr 2000 war im Wesentlichen also von der Entwicklung neuer Technologien und der Erforschung des im Web überhaupt Möglichen geprägt. Deshalb wird er auch als das erste Zeitalter des Webs bezeichnet: als *Web 1.0*.

1.1.2   2000 bis 2010: Das Web 2.0

Mit dem Jahrtausendwechsel ging eine Konsolidierung und Standardisierung der verschiedenen Technologien einher: Die ersten bewährten Vorgehensweisen hatten sich entwickelt und wurden aus dem Enterprise- in den Consumer-Bereich übertragen.

Besonders erwähnenswert ist hierbei die Fokussierung der jeweils verwendeten Technologien auf vier Aspekte: das zugrunde liegende Betriebssystem, den darauf aufbauenden Webserver, eine Datenbank und ein serverseitiges Framework zur Entwicklung der eigentlichen Webseite.

Ein standardisierter Technologie-Stack

Die größte Verbreitung war dabei den freien Open-Source-Produkten beschieden, allen voran dem Betriebssystem Linux, dem darauf aufbauenden Webserver Apache, der relationalen Datenbank MySQL und der bereits erwähnten Sprache PHP. Die Initialen dieser Produkte prägten den Begriff des *LAMP-Stacks*.

Im Jahr 2002 veröffentlichte Microsoft dann das .NET Framework, das auch den Nachfolger von ASP enthielt: ASP.NET. Aufgrund der gelungenen Klassenbibliothek und der ausgezeichneten Laufzeitumgebung war ASP.NET großer Erfolg beschieden, so dass inzwischen auch zahlreiche Enterprise-Webseiten auf ASP.NET basieren.

ASP.NET als Framework für das Web 2.0

ASP.NET liegt inzwischen in zwei Varianten vor: dem älteren ASP.NET Web Forms und dem modernen ASP.NET MVC. Beide orientieren sich von ihrer Konzeption her jedoch an den zuvor genannten Belangen dynamischer, serverseitig erzeugter Webseiten.

Doch nicht nur technologisch, auch inhaltlich fand ein Wechsel statt – jedoch keine Konsolidierung, sondern eine Diversifizierung: Im Gegensatz zum Web 1.0, in dem die Inhalte von den Anbietern bereitgestellt wurden, begannen die Benutzer nun ihrerseits, Inhalte zu erstellen und zu verbreiten, beispielsweise in persönlichen Blogs.

Vom Benutzer generierte Inhalte

Zahlreiche Webseiten trugen dieser Bewegung im Lauf der Zeit Rechnung, indem sie versuchten, sich als offene Plattformen für benutzergenerierte Inhalte zu etablieren.

Der Zeitraum von 2000 bis zum Jahr 2010 war im Wesentlichen also von der Fokussierung und Konsolidierung der bestehenden Technologien und von der Verbreitung benutzergenerierter Inhalte geprägt. Deshalb wird er auch als das zweite Zeitalter des Webs bezeichnet: als *Web 2.0*.

1.1.3   2010 bis heute: Das Web 3.0

Um das Jahr 2010 gab es einen weiteren bedeutsamen Einschnitt: Üppig ausgestattete Breitbandverbindungen haben – zumindest in den westlichen Industriestaaten – ihren exklusiven Status inzwischen weitestgehend verloren.

Breitband als Standard   Waren Verbindungen mit einigen wenigen MBit/s um die Jahrtausendwende noch eine Besonderheit, sind heute DSL-Verbindungen mit 16 MBit/s oder mehr üblich, was unter anderem für das IP-gestützte Fernsehen (IPTV) gänzlich neue Möglichkeiten eröffnet.

Dies betrifft jedoch nicht nur die klassische kabelgebundene Verbindung, sondern auch den mobilen Bereich: Die Verfügbarkeit von mobilen Datenverbindungen über die bestehenden UMTS- und die kommenden LTE-Netze ist ausgesprochen hoch.

Flatrates als Standard   Hinzu kommen deutlich gesunkene Preise für den Zugang, so dass inzwischen zahlreiche Unternehmen und private Haushalte zum Pauschaltarif zeit- und volumenunabhängig online sind – kabelgebunden wie auch mobil.

All dies führt dazu, dass das Web ein fundamentaler Bestandteil des täglichen Lebens wird. Menschen, die nach 1990 geboren sind, sehen das Web als Selbstverständlichkeit an. Sie kennen die Welt nicht anders, und werden daher häufig als *Digital Natives* bezeichnet – im Gegensatz zu den *Digital Immigrants*, für die das nicht gilt.

Anywhere, anytime, on any device   Insbesondere die Digital Natives erwarten, dass das Web eine allgegenwärtige, jederzeit verfügbare Infrastruktur darstellt wie das Wasser- oder das Elektrizitätsnetz. Sie möchten auf ihre Daten von jedem beliebigen Gerät aus zugreifen können, von jedem Ort der Welt aus, jederzeit.

Doch die Digital Natives erwarten noch weitaus mehr vom Web: Sie wollen nicht nur gezielt nach Informationen suchen können, sondern vom Web auch proaktiv informiert werden.

Sobald neue Informationen vorliegen, sollen diese aktiv zum Benutzer und an dessen Geräte gesendet werden (Push-Verfahren), statt von ihm explizit abgerufen werden zu müssen (Pull-Verfahren).

Dies führt zu dem sogenannten C10K-Problem, bei dem es darum geht, mindestens 10.000 Clients von einem einzigen Webserver zu bedienen.

Das C10K-Problem

Berücksichtigt man, dass nahezu jeder Digital Native über mindestens zwei bis drei IP-fähige Endgeräte verfügt, die zudem beständig online sind, wirkt die Zahl von 10.000 gleichzeitig zugreifenden Clients nicht so hoch, wie man zunächst vielleicht vermuten könnte.

Bereits an dieser Stelle werden jedoch die ersten Probleme deutlich: Klassische Webserver skalieren, indem sie für jeden eingehenden Request einen eigenen Thread verwenden. Wird für jeden Thread ein Stack von lediglich zwei MByte reserviert (was einem in der Praxis durchaus üblichen Wert entspricht), erfordern 10.000 gleichzeitig stattfindende Zugriffe bereits 20 GByte Speicher.

Threads skalieren nicht.

Zudem kommen nicht alle Betriebssysteme mit einer dermaßen hohen Anzahl an Threads zurecht, sondern stoßen bereits deutlich vorher an ihre Grenzen.

Doch damit nicht genug der Herausforderungen: Benutzer erwarten zunehmend, dass sich Web- genauso wie Desktopanwendungen anfühlen sollen. Sie erwarten die gleichen Steuerelemente, den gleichen Komfort, die gleiche Reaktivität und eventuell sogar Echtzeitfähigkeit – und das wohlgemerkt auf jedem Gerät.

Webanwendungen als kleinster gemeinsamer Nenner

Die wenigsten Entwickler verfügen über das Wissen oder gar die Kapazitäten, eine Anwendung auf dem Desktop, im Web und auf allen relevanten mobilen Plattformen nativ zur Verfügung zu stellen, weshalb häufig auf Webanwendungen als kleinster gemeinsamer Nenner zurückgegriffen wird.

Das Kunststück besteht nun darin, mit diesem kleinsten gemeinsamen Nenner all das zu bieten, was zuvor mit nativen Lösungen möglich war.

Dabei avanciert JavaScript von der ehemals ungeliebten Skriptsprache für Clientinteraktion zur Lingua Franca der modernen Webentwicklung. Zahlreiche moderne Webanwendungen wie beispielsweise die sozialen Netzwerke Twitter, Facebook und Google+ wären ohne JavaScript ebenso undenkbar wie Amazon oder eBay vor 15 Jahren ohne dynamische Webseiten.

JavaScript als Lingua Franca des modernen Webs

Dieser Bedeutungsaufschwung von JavaScript ist prägend für die Zeit seit dem Jahr 2010. Deshalb wird dieser gerade erst begonnene Zeitraum auch als das dritte Zeitalter des Webs bezeichnet: als *Web 3.0*.

1.2   JavaScript – Fluch oder Segen?

1.2.1   Die Nachteile von JavaScript

Während bisherige Webentwickler diesen Entwicklungen verhältnismäßig gelassen entgegensehen können, bedeutet dies für Desktopentwickler eine Abkehr von zahlreichen liebgewonnenen Gewohnheiten und Technologien.

JavaScript als wenig gelungene Sprache

Der am häufigsten genannte Einwand lautet, dass JavaScript eine wenig gelungene Programmiersprache sei, mit der bestenfalls unsauber entwickelt werden könne.

Hinzu kommt die häufig anzutreffende Meinung, dass es keine vernünftigen, ausgereiften und hochwertigen Werkzeuge für die Entwicklung mit JavaScript gebe: Von der IDE über den Debugger bis hin zum Profiler gelten die Werkzeuge als nicht vorhanden oder zumindest als rückständig, umständlich und nicht leistungsfähig.

Tatsächlich sieht die Wirklichkeit anders aus: JavaScript ist eine extrem leistungsfähige Sprache, die allerdings beherrscht werden will: *Closures*, *Currying*, *Partial Function Application* und ähnliche, im Kern funktionale Konzepte sind allgegenwärtig, aber nicht jedem Desktopentwickler, die zumeist in der objektorientierten Programmierung beheimatet sind, vertraut.

Hinzu kommen Spezialitäten von JavaScript wie beispielsweise die Existenz *globaler Variablen*, das *Function Scoping*, das *Variable Hoisting* oder die für zahlreiche Entwickler gewöhnungsbedürftige Verwendung des this-Schlüsselwortes.

JavaScript ist nicht C-basiert.

Das größte Problem von JavaScript sind jedoch nicht diese Spezialitäten, sondern die durch die Syntax gegebene implizite Nähe zur C-Sprachfamilie. Denn obwohl die Syntax jener von C, C++, Java und C# durchaus ähnelt, weicht die Semantik deutlich von der Semantik jener Sprachen ab.

Dennoch wird JavaScript von vielen Entwicklern – zumeist aus Unwissenheit – wie ebendiese Sprachen programmiert. Doch das, was in diesen Sprachen als guter Stil gilt, lässt sich nicht ohne Anpassungen auf JavaScript übertragen.

JavaScript bedarf einer angemessenen Einarbeitungszeit.

Es gilt also, dass JavaScript, wie alle anderen Sprachen auch, einer angemessenen Einarbeitungszeit bedarf. Wird diese investiert, steht eine leistungsfähige und ausgesprochen flexible Sprache zur Verfügung.

Wird diese jedoch nicht investiert, tappt man als Entwickler in die verschiedensten Fallen und wird häufig mit scheinbar merkwürdigem Verhalten bestraft.

1.2.2   Die Vorteile von JavaScript

Wer sich auf JavaScript einlässt und die notwendige Zeit investiert, entdeckt nach einiger Zeit gar eine gewisse Eleganz in dieser Sprache.

Die Ursache für diese Eleganz ist, dass JavaScript eine verhältnismäßig kompakte Sprache mit wenigen Schlüsselwörtern und häufig sehr einfachen Konzepten darstellt. In gewissem Sinne fördert JavaScript diese elegante Art des Denkens sogar, indem die Sprache dem Entwickler wo immer möglich aus dem Weg geht und es ihm dadurch ermöglicht, sich auf das für ihn Wesentliche zu konzentrieren.

JavaScript ist elegant und kompakt.

Besonders gelungen zeigt sich die Eleganz von JavaScript an dem Konzept von Objekt- und Array-Initialisierern, die in ähnlicher Form auch Einzug in C# erhalten haben, und der Behandlung von Funktionen als Typen erster Klasse.

Aufgrund ihres funktionalen Charakters ist JavaScript zudem gut für die Zukunft gerüstet: Damit Software auf einer neueren Prozessorgeneration schneller ausgeführt werden kann, genügt es nämlich nicht mehr, auf eine höhere Taktrate zu vertrauen. Da diese schon seit einigen Jahren nur noch unwesentlich steigt, bringt eine neue Prozessorgeneration per se keinen Leistungsschub.

JavaScript ist zukunftsträchtig.

Damit die zusätzliche Leistung dennoch genutzt werden kann, muss Software ihre Aufgaben parallelisieren können, um von einer gesteigerten Anzahl von Prozessoren zu profitieren: Eine solche Parallelisierung fällt bedingt durch das zugrunde liegende Paradigma von funktionalem Code jedoch deutlich leichter als beispielsweise in objektorientiertem Code.[4]

1.2.3   Die Ausführungsgeschwindigkeit

Ein häufig angeführter Nachteil von JavaScript ist dessen angeblich langsame Ausführungsgeschwindigkeit, was größtenteils auf die in der Regel gewählten Implementierungen als Laufzeitumgebung mit einem Interpreter zurückgeht.

Als eines der ersten Unternehmen hat Google die zunehmende Relevanz von JavaScript in der Webentwicklung erkannt und deshalb

Google V8 als JavaScript-Compiler

---

4. Die üblichen Implementierungen von JavaScript innerhalb der verschiedenen Webbrowser scheinen zumeist auf einen einzelnen Thread gebunden zu sein. Im Hintergrund verwenden all diese Implementierungen jedoch mehrere Threads, wie unter *http://stackoverflow.com/questions/2734025/is-javascript-guaranteed-to-be-single-threaded* ausführlich beschrieben wird. Zudem lässt die Sprachspezifikation von JavaScript offen, ob die Ausführung auf einen einzelnen Thread gebunden wird oder nicht.

im Jahr 2006 mit der Entwicklung eines JavaScript-Compilers namens $V8^5$ begonnen.

Dessen erste Version wurde im Jahr 2008 veröffentlicht und ist seither in Googles eigenem Webbrowser *Chrome* als JavaScript-Laufzeitumgebung eingebunden.

Allerdings ist Chrome nicht der einzige Host, in dem V8 ausgeführt werden kann: Prinzipiell kann V8 nämlich auch eigenständig ausgeführt und in eigene Projekte integriert werden – sofern das integrierende Projekt in C++ geschrieben ist.

Alle übrigen Hersteller von Webbrowsern haben zwischenzeitlich nachgezogen, dennoch gilt V8 nach wie vor als eine der schnellsten Laufzeitumgebungen für JavaScript und schlägt jede interpretierte Lösung um Längen.

1.2.4   JavaScript = LISP im Webbrowser

Neben all diesen Vergleichen von Nach- und Vorteilen von JavaScript und der Beurteilung der Ausführungsgeschwindigkeit soll ein Aspekt nicht in den Hintergrund treten: die ursprüngliche Idee hinter JavaScript, die diese Sprache maßgeblich geprägt hat.

LISP im Webbrowser

Brendan Eich, der Erfinder von JavaScript, berichtet in seinem Blog[6], dass sein ursprünglicher Auftrag bei Netscape lautete, eine in den Webbrowser integrierte Variante von *Scheme*, einem *LISP*-Dialekt, zu entwickeln:

> »*As I've often said, and as others at Netscape can confirm, I was recruited to Netscape with the promise of ›doing Scheme‹ in the browser.*«

LISP als das evolutionäre Ziel von Programmiersprachen

LISP wiederum gilt gemeinhin als ausgesprochen mächtige Programmiersprache. Paul Graham, einer der Gründer von *Y Combinator*[7] und bekennender LISP-Anhänger, bezeichnet LISP in einem Essay als das evolutionäre Ziel anderer Programmiersprachen[8]:

> »*[...] if you add that final increment of power, you can no longer claim to have invented a new language, but only to have designed a new dialect of Lisp.*«

Obwohl sich JavaScript nicht an der Syntax von LISP, sondern an derjenigen der C-basierten Sprachen orientiert, merkt man JavaScript

---

5.   *http://code.google.com/p/v8/*
6.   *http://brendaneich.com/2008/04/popularity/*
7.   *http://ycombinator.com/*
8.   *http://www.paulgraham.com/diff.html*

diese Ursprünge durchaus an: Vieles von dem, was LISP auszeichnet, findet sich konzeptuell auch in JavaScript wieder.

1.3   Node.js im Überblick

1.3.1   Wie baut man moderne Webanwendungen?

Nimmt man all diese auf den vergangenen Seiten beschriebenen Aspekte zusammen, so ergeben sich drei grundlegende Anforderungen an moderne Webanwendungen, die sie von den Vertretern aus den Zeiten des Webs 1.0 und 2.0 unterscheiden:

- Moderne Webanwendungen müssen weitaus besser skalieren, um das C10K-Problem lösen und 10.000 Clients gleichzeitig bedienen zu können.
- Moderne Webanwendungen müssen eine hohe Performance aufweisen, so dass sie einer nativen Anwendung weder in Komfort noch in Reaktivität nachstehen.
- Moderne Webanwendungen müssen im Idealfall zudem echtzeitfähig sein, um den Benutzer so schnell wie möglich mit neuen Informationen zu versorgen.

Alle drei Anforderungen müssen von einer modernen Variante einer Technologieauswahl für das Web erfüllt werden. Wie bereits im Zusammenhang mit dem C10K-Problem angesprochen, scheitert dies jedoch in vielen Fällen bereits an dem verwendeten Webserver, dessen Threading-Modell nicht entsprechend skaliert.

Der LAMP-Stack ist nicht mehr zeitgemäß.

Dies ist allerdings nicht das einzige Problem: Auch die Frameworks zur Entwicklung serverseitiger Webanwendungen berücksichtigen diese drei Herausforderungen nicht oder nur unzureichend, und auch die üblicherweise genutzten Datenbanken tragen eher der Konsistenz von Daten als deren Verfügbarkeit Rechnung.

1.3.2   Die Idee hinter Node.js

An diesem Punkt setzt Node.js an, ein noch verhältnismäßig junges Framework zur Entwicklung von serverseitigen Webanwendungen. Es wurde von Ryan Dahl entwickelt und erstmals im Jahr 2009 veröffentlicht.

Node.js löst das C10K-Problem, indem es einen anderen Ansatz verfolgt als klassische Webserver: Anstatt für jede eingehende Anfrage einen eigenen Thread zu verwenden, werden sämtliche Anfragen von

Node.js ist skalierbar.

einem einzigen Thread nacheinander verarbeitet.[9] Damit dieser Thread nicht blockiert, muss er seine Arbeit nach Möglichkeit delegieren.

Hierbei kommt Node.js zugute, dass die meisten Webanwendungen Abhängigkeiten auf externe Ressourcen wie das Dateisystem oder eine Datenbank aufweisen und die Anfragen an diese Ressourcen zeitaufwendig sind.

Non-Blocking I/O

Im Gegensatz zu einem klassischen Webserver, dessen Threads daher die meiste Zeit mit Warten auf die Beendigung einer I/O-Operation beschäftigt sind, verwendet Node.js sogenanntes *Non-Blocking I/O*[10].

Das bedeutet, dass der Thread von Node.js eine eingehende Anfrage bis zur ersten Interaktion mit einer externen Ressource verarbeitet, dann diese Interaktion startet und die Anfrage so lange beiseitelegt, bis eine Antwort von der Ressource vorliegt.[11]

In der Zwischenzeit kümmert er sich bereits um die nächste Anfrage und verarbeitet diese bis zu deren erster Interaktion mit einer externen Ressource und so weiter.

Callbacks informieren über Ergebnisse.

Sobald eine Antwort für eine beiseitegelegte Anfrage vorliegt, wird ein Callback ausgeführt und die beiseitegelegte Anfrage fortgesetzt – entweder bis zur nächsten Interaktion mit einer externen Ressource oder bis zu deren Abschluss.

Auf diese Art kann Node.js spielend mit einer weitaus höheren Anzahl von Anfragen umgehen, als dies für einen klassischen Webserver möglich wäre.

Node.js nutzt mehrere Prozessoren effektiv.

Natürlich drängt sich die Frage auf, wie in einem solchen Fall mit mehreren Prozessoren verfahren wird. Die Antwort ist verblüffend einfach: Sind mehrere Prozessoren vorhanden, können entsprechend viele Node.js-Prozesse gestartet werden.

Die Kommunikation zwischen diesen muss, da es sich um getrennte Prozesse handelt, per Interprozesskommunikation erfolgen, also beispielsweise über TCP/IP. Auf diese Weise macht es für in Node.js entwickelte Webanwendungen keinen Unterschied, auf wie vielen Maschinen sie ausgeführt werden: Die Kommunikation mit anderen Node.js-Prozessen findet immer auf die gleiche Art statt.

---

9.   Der freie Webserver Nginx verfolgt den gleichen Ansatz.
10. *http://en.wikipedia.org/wiki/Asynchronous_I/O*
11. Intern verwendet Node.js hierzu unter Windows sogenannte *I/O Completion Ports* (IOCP) und unter Linux und Mac OS X die entsprechenden Pendants wie beispielsweise *epoll* und *kqueue*. Obwohl es sich betriebssystemabhängig um verschiedene Technologien handelt, funktionieren sie auf die gleiche Art. Nähere Informationen finden sich unter *http://en.wikipedia.org/wiki/Input/output_completion_port*, *http://en.wikipedia.org/wiki/Epoll* und *http://en.wikipedia.org/wiki/Kqueue*.

Da sämtlicher Code in Node.js per se asynchron ausgeführt wird, muss bedeutend weniger Aufwand in die Nebenläufigkeit einer Anwendung investiert werden, was die Entwicklung in Node.js auch für mit Parallelisierung weniger erfahrene Entwickler verhältnismäßig einfach macht.

Node.js ist einfach zu skalieren.

Node.js selbst stellt jedoch keine vollständige Laufzeitumgebung dar, sondern lediglich ein Framework für Non-Blocking I/O und eine Klassenbibliothek zur Entwicklung von serverseitigen Webanwendungen.

V8 als Basis

Als Laufzeitumgebung dient das bereits erwähnte V8 von Google, das in Node.js integriert und somit für den Entwickler de facto transparent ist.

Die Verwendung von V8 trägt einen großen Anteil zu der hohen Ausführungsgeschwindigkeit von Node.js bei, was in Verbindung mit dem zuvor genannten Modell zur Skalierbarkeit bereits eine hoch performante Umgebung ergibt.

Node.js wertschätzt zudem das http-Protokoll, weshalb es dieses nicht vor dem Entwickler durch unnötige Abstraktionsschichten zu verbergen versucht, wie dies in einigen anderen Frameworks geschieht.

http als Bürger erster Klasse

Dadurch wird zum einen eine sehr direkte Art der Entwicklung möglich – ein Vorgehen, das Webentwickler durchaus schätzen. Schließlich achtet das Web selbst die gleiche Kultur: Einfache, voneinander unabhängige Bausteine genügen. Die eigentliche Macht entsteht aus der flexiblen Kombination dieser Bausteine.

Zum anderen ermöglicht Node.js damit aber auch den direkten Zugriff auf den ein- und ausgehenden Datenstrom – im Gegensatz zu den meisten anderen Frameworks allerdings auch während der Datenübertragung, was Node.js beispielsweise für Streaming prädestiniert.

Node.js ist echtzeitfähig.

Aber auch andere Echtzeitszenarien als Streaming können in Node.js umgesetzt werden: Die Unterstützung von Websockets ermöglicht beispielsweise Anwendungen, bei denen ein Webserver auch nach der abgeschlossenen Übertragung einer Webseite an den Client noch Informationen im Push-Verfahren senden kann.

Für all dies wird die Programmiersprache genutzt, die von jedem Webentwickler gesprochen wird: JavaScript. Für Node.js entwickelte Webanwendungen sind in JavaScript geschrieben. Im Gegensatz zu klassischem JavaScript findet die Ausführung nun allerdings auf dem Server und nicht auf dem Client statt.

Node.js ist JavaScript.

Ein Vorteil, der sich aus dieser Tatsache ergibt, ist die Verfügbarkeit von Millionen bestehender Webentwickler, die JavaScript bereits beherrschen und ihre Fähigkeiten nun allesamt ohne großen Aufwand auch auf der Serverseite unter Beweis stellen können.[12]

Code wiederverwenden   Außerdem gibt es auch zahllosen bestehenden JavaScript-Code, der außer auf dem Client nun auch auf dem Server verwendet werden kann. Insbesondere Code, der ohnehin auf dem Client und auf dem Server ausgeführt wird, drängt sich dafür auf.

Das Paradebeispiel hierfür stellt Validierungslogik dar, die aus Komfortgründen zunächst auf dem Client, aus Sicherheitsgründen stets aber auch auf dem Server ausgeführt werden muss. Diese muss bei Verwendung von Node.js nur einmal implementiert und kann dann auf beiden Seiten genutzt werden.

1.3.3   Wofür eignet sich Node.js?

Zwei Szenarien, für die Node.js besonders geeignet ist, wurden bereits erwähnt: Streaming und echtzeitfähige Webanwendungen. Doch aufgrund der Nähe von Node.js zu JavaScript gibt es noch einige weitere.

JSON als Bürger   Nicht nur das http-Protokoll ist in Node.js ein Bürger erster
erster Klasse   Klasse, auch das Datenformat JSON zählt als solches. Das bedeutet, dass Node.js hervorragend geeignet ist, um REST-basierte Webdienste oder sonstige APIs, die JSON verarbeiten und zurückgeben, zu implementieren.

Aus dem gleichen Grund zählen auch Webanwendungen, die lediglich aus einer einzigen HTML-Seite bestehen und sämtliche weitere Logik in JavaScript abbilden, zu den für Node.js besonders geeigneten Einsatzszenarien.

Node.js als Plattform   Als Faustregel können jedoch die bereits genannten Kriterien Ska-
für Skalierbarkeit,   lierbarkeit, Performance und Echtzeitfähigkeit gelten: Sobald eines
Performance und   dieser Kriterien unverzichtbar für den Erfolg einer Webanwendung ist,
Echtzeitfähigkeit   stellt Node.js höchstwahrscheinlich eine geeignete Plattform für deren Implementierung dar.

Allerdings gibt es auch Fälle, in denen der Einsatz von Node.js ungeeignet oder zumindest weniger geeignet ist.

Rechenintensive   Ein wesentliches Argument gegen den Einsatz von Node.js liegt
Anwendungen   vor, wenn kaum Interaktion mit externen Ressourcen stattfindet.

---

12. An dieser Stelle darf man sich jedoch nicht der Illusion hingeben, dass bereits die oberflächliche Kenntnis von JavaScript genügen würde, um auf Basis von Node.js serverseitige Webanwendungen entwickeln zu können: Ein solides Verständnis der Sprache ist unabdingbar. Darüber hinaus werden für größere Projekte in der Regel auch Kenntnisse in einigen weiteren Themen wie beispielsweise Codequalität und Architektur benötigt.

In einem solchen Fall kann Node.js seine Stärken im Bereich Non-Blocking I/O nicht ausspielen und blockiert den einzigen Thread unnötig, so dass eingehende Anfragen eventuell lange warten müssen.

Dieses Verhalten gestaltet sich desto schlimmer, je rechenintensiver eine Webanwendung ist.

Typische CRUD-Anwendungen, die Daten ohne größere Verarbeitung lediglich zwischen Webbrowser und Datenbank übertragen, sind ebenfalls kein herausragender Anwendungsfall für Node.js. Natürlich können solche Webanwendungen entwickelt werden, und sie funktionieren auch einwandfrei.

Typische CRUD-Anwendungen

Allerdings kann Node.js seine Stärken in einem solchen Szenario nicht ausspielen, so dass zwar nichts dafür, aber auch nichts dagegen spricht, eine CRUD-Anwendung in Node.js zu implementieren.

1.4   Zusammenfassung

Node.js ist ein auf Google V8 basierendes Framework zur Entwicklung skalierbarer, hoch performanter und echtzeitfähiger, serverseitiger Webanwendungen.

Seine Skalierbarkeit erreicht Node.js durch die strikte Vermeidung von blockierenden I/O-Zugriffen. Stattdessen werden sämtliche I/O-Zugriffe asynchron durchgeführt. Die Ergebnisse werden über Callbacks bereitgestellt.

Aufgrund der Wertschätzung von http und JSON eignet sich Node.js besonders für echtzeitfähige Webanwendungen und JSON-basierte REST-Webdienste und APIs.

Node.js-Anwendungen werden in JavaScript entwickelt.

2 Installation und Konfiguration

Die Ursprünge von Node.js liegen im unixoiden Umfeld. Dennoch war bereits in der ersten Version geplant, neben Linux und Mac OS X auch Windows zu unterstützen – wenn auch zunächst nur auf Basis von MinGW[1].

Seit der im November 2011 veröffentlichten Version 0.6.0 steht Node.js jedoch auch in einer nativ auf Windows portierten Version zur Verfügung. Die Verwendung eines unixoiden Betriebssystems als Basis ist somit für den Betrieb von Node.js nicht mehr zwingend erforderlich.

Node.js auf Linux, Mac OS X und Windows

2.1 Die Qual der Wahl: Welche Plattform?

2.1.1 Linux

Dennoch gibt es nach wie vor gute Gründe, Node.js auf Basis eines unixoiden Betriebssystems zu betreiben: Das gewichtigste Argument lautet, dass die Community von Node.js größtenteils auf diese Basis baut.

Deshalb beziehen sich nahezu alle verfügbaren Texte zu Node.js wie beispielsweise Blogeinträge, Anleitungen oder auch die offizielle Dokumentation primär auf unixoide Betriebssysteme.

Node.js ist unixoid geprägt.

Auch die Suche nach gleichgesinnten Entwicklern in Foren oder den rege genutzten IRC-Kanälen gestaltet sich einfacher, wenn nicht nur die gleiche Sprache gesprochen, sondern auch die gleiche Kultur gelebt wird.

Darüber hinaus gibt es noch einen weiteren ausgesprochen wichtigen Grund, auf ein unixoides Betriebssystem als Basis für Node.js zu setzen: Für Node.js existieren zahlreiche Erweiterungen, die ihrerseits

Einige Erweiterungen sind nur für unixoide Betriebssysteme verfügbar.

---

1. *http://nodejs.org/docs/v0.0.1/*

größtenteils in JavaScript geschrieben sind – allerdings bestehen auch einige Ausnahmen.

Auf nicht-unixoiden Betriebssystemen kann es also durchaus vorkommen, dass eine Erweiterung nicht ausgeführt werden kann. Auch eine eigens vorgenommene Übersetzung für die gewünschte Zielplattform kann unter Umständen scheitern: dann nämlich, wenn die Erweiterung auf plattformspezifische Technologien oder APIs zugreift.

2.1.2   Mac OS X

Die Wahl von Mac OS X als Basis für Node.js stellt aufgrund der Tatsache, dass es sich bei Mac OS X wie bei Linux ebenfalls um ein unixoides Betriebssystem handelt, kein Hindernis dar.

Tatsächlich verhält es sich sogar entgegengesetzt: Zahlreiche Entwickler aus der Community um Node.js arbeiten auf Basis von Mac OS X, da es die Mächtigkeit von Unix mit einer ausgesprochen komfortablen und ästhetisch ansprechenden Benutzeroberfläche verbindet.

Mac OS X wird nativ unterstützt.
Mac OS X wird ebenso wie Linux seit der ersten Version von Node.js nativ unterstützt. Da zudem auch die gesamte Palette der typischen unixoiden Entwicklungswerkzeuge zur Verfügung steht, stellen auch Erweiterungen, die nicht in JavaScript entwickelt sind, keine besondere Herausforderung dar.

2.1.3   Windows

Node.js unter Windows auszuführen war für lange Zeit nur mit verhältnismäßig großem Aufwand und einigen deutlichen Einschränkungen möglich: Vor der im November 2011 erschienenen Version 0.6.0 war die Verwendung von Cygwin erforderlich, einer Art Kompatibilitätsschicht für Unix in Windows.

Node.js nativ auf Windows und Windows Azure
Im Juni 2011 hat die Firma *Joyent*, Arbeitgeber von Ryan Dahl, in einem Blogeintrag[2] bekannt gegeben, Node.js mit Hilfe von Microsoft nativ auf Windows portieren zu wollen. Die erste stabile Version dieser nativen Portierung wurde, wie bereits erwähnt, ein knappes halbes Jahr später veröffentlicht.

Als weiteres Ziel wurde zudem die Möglichkeit genannt, Node.js auch auf Windows Azure ausführen zu können. Dieses Ziel wurde im Dezember 2011 mit der Veröffentlichung der ersten Version des Windows Azure SDKs für Node.js[3] erreicht.

---

2.   *http://joyeur.com/2011/06/23/joyent-partners-with-ms-to-port-node-js-to-windows/*
3.   *http://www.windowsazure.com/en-us/develop/nodejs/*

2.2 Installation unter Linux

2.2.1 Node.js per Hand übersetzen

Um Node.js auf Linux ausführen zu können, stehen prinzipiell zwei Möglichkeiten zur Verfügung: Zum einen kann Node.js, wie unter Linux üblich, per Hand aus dem Quelltext übersetzt werden. Zum anderen kann ein auf die jeweilige Distribution angepasstes vorgefertigtes Paket verwendet werden – sofern ein solches zur Verfügung steht.

Prinzipiell gestaltet sich die manuelle Übersetzung ausgesprochen einfach. Der große Vorteil dieses Vorgehens liegt in der Aktualität von Node.js: Es besteht keine Abhängigkeit zu einer externen Instanz, deren Wohlwollen darüber entscheidet, wann eine neu erschienene Version als vorgefertigtes Paket zur Verfügung gestellt wird.

Die tagesaktuelle Version nutzen

Stattdessen kann jederzeit die jeweils tagesaktuelle Version von Node.js genutzt werden.

Unter der Annahme, dass die unter Linux üblichen Entwicklungswerkzeuge bereits installiert sind, müssen lediglich zwei Abhängigkeiten als Vorbedingung für die manuelle Übersetzung von Node.js erfüllt werden:

Python und libssl-dev als Vorbedingungen

- Da die Werkzeuge zum Übersetzen von Node.js auf Python basieren, muss das Paket *python* in der Version 2.5 oder höher installiert werden.
- Falls die Verschlüsselung von http-Datenströmen auf Basis von SSL/TLS unterstützt werden soll, muss das Paket *libssl-dev* installiert werden.

Die Installation dieser beiden Pakete kann in der Regel ohne großen Aufwand mit der Paketverwaltung der jeweiligen Distribution erledigt werden. Unter Ubuntu genügen dazu beispielsweise die beiden folgenden Zeilen auf der Konsole:

```
$ sudo apt-get install python
$ sudo apt-get install libssl-dev
```

Sobald diese Vorbereitungen getroffen wurden, kann der Quelltext von Node.js in Form einer `.tar.gz`-Datei aus dem Web heruntergeladen werden[4] – beispielsweise mit Hilfe des Kommandozeilenwerkzeugs wget:

Node.js herunterladen und entpacken

```
$ wget http://nodejs.org/dist/v0.8.0/node-v0.8.0.tar.gz
```

---

4. *http://www.node.js.org/*

Anschließend muss zunächst die heruntergeladene Datei entpackt und danach in das neu erzeugte Verzeichnis gewechselt werden:

```
$ tar zxf node-v0.8.0.tar.gz
$ cd node-v0.8.0
```

Node.js installieren Die nachfolgenden Schritte entsprechen dem üblichen Vorgehen unter Linux:

```
$ ./configure
$ make
$ sudo make install
```

Sofern Node.js nicht in das standardmäßig ausgewählte Verzeichnis, sondern in ein vom Benutzer angegebenes installiert werden soll, kann diese Option beim Aufruf des configure-Kommandos je nach Wunsch angegeben werden:

```
$ ./configure --prefix=/opt/node
```

Installationsskript für Ubuntu Anstatt all diese Schritte per Hand auszuführen, kann – zumindest für die weit verbreitete Distribution Ubuntu – auch ein geeignetes Skript im Web erzeugt und heruntergeladen werden, das die Installation automatisch durchführt. Ein passender Konfigurator findet sich im Web[5].

Als Komfortfunktion ermöglicht dieses Skript auch die Installation von häufig in Verbindung mit Node.js genutzten Anwendungen, wie beispielsweise den Datenbanken MongoDB und Redis.

Pfade konfigurieren Gleich welcher Weg zur Installation von Node.js eingeschlagen wird, empfiehlt es sich zu guter Letzt, den Pfad der ausführbaren node-Anwendung im System bekannt zu machen.

Dies erfolgt, indem der entsprechende Pfad mit Hilfe der folgenden Zeile in eine geeignete Konfigurationsdatei wie beispielsweise ~/.profile oder ~/.bashrc exportiert wird:

```
export PATH=$PATH:/opt/node/bin
```

Danach ist Node.js einsatzbereit.

2.2.2   Vorgefertigte Pakete verwenden

Für einige Distributionen steht neben der Möglichkeit, die Installation von Hand auszuführen, auch die Option zur Verfügung, auf vorgefertigte Pakete zurückzugreifen. Mit diesen kann die Installation bequem über die Paketverwaltung vorgenommen werden.

---

5.   *http://apptob.org/*

Ein Überblick über die unterstützten Distributionen und die jeweilige Vorgehensweise findet sich im Web[6], allerdings ist diese Art der Installation mit Vorsicht zu genießen.

Repositorys teilweise nicht aktuell

Wie bereits erwähnt wird damit eine Abhängigkeit zu einer externen Instanz und deren Wohlwollen eingegangen, neu erschienene Versionen von Node.js zeitnah als vorgefertigtes Paket zur Verfügung zu stellen.

Hierbei werden nicht alle Repositorys vorbildhaft gepflegt: Die Aktualität unterscheidet sich je nach Distribution und Zeitpunkt ganz erheblich. Teilweise stehen auch Wochen nach der Veröffentlichung einer neuen Version noch keine aktualisierten Pakete zur Verfügung.

Da die Installation per Hand mit einigen wenigen Zeilen und zudem in kurzer Zeit erledigt ist, besteht kaum ein Anreiz, der paketbasierten Installation in Anbetracht dieser potenziellen Probleme den Vorzug zu geben.

Installation per Hand bevorzugen

2.3 Installation unter Mac OS X

2.3.1 Den Macintosh Installer verwenden

Unter Mac OS X gestaltet sich die Installation weitaus einfacher. Der Grund hierfür ist, dass mit dem *Macintosh Installer* ein grafisches Installationswerkzeug zur Verfügung steht. Wie der Quelltext kann auch dieser aus dem Web heruntergeladen werden.[7]

Nach der Begrüßung und der Auswahl, Node.js für alle Benutzer des Computers zu installieren (siehe Abb. 2–1), kann mit Hilfe der Schaltfläche *Anpassen* ein erweiterter Installationsdialog für eine angepasste Installation gewählt werden. Von dort kann mit Hilfe der Schaltfläche *Standardinstallation* auf den normalen Installationsmodus zurückgewechselt werden.

---

6. *https://github.com/joyent/node/wiki/Installing-Node.js-via-package-manager*
7. *http://www.nodejs.org/*

Abb. 2–1

Der Macintosh Installer
richtet Node.js unter Mac
OS X ein.

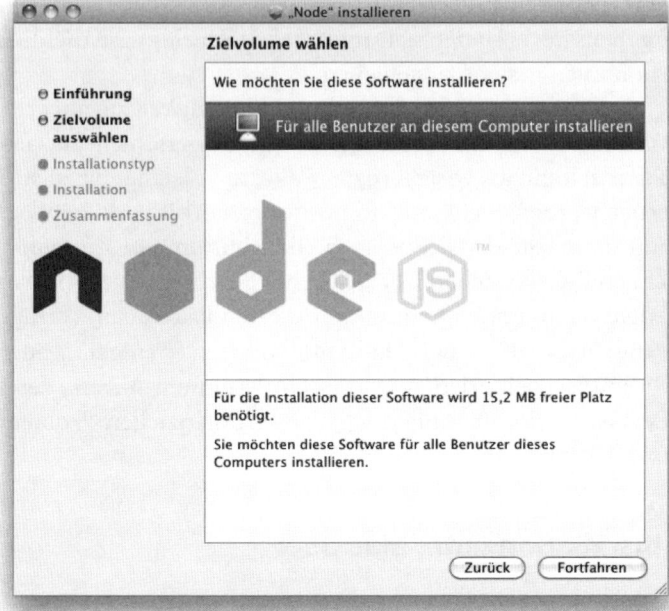

Die angepasste Installation ermöglicht es, die zu installierenden Komponenten einzeln auszuwählen (siehe Abb. 2–2). Sofern keine guten Gründe für eine abweichende Auswahl bestehen, empfiehlt es sich, neben Node.js auch die Paketverwaltung *npm* zu installieren.

Abb. 2–2

Die angepasste
Installation ermöglicht
die Auswahl der zu
installierenden
Komponenten.

Nach einem Klick auf die Schaltfläche *Installieren* kopiert der Macintosh Installer die benötigten Dateien und zeigt zum Abschluss eine Zusammenfassung der erfolgreich installierten Komponenten an (siehe Abb. 2–3).

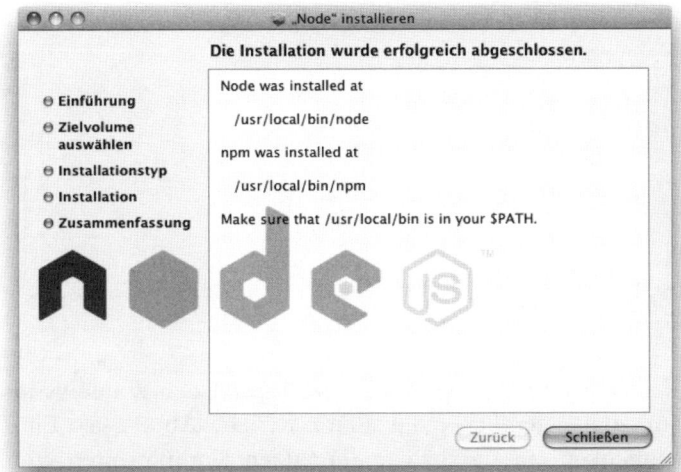

Abb. 2–3

Eine Zusammenfassung listet die erfolgreich installierten Komponenten auf.

Wie bereits bei der Installation unter Linux bleibt es dem Anwender auch unter Mac OS X selbst überlassen, den angegebenen Ordner dem Pfad hinzuzufügen.

2.4   Installation unter Windows

2.4.1   Den Windows Installer verwenden

Die Installation unter Windows gestaltet sich ebenso einfach wie die unter Mac OS X und verläuft weitgehend analog: Auch für die Windows-Version von Node.js steht mit dem sogenannten *Windows Installer* ein grafisches Installationswerkzeug zur Verfügung, das zunächst aus dem Web heruntergeladen werden muss.[8]

---

8.   *http://www.nodejs.org/*

Abb. 2–4
Der Windows Installer
richtet Node.js unter
Windows ein.

Nach der Begrüßung (siehe Abb. 2–4) beginnt der Windows Installer
sofort mit der eigentlichen Installation (siehe Abb. 2–5). Eine Aus-
wahlmöglichkeit für die zu installierenden Komponenten wie unter
Mac OS X besteht derzeit nicht.

Da die Paketverwaltung npm jedoch ohnehin für kaum einen Entwickler verzichtbar wäre, stellt diese vordefinierte Installation keine
Einschränkung dar und entspricht dem üblichen Vorgehen.

Abb. 2–5
Der Windows Installer
ermöglicht lediglich eine
Standardinstallation von
Node.js.

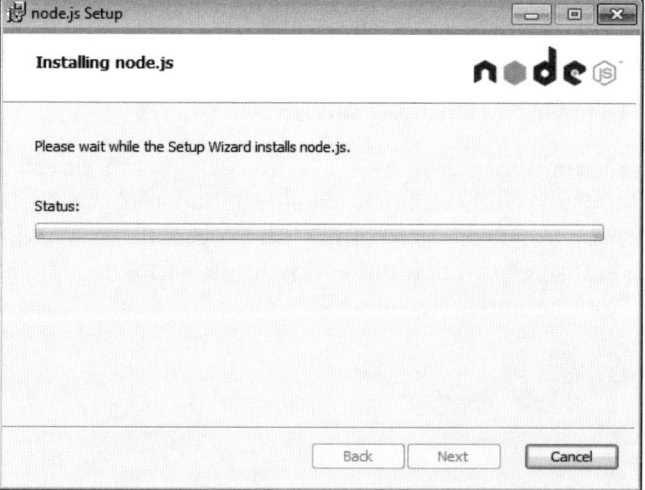

Auch der Windows Installer zeigt zum Abschluss der Installation noch eine Zusammenfassung an (siehe Abb. 2–6), listet allerdings im Gegensatz zum Macintosh Installer die erfolgreich installierten Komponenten nicht einzeln auf.

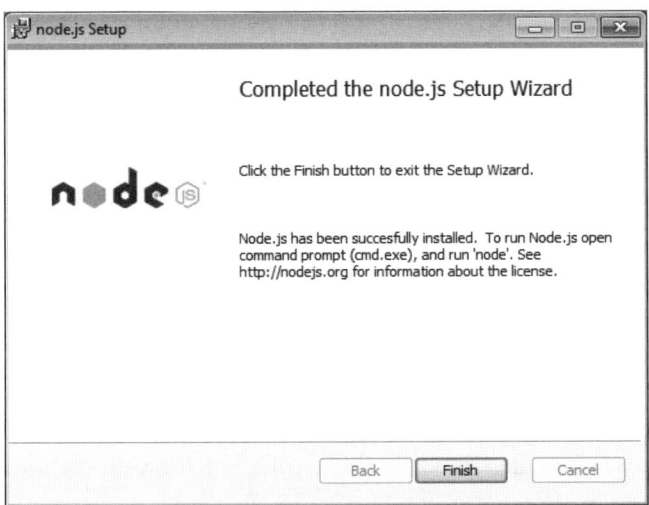

Abb. 2–6
Eine Zusammenfassung bestätigt den Abschluss der Installation.

Anders als bei der Installation von Hand oder mit Hilfe des Macintosh Installers kümmert sich der Windows Installer bereits um die Registrierung der korrekten Pfade, so dass Node.js auf der Konsole ohne weitere Maßnahmen genutzt werden kann.

2.5   Testen der Installation

2.5.1   Node.js starten

Der einfachste Weg, zu überprüfen, ob die Installation von Node.js erfolgreich war, besteht darin, die Anwendung node im Rahmen einer Konsole aufzurufen:

```
$ node
```

Node.js aufrufen

Erscheint daraufhin ein >-Zeichen als Eingabeaufforderung, war der Aufruf erfolgreich. Nun ist die Eingabe von beliebigen JavaScript-Anweisungen möglich, die direkt übersetzt und ausgeführt werden. Als erster, einfacher Test können beispielsweise einige Berechnungen angestellt werden:

```
> 23+42
65
> 23/0
Infinity
```

JavaScript ausführen Selbstverständlich können statt dieser einfachen auch beliebig komplexe Ausdrücke angegeben werden, wie die Definition von Funktionen und deren Aufruf oder die Erzeugung und Verarbeitung von Objekten:

```
> var add = function (a, b) { return a + b; }
undefined
> add(23, 42);
65
```

2.5.2   Node.js beenden

Um Node.js wieder zu beenden, genügt ein Tastendruck auf `<Strg>+<C>`. Um sicherzustellen, dass diese Tastenkombination nicht versehentlich eingegeben und damit die aktive Sitzung unbeabsichtigt beendet wird, fordert Node.js dazu auf, sie ein zweites Mal einzugeben:

Node.js beenden
```
> <Strg>+<C>
(^C again to quit)
> <Strg>+<C>
```

Alternativ kann das Beenden von Node.js auch programmatisch erfolgen, wobei ein Fehlercode an das Betriebssystem zurückgegeben werden kann. Dieser Rückgabewert ist jedoch optional und kann auch problemlos entfallen:

```
> process.exit(0);
```

In beiden Fällen wird Node.js beendet, und die Ausführung kehrt zur Konsole zurück.

2.5.3   Die installierte Version ermitteln

Zu guter Letzt kann es gelegentlich nützlich sein, die installierte Version von Node.js zu ermitteln. Hierfür gibt es zwei Möglichkeiten, zum einen von der Konsole, zum anderen aus Node.js heraus.

Die installierte   Um die installierte Version von Node.js von der Konsole aus zu
Version ermitteln ermitteln, muss der `node`-Anwendung der Parameter `--version` mitgegeben werden:

```
$ node --version
v0.8.0
```

Aus Node.js heraus kann die Version auf programmatischem Wege ermittelt werden:

```
> process.version;
'v0.8.0'
```

2.6 Zusammenfassung

Die Installation von Node.js ist unter allen verbreiteten Betriebssystemen möglich. Neben Linux und Mac OS X wird seit der Version 0.6.0 auch Windows nativ unterstützt.

Unter Linux erfolgt die Installation idealerweise von Hand oder per Skript, unter Mac OS X und Windows steht jeweils ein Installationswerkzeug zur Verfügung, das eine bequeme Installation auf grafischem Wege ermöglicht.

Nach der Installation steht Node.js auf der Konsole zur Verfügung und kann interaktiv verwendet werden.

3 Erste Schritte: Hallo Node.js!

Die Fähigkeit von Node.js, Anweisungen interaktiv entgegennehmen, sie verarbeiten und deren Ergebnis wieder ausgeben zu können, wird als *Read-Evaluate-Print-Loop* (REPL) bezeichnet. Dieses Vorgehen eignet sich besonders, um mit neuem Code zu experimentieren oder um beispielsweise Algorithmen schrittweise zu entwerfen.

Die REPL ist jedoch nicht die einzige Möglichkeit, wie Node.js verwendet werden kann: Alternativ ist es auch möglich, Anwendungen in Dateien abzulegen und diese als Ganzes auszuführen.

Die REPL als Spielwiese

3.1 Hallo Node.js!

3.1.1 Die Anwendung starten

Node.js-Anwendungen sind zunächst nichts anderes als gewöhnliche JavaScript-Dateien, welche die Dateierweiterung `.js` tragen. Der einzige Unterschied besteht darin, wo diese Dateien ausgeführt werden: Statt wie üblich im Webbrowser erfolgt die Ausführung auf dem Webserver.

Eine *Hallo Welt*-Anwendung für Node.js enthält also den gleichen Code, der auch für eine entsprechende Anwendung im Webbrowser verwendet werden würde:

Node.js-Anwendungen sind .js-Skriptdateien.

```
console.log('Hallo Welt!');
```

Um diese Anwendung auszuführen, genügt es, diese Zeile in einer Datei zu speichern, beispielsweise mit dem Namen `app.js`, und diese dann Node.js beim Aufruf als Parameter zu übergeben:

```
$ node app.js
Hallo Welt!
```

Anwendungen starten

Nach Ausgabe des gewünschten Textes werden die Anwendung und Node.js beendet.

3.1.2 Asynchrone Ausführung

Obwohl diese Anwendung nicht im Webbrowser ausgeführt wird, stehen neben den in die Sprache JavaScript eingebauten Sprachmerkmalen einige Objekte und Funktionen zur Verfügung. Dazu zählen beispielsweise die bereits verwendeten Objekte process und console, aber auch die Funktionen setTimeout und setInterval.

setTimeout und setInterval

Diese ermöglichen beide die Ausführung von Code in der Zukunft, wobei setTimeout eine einmalige Ausführung verursacht, setInterval hingegen eine periodische. Node.js garantiert dabei allerdings weder die exakte Einhaltung der angegebenen Verzögerungszeit noch eine bestimmte Ausführungsreihenfolge, wenn zwei Funktionsaufrufe auf den gleichen Zeitpunkt fallen.

Unter Verwendung von setTimeout kann die Anwendung nun derart abgewandelt werden, dass die Ausführung asynchron erfolgt:

```
setTimeout(function () {
  console.log('Welt!');
}, 2000);
console.log('Hallo ');
```

Beim Start der Anwendung wird zunächst der Text Hallo ausgegeben, bevor nach einer Pause von zwei Sekunden auch der Text Welt! ergänzt wird.

Leerlauf versus aktives Warten

Bemerkenswert an diesem Beispiel ist, dass die Ausführung nach der ersten Anweisung nicht pausiert und aktiv auf den Ablauf der zwei Sekunden wartet, sondern direkt mit der nächsten Anweisung fortfährt.

Nach Abarbeitung auch der zweiten Anweisung befindet sich die Anwendung im Leerlauf, und für Node.js gibt es zunächst nichts mehr zu erledigen. Deshalb friert das Betriebssystem die Anwendung für zwei Sekunden ein und weckt sie nach deren Ablauf wieder auf. Während dieser Unterbrechung verursacht die Anwendung keinerlei Prozessorlast.

Node.js ist auf Leerlauf optimiert.

Dieses Beispiel verdeutlicht das Konzept von Node.js, niemals zu blockieren, auf anschauliche Art: Node.js bleibt durch dieses Vorgehen auch während des Leerlaufs von Anwendungen für weitere Aufgaben verfügbar.

3.1.3 Die Anwendung beenden

Wird anstelle von setTimeout die Funktion setInterval verwendet, geschieht der Wechsel in den Leerlauf und das Aufwachen daraus periodisch:

```
setInterval(function () {
  console.log('Welt!');
}, 2000);
console.log('Hallo ');
```

Im Gegensatz zur vorigen Version wird die Anwendung nicht mehr auto- *Node.js wird beendet,*
matisch nach der Ausgabe des Textes Welt! beendet. Das liegt daran, *wenn alles erledigt ist.*
dass Node.js erkennt, dass noch weitere Aufgaben zu erledigen sind.

Hierzu pflegt Node.js intern eine Liste der noch ausstehenden
Funktionsaufrufe. Erst wenn diese Liste leer und somit gänzlich abge-
arbeitet ist, wird die Anwendung beendet, und Node.js kehrt auf die
Konsole zurück.

All dies führt dazu, dass auch mehrere Aufrufe von setInterval *Parallelisierung leicht*
mit verschiedenen Zeitangaben in einem einzigen Thread quasi paral- *gemacht*
lel verwendet werden können:

```
var i = 0;
setInterval(function () {
  console.log(i++);
}, 5000);
setInterval(function () {
  console.log('Welt!');
}, 2000);
console.log('Hallo ');
```

Diese Anwendung gibt nach ihrem Start zunächst den Text Hallo aus,
danach, wie auch im vorigen Beispiel, alle zwei Sekunden den Text Welt!.

Parallel dazu wird jedoch zusätzlich alle fünf Sekunden die Variable i um 1 inkrementiert und deren aktueller Wert auf die Konsole ausgegeben.

3.2   Einen http-Server implementieren

3.2.1   Das http-Modul

Um die Fähigkeiten von Node.js zu erweitern, kann Node.js um
Module ergänzt werden. Neben der Möglichkeit, zusätzliche Module
aus dem Web herunterzuladen und nachträglich zu installieren, enthält
die Standardinstallation von Node.js von Haus bereits einige integrierte Module.

Das für die Webentwicklung wichtigste dieser Module ist das *http*- *Das http-Modul*
Modul, das Funktionen zum Implementieren von Webservern und -cli- *importieren*
ents enthält. Um es verwenden zu können, muss es zunächst mit Hilfe
der require-Funktion in die eigene Anwendung importiert werden:

```
var http = require('http');
```

Die Zuweisung an die Variable http ermöglicht dabei den späteren Zugriff auf das Modul, um beispielsweise dessen Objekte und Funktionen verwenden zu können.

3.2.2   Einen http-Server starten

Das Modul *http* enthält die Funktion createServer, mit deren Hilfe ein http-Server erzeugt werden kann.

Logik als Callback   Dieser Funktion wird eine weitere Funktion als Callback übergeben, die für die Verarbeitung von eingehenden http-Anfragen und deren Beantwortung zuständig ist. Der Zugriff auf die zugrunde liegenden Anfrage und die dazugehörige Antwort erfolgt dabei über die beiden Parameter req und res:

```
var server = http.createServer(function (req, res) {
  // ...
});
```

Header senden   Analog zu der Konsolenanwendung soll auch die Webanwendung zunächst den Text Hallo Welt! zurückgeben. Als Zeichen, dass die Verarbeitung der Anfrage erfolgreich war, wird zudem der http-Statuscode 200 gesendet und der MIME-Type der Antwort auf text/plain gesetzt.

Beides erfolgt mit einem Aufruf der Funktion writeHead des Objektes res, wobei zusätzlich zum MIME-Type auch beliebige andere Header-Informationen gesendet werden können, indem sie dem Parameterobjekt hinzugefügt werden:

```
res.writeHead(200, {
  'content-type': 'text/plain'
});
```

Inhalt senden   Um die eigentliche Ausgabe vorzunehmen, dient die Funktion write. Zudem muss die Antwort des Webservers nach dem Senden mit Hilfe der Funktion end abgeschlossen werden.

```
res.write('Hallo Welt!\n');
res.end();
```

Da in diesem Beispiel lediglich eine einzige Zeile gesendet werden soll, können beide Anweisungen auch in eine zusammengefasst werden, indem der auszugebende Text direkt der end-Funktion als Parameter übergeben wird:

```
res.end('Hallo Welt!');
```

Zur Ausführung muss der Webserver noch an einen Port gebunden werden, wozu die Funktion listen dient, die als Parameter den zu verwendenden Port erwartet:

Webserver an einen Port binden

```
server.listen(3000);
```

Alternativ kann diese Funktion im Sinne eines flüssigeren Schreibstils auch direkt nach dem Aufruf der Funktion createServer aufgerufen werden:

```
http.createServer(function (req, res) {
  // ...
}).listen(3000);
```

Nachdem der gesamte Code in eine Datei beispielsweise mit dem Namen app.js gespeichert wurde, kann der Webserver auf dem bereits bekannten Wege gestartet werden:

Webserver starten

```
$ node app.js
```

Wie auch im Beispiel mit der setInterval-Funktion erkennt Node.js, dass die Anwendung noch ausstehende Aufgaben zu erledigen hat, und beendet sie daher nicht automatisch, sondern wartet auf eingehende Anfragen.

Daher kann die Webanwendung nun mit Hilfe eines beliebigen Webbrowsers aufgerufen werden (siehe Abb. 3–1).

Webanwendung aufrufen

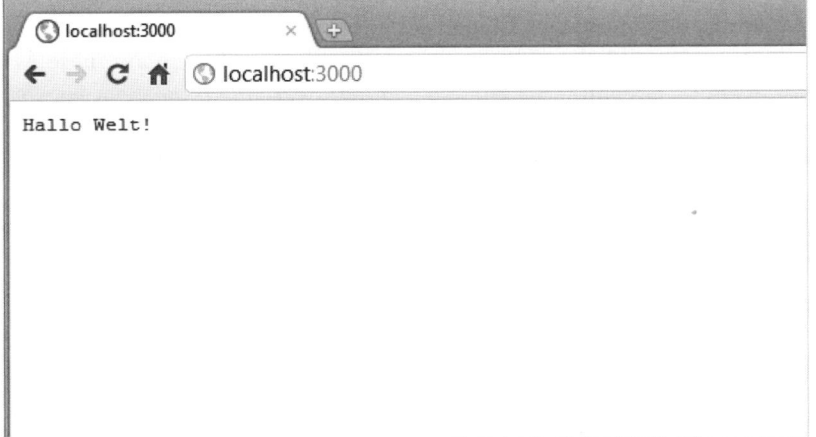

Abb. 3–1
Hallo Welt! im Webbrowser

Alternativ kann unter unixoiden Betriebssystemen auch eine Anwendung wie beispielsweise *curl* genutzt werden, um die Webanwendung aufzurufen:

```
$ curl localhost:3000
Hallo Welt!
```

3.2.3   Der Umgang mit Headern

Wird curl zusätzlich zu der aufzurufenden Adresse der Parameter -i übergeben, werden auch die ausgelieferten http-Header angezeigt:

```
$ curl —i localhost:3000
HTTP/1.1 200 OK
content-type: text/plain
Date: Thu, 28 Jun 2012 17:17:39 GMT
Connection: keep-alive
Transfer-Encoding: chunked
```

Node.js spricht http 1.1. Offensichtlich verwendet Node.js das http-Protokoll in der aktuellen Version 1.1[1], was im Hinblick auf dessen Vorteile gegenüber Version 1.0 wie beispielsweise einer erhöhten Übertragungsgeschwindigkeit äußerst begrüßenswert ist.

Der http-Statuscode 200 und der MIME-Type text/plain entsprechen den im Quellcode gemachten Vorgaben und verwundern daher nicht. Das Senden des Datums und der Uhrzeit erfolgt automatisch, kann aber bei Bedarf deaktiviert werden[2].

Persistente Verbindungen Deutlich interessanter ist hingegen die Angabe, dass die Verbindung bis auf Weiteres offen gehalten wird:

```
Connection: keep-alive
```

Dies entspricht einer der neuen Möglichkeiten des http-Protokolls in Version 1.1 und bedeutet, dass die Verbindung nach Übertragung der Antwort nicht standardmäßig vom Webserver geschlossen wird.

Stattdessen bleibt die Verbindung bestehen und kann auf diese Art für weitere Datenübertragungen genutzt werden, ohne dass hierfür erst eine neue Verbindung aufgebaut werden müsste.

Node.js unterstützt Streaming. Ergänzt wird dies durch die Angabe, dass noch weitere Teile der Antwort folgen können:

```
Transfer-Encoding: chunked
```

Hiermit ermöglicht Node.js das häppchenweise Senden von Daten, deren Datenmenge im Vorfeld entweder nicht bekannt ist oder noch nicht einmal feststeht, für die also kein Content-Length-Header gesetzt werden kann. Insbesondere für das Streaming von Daten ist dies eine erforderliche Voraussetzung.

---

1. *http://www.ietf.org/rfc/rfc2616.txt*
2. Das http-Protokoll schreibt das Senden von Datum und Uhrzeit innerhalb einer Antwort zwingend vor. Deshalb sollte dies nur in begründeten Ausnahmefällen, wie beispielsweise während des Testens, deaktiviert werden, siehe *http://nodejs.org/api/http.html#http_response_senddate.*

Wie eine solche Übertragung von Daten per Streaming funktio-   *Streaming simulieren*
niert, kann mit Hilfe der `setTimeout`-Funktion simuliert werden:

```
var http = require('http');
http.createServer(function (req, res) {
  res.writeHead(200, { 'content-type': 'text/plain' });
  res.write('Hallo\n');
  setTimeout(function () {
    res.end('Welt!\n');
  }, 2000);
}).listen(3000);
```

Wird diese Webanwendung ebenfalls wieder per curl aufgerufen, wird
zunächst der Text Hallo ausgegeben, bevor nach einer Pause von zwei
Sekunden auch der Text Welt! erscheint.

Neben der Auslieferung der Daten per Streaming hat dieses Vorgehen noch einen weiteren Vorteil: Da sich die Größe der Antwort dynamisch zur Laufzeit ergibt, wird nicht zunächst die gesamte Antwort
gepuffert, bevor sie ausgeliefert wird.

Da die Daten stattdessen sofort gesendet werden, benötigt der
Webserver deutlich weniger Speicher und fungiert nur noch als Proxy
zwischen den Daten und dem anzeigenden Webbrowser.

Falls die Daten allerdings tatsächlich zunächst gepuffert werden   *Streaming abschalten*
sollen, genügt es, den Content-Length-Header auf den entsprechenden
Wert zu setzen. In diesem Fall verzichtet Node.js auf die Angabe des
Transfer-Encoding-Headers, und die Auslieferung erfolgt auf dem klassischen Weg.

3.2.4   Eine Anwendung skalieren

Wie bereits auf der Konsole ist Node.js auch im Rahmen einer Webanwendung stets verfügbar, während sich eine Anwendung im Leerlauf
befindet. Dies kann auf einfache Art gezeigt werden, indem mehrere
Clients gleichzeitig gestartet werden.

Statt dies mühsam per Hand durchzuführen, kann ein dediziertes   *100 Anfragen gleichzeitig*
Werkzeug wie beispielsweise die Anwendung *ab* (Apache HTTP server
benchmarking tool) helfen. Werden hierüber beispielsweise 100 Anfragen gleichzeitig gestellt, beträgt die Verarbeitungszeit für alle Anfragen
zusammen dennoch nur geringfügig mehr als 2 Sekunden:

```
$ ab -n 100 -c 100 localhost:3000
This is ApacheBench, Version 2.3 <$Revision: 655654 $>
[...]
Concurrency Level:      100
Time taken for tests:   2.022 seconds
Complete requests:      100
[...]
```

An dieser Stelle zeigt sich, wie leicht Node.js die Entwicklung von asynchronen und skalierbaren Anwendungen macht: Da es aus Prinzip nicht möglich ist, Node.js zu blockieren oder aktiv innerhalb einer Anwendung zu warten, kann Node.js jeglichen potenziellen Leerlauf sinnvoll zur Erledigung weiterer Aufgaben nutzen.

3.3   Einen TCP-Server implementieren

3.3.1   Das net-Modul

Neben einem http-Server kann in Node.js auch ein reiner TCP-Server implementiert werden, um beispielsweise eine Chatanwendung auf Basis eines eigenen Protokolls zu entwickeln.

Das net-Modul importieren

Dazu dient das *net*-Modul, das ebenfalls vor seiner Verwendung per require-Funktion importiert werden muss und Funktionen zum Implementieren von Socket-basierten Servern und Clients enthält:

```
var net = require('net');
```

3.3.2   Einen TCP-Server starten

Analog zum http-Modul enthält auch das net-Modul eine createServer- und eine listen-Funktion, mit denen ein neuer TCP-Server erzeugt und an einen Port gebunden werden kann. Im Unterschied zu der http-Variante nimmt der übergebene Callback keine getrennten Objekte für empfangene und gesendete Daten entgegen, sondern lediglich ein einzelnes socket-Objekt, das beide Aufgaben übernimmt:

```
var server = net.createServer(function (socket) {
  // ...
}).listen(3000);
```

Senden von Daten an den Client

Das Senden von Daten erfolgt mit den beiden Funktionen write und end, deren jeweilige Funktionsweise bereits aus dem http-Modul bekannt ist:

```
socket.write('Hallo ');
socket.write('Welt!\n');
socket.end();
```

Auch im net-Modul kann die end-Funktion als Abkürzung dienen, indem ihr die zu sendenden Daten als Parameter übergeben werden.

Den TCP-Server aufrufen

Um den Server nach dessen Start aufzurufen und dessen Funktionsweise zu überprüfen, kann die klassische *telnet*-Anwendung verwendet werden:

```
$ telnet localhost 3000
Trying 127.0.0.1...
Connected to localhost.
Escape character is '^]'.
Hallo Welt!
Connection closed by foreign host.
```

Um die Ausgabe auf das notwendige Minimum zu beschränken, kann anstelle von telnet auch die Anwendung *nc* aufgerufen werden:

```
$ nc localhost 3000
Hallo Welt!
```

Schließt der Client während des Sendens von Daten die Verbindung, beendet Node.js die Serveranwendung mit einer entsprechenden Fehlermeldung. Dies kann wiederum mit Hilfe der Funktion setTimeout simuliert werden:

Fehler bei geschlossener Verbindung

```
net.createServer(function (socket) {
  socket.write('Hallo ');
  setTimeout(function () {
    socket.write('Welt!\n');
    socket.end();
  }, 2000);
}).listen(3000);
```

Wird diese Anwendung gestartet und per nc aufgerufen, dieses aber direkt nach der Ausgabe des Textes Hallo beendet, erscheint die folgende Fehlermeldung:

```
net.js:432
    var writeReq = this._handle.write(data);
                               ^
TypeError: Cannot call method 'write' of null
    at Socket._write (net.js:432:31)
    at Socket.write (net.js:424:15)
    at Object._onTimeout (/home/golo/app.js:5:10)
    at Timer.ontimeout (timers.js:84:39)
```

Dies lässt sich auf zwei Arten verhindern: Zum einen kann der Fehler mit Hilfe von try und catch abgefangen werden, zum anderen kann aber auch ein sogenannter halboffener Socket verwendet werden.

Ein halboffener Socket ist ein Socket, der nicht automatisch ein FIN-Paket sendet, wenn er ein solches von seiner Gegenstelle empfängt. Danach können von diesem Socket zwar keine Daten mehr gelesen werden, Schreibvorgänge sind aber nach wie vor möglich.

Halboffene Sockets

Um einen halboffenen Socket zu erzeugen, muss der createServer-Funktion außer dem Callback auch ein Parameterobjekt übergeben werden, das eine Eigenschaft allowHalfOpen enthält, deren Wert auf true gesetzt ist:

```
net.createServer({ allowHalfOpen: true }, function (socket) {
  // ...
}).listen(3000);
```

Werden halboffene Sockets verwendet, müssen diese allerdings zwingend mit Hilfe der end-Funktion geschlossen werden.

3.3.3   Daten verarbeiten

Um Daten auch vom Client empfangen zu können, stellt der Socket das *data*-Ereignis zur Verfügung, das immer dann ausgelöst wird, wenn neue Daten vorliegen.

Das data-Ereignis abonnieren

Als ereignisbehandelnde Funktion wird wiederum ein Callback angegeben, der die empfangenen Daten als Parameter entgegennimmt:

```
socket.on('data', function (data) {
  // ...
});
```

Auf dieser Basis lässt sich bereits ein einfacher Chat realisieren, indem alle Daten, die über einen Socket empfangen werden, auf allen angemeldeten Sockets wieder ausgegeben werden:

```
var net = require('net');
var sockets = [];
net.createServer(function (socket) {
  sockets.push(socket);
  socket.write('Hallo!\n');
  socket.on('data', function (data) {
    for(var i = 0; i < sockets.length; i++) {
      sockets[i].write(data);
    }
  });
}).listen(3000);
```

Sobald sich nun mehrere Clients auf den Server verbinden, können diese untereinander Nachrichten austauschen.

Eigenen Socket ausfiltern

Um zu verhindern, dass der sendende Socket seine eigene Nachricht als Echo erhält, kann er auf einfache Art ausgefiltert werden, indem innerhalb der Schleife überprüft wird, ob der aktuelle Socket dem ursprünglich sendenden Socket entspricht:

```
for(var i = 0; i < sockets.length; i++) {
  if(sockets[i] === socket) {
    continue;
  }
  sockets[i].write(data);
}
```

Falls ein Client die Verbindung trennt, empfiehlt es sich, den jeweiligen *Sockets entfernen*
Socket auch wieder aus der Liste aller angemeldeten Sockets zu entfer-
nen. Hierzu dient das end-Ereignis:

```
socket.on('end', function () {
  var i = sockets.indexOf(socket);
  sockets.splice(i, 1);
});
```

Häufig besteht die Anforderung, die Daten von einer Datenquelle zu *Daten durchreichen*
lesen und sie an anderer Stelle wieder zu schreiben. Das einfachste Beispiel hierfür ist vermutlich ein TCP-Server, der alle eingehenden Daten
an den Client zurückgibt, von dem er sie empfangen hat – quasi ein
Echoserver.

Einen solchen Dienst zu implementieren ist auf der Basis des bisherigen Wissens scheinbar ein Leichtes; schließlich muss lediglich auf das
data-Ereignis reagiert und die empfangenen Daten müssen wieder
zurückgeschrieben werden:

```
socket.on('data', function (data) {
  socket.write(data);
});
```

Obwohl dies theoretisch funktioniert, birgt die Realität eine gravie- *Nicht alle Datenströme*
rende Stolperfalle: Falls nämlich der Schreibvorgang länger benötigt *sind gleich schnell.*
als der Lesevorgang, führt dieses Szenario nach einiger Zeit zwangs-
läufig zu Fehlern, da der Lesepuffer überläuft.

Deshalb ist eine Synchronisation der beiden Datenquellen erfor-
derlich, was mit Hilfe des drain-Ereignisses umgesetzt werden kann.
Das drain-Ereignis wird ausgelöst, wenn ein Datenstrom nach einem
Schreibvorgang wieder bereit für weitere Schreibvorgänge ist.

Für die Zeit zwischen dem Beginn des Schreibvorgangs und dem
Eintreten des drain-Ereignisses muss der lesende Datenstrom dann mit
Hilfe der Funktion pause angehalten und anschließend mit resume wie-
der fortgesetzt werden.

Da dieses Vorgehen allerdings aufwendig und umständlich ist, ver- *Die pipe-Funktion*
fügt Node.js über die pipe-Funktion, die all dies bereits intern erledigt,
so dass für den Entwickler nur noch die Aufgabe bleibt, die beiden passenden Datenströme zu verbinden. Der Echoserver reduziert sich in
diesem Fall auf eine einzige Zeile:

```
socket.pipe(socket);
```

Da diese Funktion zudem für alle Datenströme und nicht nur für
Sockets zur Verfügung steht, ist es ebenso leicht, beispielsweise eine
Webseite auf die Konsole oder Daten von der Konsole in eine Datei
auszugeben.

Das Prinzip der pipe-Funktion ist dabei stets, dass der Datenstrom, auf dem die Funktion aufgerufen wird (source), an denjenigen weitergeleitet wird, der als Parameter angegeben wird (target):

```
source.pipe(target);
```

3.4   Events

3.4.1   Das EventEmitter-Objekt

Im vorherigen Beispiel wurde die on-Funktion des socket-Objekts verwendet, um auf den Empfang von Daten zu reagieren. Diese Funktion ist Bestandteil des Ereignismodells von Node.js, das im events-Modul definiert und von zahlreichen anderen Modulen verwendet wird.

EventEmitter   Das events-Modul exportiert lediglich ein einziges Objekt namens EventEmitter. Es dient als Prototyp für alle Objekte in Node.js, die andere Objekte über Zustandsänderungen benachrichtigen wollen.

Um dieses Objekt als Basis für ein eigenes Objekt zu nutzen, muss es als Prototyp für das eigene Objekt gesetzt werden. Dies kann mit Hilfe der inherits-Funktion aus dem util-Modul auf einfache Weise erledigt werden:

```
var EventEmitter = require('events').EventEmitter;
var util = require('util');

var Foo = function (bar) {
  this.bar = bar;
};
util.inherits(Foo, EventEmitter);
```

Ereignisse auslösen   Damit erbt die Pseudoklasse Foo alle Funktionen von EventEmitter und kann mit Hilfe der emit-Funktion eigene Ereignisse auslösen, wobei als erster Parameter der Name des Ereignisses übergeben werden muss. Alle weiteren Parameter werden als Parameter an die ereignisbehandelnde Funktion übergeben:

```
Foo.prototype.execute = function () {
  this.emit('myEvent', this.bar);
};
```

3.4.2   Auf Ereignisse reagieren

Um auf ein per emit ausgelöstes Ereignis reagieren zu können, muss zunächst eine ereignisbehandelnde Funktion für das Ereignis registriert werden.

Dies geschieht über die on-Funktion des ereignisauslösenden   *Die on-Funktion*
Objekts, die ebenfalls von EventEmitter vererbt wird:

```
var foo = new Foo('Hallo Welt!');
foo.on('myEvent', function (data) {
  console.log(data);
});
```

Sobald nun die execute-Funktion des Objekts foo ausgeführt wird, löst
diese das Ereignis myEvent aus, das wiederum den Callback ausführt,
der schließlich den Text Hallo Welt! auf der Konsole ausgibt.

Soll auf ein Ereignis nur ein einziges und nicht jedes Mal reagiert   *Die once-Funktion*
werden, so kann anstelle der on-Funktion die once-Funktion verwendet
werden:

```
var foo = new Foo('Hallo Welt!');
foo.once('myEvent', function (data) {
  console.log('Zum ersten und einzigen Mal: ' + data);
});
```

3.4.3 Ereignisse deregistrieren

Einmal registrierte Callbacks können auch wieder deregistriert werden, so dass sie zukünftig beim Eintreten des Ereignisses nicht mehr
ausgelöst werden.

Hierzu dient die removeListener-Funktion, der außer dem Ereignis
auch der zu entfernende Callback übergeben werden muss. Sollen alle
ereignisbehandelnden Funktionen auf einmal deregistriert werden,
kann dazu die Funktion removeAllListeners verwendet werden. In diesem Fall muss lediglich der Name des betroffenen Ereignisses angegeben werden.

Außerdem kann mit Hilfe der listeners-Funktion ermittelt werden, welche ereignisbehandelnden Funktionen überhaupt für ein
bestimmtes Ereignis registriert sind.

3.5 Das Beispielprojekt

3.5.1 Was ist silkveil.js?

Zahlreiche Webanwendungen dienen dem Handel mit digitalen
Gütern wie beispielsweise E-Books, Fachartikeln, Bildern, Musik-
oder Videodateien. Während das Hauptaugenmerk häufig auf den Ver-
kauf an sich gelegt wird, tritt die Frage, wie das Produkt nach dem
Kauf an den Kunden ausgeliefert wird, in den Hintergrund.

*Wie werden digitale
Produkte ausgeliefert?*

Prinzipiell gibt es hierfür zwei Möglichkeiten: Entweder wird das digitale Produkt auf einem klassischen Medium wie einer DVD oder einem USB-Stick abgelegt und anschließend per Post versandt, oder es wird als Download zur Verfügung gestellt. Beide Wege haben ihre jeweiligen Vor- und Nachteile:

- Digitale Produkte per Post auszuliefern ist zeitaufwendig, arbeitsintensiv und vor allem teuer. Aktualisierungen des Produkts können, wenn überhaupt, nur umständlich vorgenommen werden, da der gesamte Lieferprozess erneut durchlaufen werden muss.
- Digitale Produkte als Download auszuliefern löst all diese Probleme, wirft aber ein anderes Problem auf: Jeder, der die Adresse des Downloads kennt, kann den Download auch tatsächlich durchführen – selbst dann, wenn er das Produkt nicht zuvor regulär erworben hat.

*silkveil.js überwacht und
schützt Downloads.*

Dieses Problem löst das Open-Source-Projekt *silkveil.js*[3], das Downloads überwacht und schützt, indem es die physische Adresse durch eine virtuelle ersetzt, die programmatisch verarbeitet und ausgewertet wird.

Der Zugriff auf die virtuellen Adressen kann dabei mit Auflagen versehen werden, wie beispielsweise, dass ein Download nur in einem bestimmten Zeitraum, für eine bestimmte IP-Adresse oder für eine begrenzte Anzahl von Malen zur Verfügung steht.

*Verschiedene
Datenquellen*

Als physischen Speicherort der Downloads unterstützt silkveil.js verschiedene Datenquellen, wie beispielsweise das lokale Dateisystem des Webservers, aber auch entfernte Datenquellen, die über entsprechende Protokolle wie beispielsweise http oder https angesprochen werden können.

3.5.2   Anforderungen und Einschränkungen

Die erste Version von silkveil.js soll zunächst nur die grundlegende Basisfunktionalität ermöglichen. Folgende Anforderungen werden gestellt:

Anforderungen

- Die virtuelle Adresse wird als Pfad in der URL übergeben. So wird beispielsweise die virtuelle Adresse polarbear per *http://localhost:3000/polarbear* aufgerufen.
- Für jeden Download kann individuell konfiguriert werden, mit welchem Dateinamen und MIME-Type die Auslieferung erfolgen soll.

---

3.   *https://github.com/goloroden/silkveiljs*

▓ Außerdem kann für jeden Download hinterlegt werden, ob die Anzeige des *Speichern*-Dialogs des Webbrowsers erzwungen werden soll oder nicht.

▓ Anstelle eines Downloads kann für eine virtuelle Adresse auch eine Umleitung auf eine andere URL konfiguriert werden, wobei zwischen permanenten und temporären Umleitungen unterschieden wird.

▓ Permanente Umleitungen verwenden den http-Statuscode 301, temporäre den http-Statuscode 307.

▓ Wird eine nicht hinterlegte virtuelle Adresse angefragt, wird als Fehlermeldung ausgegeben, dass die Datei nicht gefunden werden konnte. Als http-Statuscode wird 404 zurückgegeben.

Außerdem werden zu diesem Zeitpunkt einige Einschränkungen bewusst in Kauf genommen: *Einschränkungen*

▓ Die Datenhaltung erfolgt ausschließlich im Speicher des Webservers, ist also derzeit nicht persistent.

▓ Als Datenquelle wird derzeit ausschließlich das http-Protokoll unterstützt.

▓ Virtuelle Adressen können zur Laufzeit derzeit weder hinzugefügt noch geändert noch gelöscht werden.

▓ Auflagen für virtuelle Adressen wie die Einschränkung der Verfügbarkeit auf einen bestimmten Zeitraum werden derzeit noch nicht unterstützt.

3.5.3   Implementierung

Wird eine Anfrage an silkveil.js gestellt, muss zunächst die virtuelle Adresse ermittelt werden.

Node.js stellt dem Callback des http-Servers im Objekt req die Eigenschaft url zur Verfügung, die den angeforderten Pfad enthält, allerdings einschließlich eines führenden Schrägstrichs.   *Virtuelle Adresse ermitteln*

Um aus diesem die virtuelle Adresse zu ermitteln, genügt es, das erste Zeichen dieser Eigenschaft zu verwerfen:

```
var http = require('http');
http.createServer(function (req, res) {
  var alias = req.url.substring(1);
}).listen(3000);
```

Anschließend muss anhand des auf diese Art ermittelten Alias das passende Mapping nachgeschlagen werden. Als Mapping wird in silkveil.js die Zuordnung von einer virtuellen Adresse zu den Daten des physischen Downloads bezeichnet.   *Mappings definieren und auslesen*

Da silkveil.js in der ersten Version keine persistente Datenhaltung enthält, können der Einfachheit halber einige Mappings direkt im Code hinterlegt werden:

```
var http = require('http');
var mappings = {
  'goloroden': {
    action: 'redirect',
    url: 'http://www.goloroden.de/',
    type: 'permanent'
  },
  'polarbear': {
    action: 'download',
    url: 'http://www.goloroden.de/images/Logo.png',
    fileName: 'PolarBear.png',
    contentType: 'image/png',
    forceDownload: false
  }
};

http.createServer(function (req, res) {
  var alias = req.url.substring(1);
  var mapping = mappings[alias];
}).listen(3000);
```

Auf Fehler reagieren Falls eine nicht hinterlegte virtuelle Adresse aufgerufen und ein Mapping daher nicht gefunden wird, kann auf ein vorgefertigtes Mapping für den Fehlerfall zurückgegriffen werden:

```
// ...
http.createServer(function (req, res) {
  var alias = req.url.substring(1);
  var mapping = mappings[alias] || {
    action: 'error',
    statusCode: 404,
    data: 'File not found'
  };
}).listen(3000);
```

Funktionen definieren Um alle potenziellen Fälle verarbeiten zu können, bedarf es dreier Funktionen: einer zur Verarbeitung von Downloads, einer zweiten zur Verarbeitung von Umleitungen und einer dritten zur Verarbeitung von Fehlern.

Da jedes Mapping die Eigenschaft action enthält, liegt es nahe, deren jeweiligen Wert als Funktionsnamen zu verwenden, zumal der Aufruf dieser Funktionen dann auf einfache Art möglich ist:

```
// ...
var actions = {
  'download': function (res, mapping) {
  },
  'error': function (res, mapping) {
  },
  'redirect': function (res, mapping) {
  }
};

http.createServer(function (req, res) {
  var alias = req.url.substring(1);
  var mapping = mappings[alias] || {
    action: 'error',
    statusCode: 404,
    data: 'File not found'
  };
  actions[mapping.action](res, mapping);
}).listen(3000);
```

Nun verbleibt als einzige Aufgabe, den Körper der drei neuen Funktionen zu implementieren. Für den Fall eines Fehlers und einer Umleitung gestaltet sich dies ausgesprochen geradlinig, da alle benötigten Informationen bereits im jeweiligen Mapping vorliegen:

Fehler und Umleitungen verarbeiten

```
// ...
var actions = {
  'download': function (res, mapping) {
  },
  'error': function (res, mapping) {
    res.writeHead(mapping.statusCode, {
      'Content-Type': 'text/html'
    });
    res.end(mapping.statusCode + ' ' + mapping.data);
  },
  'redirect': function (res, mapping) {
    var statusCode = mapping.type === 'permanent' ? 301 : 307;
    res.writeHead(statusCode, {
      'Location', mapping.url
    });
    res.end();
  }
};
// ...
```

Die Verarbeitung von Downloads fällt zwar ein wenig umfangreicher, nicht jedoch schwieriger aus. Bevor Daten ausgeliefert werden können, müssen diese nämlich zunächst von der tatsächlichen Datenquelle angefragt werden.

Downloads verarbeiten

Dies geschieht mit Hilfe der get-Funktion des http-Moduls. Allerdings erwartet diese Funktion als ersten Parameter nicht die Adresse des Downloads, sondern ein Objekt, in dem Hostname, Port und Pfad getrennt aufgeschlüsselt sind.

Der Aufruf des Mappings polarbear muss also aus der im Mapping hinterlegten Adresse folgendes Objekt erzeugen:

```
var options = {
  host: 'www.goloroden.de',
  port: 80,
  path: '/images/Logo.png'
};
```

Glücklicherweise enthält Node.js jedoch bereits eine Funktion, die eine Adresse in ein solches Objekt zerlegt. Allerdings findet sich diese Funktion nicht im http-, sondern im url-Modul, was entsprechend eingebunden werden muss.

Das weitere Vorgehen gestaltet sich dann verhältnismäßig leicht: Der Aufruf der get-Funktion liefert die Antwort des angefragten Webservers in einem Callback, der seinerseits genutzt werden kann, um zunächst einige Header-Informationen auszugeben und anschließend die eigentlichen Daten an den Aufrufer von silkveil.js zu senden. Dies wiederum erfolgt mit Hilfe der pipe-Funktion:

```
var http = require('http');
var url = require('url');
// ...
var actions = {
  'download': function (res, mapping) {
    http.get(url.parse(mapping.url), function (data) {
      var contentDisposition =
        mapping.forceDownload ? 'attachment' : 'inline';
      res.writeHead(data.statusCode, {
        'Content-Type': mapping.contentType,
        'Content-Disposition':
          contentDisposition + '; filename=' +
          mapping.fileName + ';'
      });
      data.pipe(res);
    });
  },
  // ...
```

Insgesamt ergibt sich damit eine erste lauffähige Version, die bereits genutzt werden kann, um Downloads und Umleitungen zu verarbeiten (siehe Abb. 3–2).

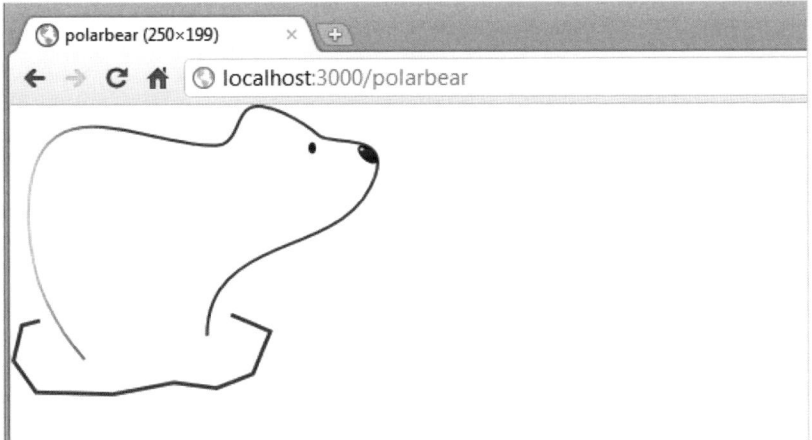

Abb. 3–2

Die erste Version von silkveil.js verarbeitet bereits Downloads und Umleitungen.

3.6 Zusammenfassung

Node.js macht das Erstellen von http- und TCP-Servern ausgesprochen leicht: Es genügt, das jeweils passende Modul zu importieren, die Funktion createServer aufzurufen und den auf diese Art erzeugten Server mit Hilfe der Funktion listen an einen Port zu binden.

http-Server nehmen als Parameter einen Callback entgegen, der über seine beiden Parameter req und res lesenden und schreibenden Zugriff auf die aktuelle Anfrage und die dazugehörige Antwort hat.

TCP-Server erwarten hingegen einen Callback, der einen Socket als Parameter entgegennimmt. Über diesen Socket können dann alle Lese- und Schreibvorgänge durchgeführt werden.

Eine besondere Rolle spielt die pipe-Funktion, mit deren Hilfe eine beliebige Datenquelle an einen beliebigen anderen Datenstrom durchgereicht werden kann, ohne sich von Hand um die Synchronisierung der beiden Datenströme kümmern zu müssen.

Die Basis vieler Module stellt das Ereignismodell von Node.js dar, das im Wesentlichen im EventEmitter-Objekt des events-Moduls implementiert wird. Neben der Möglichkeit, bestehende Ereignisse zu registrieren, können auch eigene Ereignisse definiert und ausgelöst werden.

Die Ausführung sämtlichen Codes erfolgt bei alldem stets asynchron, so dass Node.js für weitere Anfragen verfügbar bleibt.

4 Module verwenden: require & Co.

Der Kern von Node.js enthält bereits einige Funktionen wie beispielsweise `setTimeout` oder `console.log`. Dennoch wird der Großteil der regelmäßig benötigten Funktionen aus Modulen nachgeladen, die je nach Bedarf eingebunden werden.

Bereits bekannte Beispiele für solche Module sind das http-, das net- und das url-Modul, die schon im vergangenen Kapitel verwendet wurden. Das Laden und Einbinden dieser Module erfolgt mit Hilfe der require-Funktion, die über eine verhältnismäßig komplexe Logik zum Auffinden der zu ladenden Module verfügt.

require lädt Module.

4.1 Die require-Funktion

4.1.1 Integrierte Module

Im einfachsten Fall ist das zu ladende Modul bereits während der Übersetzung in Node.js integriert worden. Dies trifft mindestens auf all jene Module zu, die sich im Quellcode von Node.js in dem Verzeichnis `lib` befinden.

Um ein solches integriertes Modul zu laden, genügt es, der require-Funktion den eindeutigen Bezeichner des Moduls zu übergeben, wie beispielsweise *http*:

Integrierte Module verfügen über einen eindeutigen Bezeichner.

```
var http = require('http');
```

Dabei gilt, dass bereits in Node.js integrierte Module stets Vorrang vor allen anderen Modulen haben: Verwenden ein integriertes und ein nicht-integriertes Modul den gleichen Bezeichner, so wird immer das integrierte geladen.

4.1.2   Externe Module als Datei

Neben den integrierten Modulen gibt es jedoch auch die Möglichkeit, Node.js um externe Module zu erweitern, die nachträglich aus dem Web heruntergeladen oder selbst entwickelt werden.

Bei diesen externen Modulen geht Node.js zunächst von einer 1:1-Zuordnung zwischen einem Modul und einer Datei aus: Sämtlicher Code eines Moduls befindet sich in genau einer Datei, und eine Datei enthält genau ein Modul.

Externe Module benötigen eine Pfadangabe. Um ein solches externes Modul zu laden, wird daher als Bezeichner der Dateiname angegeben, wobei dieser stets um einen relativen oder absoluten Pfad ergänzt werden muss: Um beispielsweise die Datei foo.js aus dem aktuellen Verzeichnis als Modul zu laden, lautet der passende Aufruf der require-Funktion:

```
var circle = require('./foo.js');
```

Ein relativer Pfad bezieht sich dabei stets auf den Pfad jener Datei, die den Aufruf der require-Funktion enthält. Auf diese Weise können Module aus dem gleichen Verzeichnis auf einfachem Weg geladen werden. Alternativ kann auch ein absoluter Pfad angegeben werden, der sich dann allerdings auf das gesamte System bezieht.

.js-, .json- oder .node-Dateien Wird keine Dateiendung angegeben, versucht Node.js automatisch die Dateiendungen .js, .json und .node zu ergänzen, um das Modul zu finden. Module mit der Dateiendung .js werden dabei als JavaScript-Dateien interpretiert, die Dateiendung .json bewirkt das Laden der Datei als JSON-Objekt.

Die Dateiendung .node hingegen deutet schließlich auf ein bereits vorkompiliertes Modul hin, das in binärer Form vorliegt und daher mit Hilfe der dlopen-Funktion geladen werden muss.

4.1.3   Externe Module als Verzeichnisse

Umfangreiche Module sind häufig zu komplex für eine einzelne Datei. Deshalb können Module auch ein ganzes Verzeichnis verwenden, wobei dann das Verzeichnis von Node.js als Gesamtheit angesehen wird.

Um ein Modul zu importieren, das in einem Verzeichnis vorliegt, muss der require-Funktion anstelle einer Datei ein Verzeichnis übergeben werden:

```
var foo = require('./foo');
```

Innerhalb dieses Verzeichnisses sucht Node.js dann nach einer Datei, *Die Datei package.json*
die den Inhalt des Moduls näher beschreibt. Zunächst überprüft
Node.js dabei, ob in dem fraglichen Verzeichnis eine Datei namens
package.json existiert. Eine solche Datei enthält ein JSON-Objekt, das
neben dem Namen des Moduls auch den Haupteinstiegspunkt in Form
einer .js-Datei beschreibt:

```
{
  name: 'foo',
  main: './lib/foo.js'
}
```

Prinzipiell können in dieser Datei noch weitere Informationen wie beispielsweise der Autor des Moduls, Abhängigkeiten von anderen
Modulen oder Versionshinweise hinterlegt werden. Allerdings werden
diese von Node.js nicht ausgewertet.

Kann die Datei package.json nicht gefunden werden, sucht Node.js *Die Dateien index.js und*
als Nächstes nach einer Datei namens index.js, die als Haupteinstiegs- *index.node*
punkt des Moduls angesehen wird.

Ist auch diese Datei nicht auffindbar, so wird als letzte Option
nach einer Datei namens index.node gesucht, die wiederum auf ein
Modul hindeutet, das in vorkompilierter binärer Form vorliegt.

4.1.4   Das node_modules-Verzeichnis

Wird weder ein relativer noch ein absoluter Pfad, sondern lediglich ein
Modulname angegeben, so versucht Node.js zunächst, ein integriertes
Modul dieses Namens zu laden.

Gibt es kein solches Modul, wird überprüft, ob im aktuellen Verzeichnis ein Unterverzeichnis namens node_modules existiert. Wenn dieses Unterverzeichnis existiert, versucht Node.js als Nächstes, ein entsprechend benanntes Modul von dort zu laden; zunächst als Datei,
danach wiederum als Verzeichnis.

Schlägt dies fehl, weil entweder kein passend benanntes Modul *node_modules wird in der*
enthalten ist oder das Verzeichnis node_modules seinerseits gar nicht *Verzeichnishierarchie*
existiert, wechselt Node.js eine Verzeichnisebene nach oben und *gesucht.*
beginnt die Suche erneut.

Schlägt auch dies fehl, wird wiederum eine Verzeichnisebene nach
oben gewechselt, und die Suche beginnt von vorne. Dieses Vorgehen
wiederholt sich so lange, bis Node.js entweder ein passendes Modul
findet oder das Wurzelverzeichnis des Dateisystems erreicht.

4.1.5   Caching

Die require-Funktion ist eine der wenigen Funktionen von Node.js, die synchron arbeitet und somit die Ausführung der aktuellen Anwendung blockiert.

Deshalb empfiehlt es sich, das Laden von Modulen nicht innerhalb eines Callbacks durchzuführen, da Node.js sonst während des Ladens blockiert und nicht zur Verarbeitung weiterer Anfragen zur Verfügung steht.

Module werden im Cache abgelegt.

Um die Leistung der require-Funktion zudem ein wenig zu beschleunigen, legt Node.js jedes geladene Modul in einem Cache ab und liefert es im Bedarfsfall erneut von dort aus, statt das Modul nochmals physisch zu laden.

Auf diese Weise wird stets nur die minimale Anzahl der tatsächlich notwendigen Ladevorgänge durchgeführt, ohne dass der Entwickler aktiv darauf achten müsste, deren Anzahl von Hand gering zu halten.

Zirkuläre Referenzen werden korrekt aufgelöst.

Darüber hinaus ermöglicht dieses Vorgehen die Verwendung zirkulärer Referenzen, bei denen sich zwei Module also auf direktem oder indirektem Wege gegenseitig referenzieren.

Dabei wird von Node.js allerdings nicht garantiert, dass während der Initialisierung abhängiger Module alle anderen Module bereits vollständig initialisiert wurden. Dies gilt erst, wenn alle Module geladen und initialisiert wurden.

4.1.6   Das exports-Objekt

Um eine JavaScript-Datei als Modul zu verwenden, genügt es, ein Objekt namens module.exports zu definieren. Das Modulsystem von Node.js kümmert sich dann automatisch darum, die Eigenschaften und Funktionen dieses speziellen Objekts nach außen verfügbar zu machen.

Das exports-Objekt wird von Node.js verarbeitet.

Werden in der Datei circle.js beispielsweise Funktionen zum Berechnen des Kreisfläche und des -umfangs definiert, können diese für andere Module bereitgestellt werden, indem sie dem exports-Objekt als Eigenschaften hinzugefügt werden:

```
var PI = Math.PI;
module.exports.area = function (radius) {
  return PI * radius * radius;
};
module.exports.circumference = function (radius) {
  return 2 * PI * radius;
};
```

Wird diese Datei nun in einem anderen Modul importiert, können die beiden Funktionen entsprechend genutzt werden:

```
var circle = require('./circle.js');
console.log(
  'Die Fläche eines Kreises mit dem Radius 4 beträgt: ' +
  circle.area(4));
```

Auf die in `circle.js` definierte Variable `PI` kann von außen nicht zugegriffen werden: Sie ist lediglich innerhalb des Moduls `circle.js` als lokale Variable verfügbar.

4.2 Die integrierten Module im Überblick

4.2.1 Kategorien

Die in Node.js integrierten Module können wie folgt in vier Kategorien eingeteilt werden:

- TCP und Web
- Lokales System
- Daten und Kommunikation
- Werkzeuge

Auf die wichtigsten Module soll im Folgenden in einem kurzen Überblick eingegangen werden. Eine ausführliche Beschreibung aller Module findet sich in der Dokumentation zu Node.js[1].

4.2.2 TCP und Web

In diese Kategorie fallen alle Module, die zum Austausch von Daten über TCP und http dienen oder in einem direkten Bezug dazu stehen:

- Das net-Modul ist bereits aus dem vergangenen Kapitel bekannt und ermöglicht die Implementierung von TCP-basierten Servern und Clients. *net*
- Das dgram-Modul enthält Funktionen, um Datagram-Server und -Clients auf Basis des UDP-Protokolls zu implementieren. *dgram*
- Das http-Modul ist ebenfalls bereits aus dem vergangenen Kapitel bekannt und ermöglicht die Implementierung von Webservern und Webanfragen an andere Server auf Basis des http-Protokolls. *http*

---

1. *http://nodejs.org/docs/latest/api/index.html*

https ▦ Das https-Modul stellt die gleiche Funktionalität wie das http-Modul zur Verfügung, allerdings auf Basis des https- statt des http-Protokolls.

url ▦ Das url-Modul ist ebenfalls bereits aus dem vergangenen Kapitel bekannt und enthält Funktionen zum Analysieren und Formatieren von URLs.

dns ▦ Das dns-Modul dient zum Auflösen von Hostnamen in die dazugehörigen IP-Adressen. Es unterstützt IPv4 und IPv6 und kennt neben A-Records auch MX-, TXT-, SRV-, NS- und CNAME-Records. Darüber hinaus wird die umgekehrte Auflösung von IP-Adressen in Hostnamen unterstützt.

4.2.3   Lokales System

Diese Kategorie enthält alle Module, die zum Zugriff auf das lokale System dienen, wie beispielsweise das Dateisystem oder den Prozessraum:

fs ▦ Das fs-Modul enthält Funktionen zum Zugriff auf das lokale Dateisystem. Neben den üblichen Datei- und Verzeichnisoperationen wie Erzeugen, Umbenennen, Verschieben oder Löschen stehen auch verschiedene Funktionen zur Verfügung, um Dateien zu lesen und zu schreiben.

path ▦ Das path-Modul dient dem Umgang mit Pfaden im Dateisystem. Es enthält Funktionen zum Analysieren und Formatieren von Pfaden.

os ▦ Das os-Modul ermöglicht den Zugriff auf Informationen des Betriebssystems wie beispielsweise die zugrunde liegende Plattform, Informationen über die Speicherauslastung oder die Anzahl und Typen der verfügbaren Prozessoren.

process ▦ Das process-Modul enthält Funktionen, um auf den aktuellen Node.js-Prozess zuzugreifen und Informationen wie beispielsweise das Arbeitsverzeichnis oder die Versionsinformationen von Node.js und V8 zu ermitteln. Im Gegensatz zu den meisten anderen Modulen muss das process-Modul nicht explizit importiert werden; stattdessen steht es automatisch global zur Verfügung.

child_process ▦ Das child_process-Modul ermöglicht das Starten, Überwachen und Beenden von untergeordneten Prozessen, um beispielsweise Systemaufrufe durchführen zu können.

cluster ▦ Das cluster-Modul enthält Funktionen zum Starten und Synchronisieren eines ganzen Bündels von Node.js-Prozessen, um einen Server besser auslasten zu können, indem für jeden verfügbaren Prozessor ein eigener Prozess gestartet wird.

4.2.4   Daten und Kommunikation

Diese Kategorie enthält alle Module, die zum Zugriff auf Daten oder der Kommunikation im Allgemeinen dienen:

- Das buffers-Modul enthält Funktionen zum Umgang mit Puffern. *buffers* Ein Puffer stellt dabei eine Datenstruktur zum Umgang mit Binärdaten dar. Das buffers-Modul ist, ebenso wie das process-Modul, automatisch global verfügbar und muss daher nicht explizit importiert werden.

- Das streams-Modul kann nicht direkt importiert werden, da es *streams* lediglich eine Schnittstelle für andere Objekte zur Verfügung stellt. Ein Stream stellt in Node.js einen abstrakten Datenstrom dar, der lesbar, schreibbar oder les- und schreibbar ist. Streams dienen dazu, auf unterschiedliche Datenquellen gleichartig zugreifen zu können.

- Das crypto-Modul enthält Funktionen für starke Verschlüsselung *crypto* und digitale Signaturen.

- Das tls-Modul enthält Funktionen zum Herstellen von TLS- und *tls* SSL-basierten sicheren Verbindungen.

4.2.5   Werkzeuge

Diese Kategorie enthält alle Module, die Hilfsmittel oder notwendige Grundlagen für die übrigen Module zur Verfügung stellen:

- Das util-Modul enthält ein Sammelsurium an verschiedenen Funk- *util* tionen, die unterschiedliche Einsatzzwecke haben. Unter anderem finden sich in diesem Modul häufig benötigte Funktionen zum vereinfachten Umgang mit Typen und der prototypenbasierten Vererbung.

- Das ebenfalls aus dem vergangenen Kapitel bereits bekannte *events* events-Modul enthält eine Implementierung eines Ereignismodells für JavaScript. Damit wird es Objekten ermöglicht, andere, ihnen unbekannte Objekte über Zustandsänderungen zu benachrichtigen.

- Das zlib-Modul enthält Funktionen zum Komprimieren und Archi- *zlib* vieren von Dateien mit Hilfe des ZIP-Algorithmus.

- Das repl-Modul ermöglicht die Integration der REPL von Node.js *repl* in eigene Anwendungen, um dynamisch JavaScript verarbeiten zu können.

- Das vm-Modul bietet Zugriff auf die Node.js zugrunde liegende *vm* Instanz von V8, um JavaScript-Code zur Laufzeit übersetzen und ausführen zu können.

- Das assert-Modul enthält Hilfsfunktionen zum Schreiben von *assert* Tests.

4.3   Das Beispielprojekt

4.3.1   Anforderungen und Einschränkungen

Die bisherige Funktionalität von silkveil.js soll in diesem Kapitel
erweitert werden. Folgende Anforderungen werden gestellt:

Anforderungen

▧ Neben dem http-Protokoll wird nun auch das file-Protokoll als
Datenquelle unterstützt.
▧ Die Definition der Mappings und der Actions wird in ein jeweils
eigenes Modul ausgelagert.

Einschränkungen

Die im vorherigen Kapitel definierten Einschränkungen gelten auch in
diesem Kapitel. Darüber hinaus wird die folgende Einschränkung in
Kauf genommen:

▧ Die aus dem Dateisystem geladenen Dateien werden nicht in einem
Cache zwischengespeichert, sondern bei jedem Zugriff erneut eingelesen.

4.3.2   Implementierung

Die am leichtesten umsetzbare Anforderung ist das Auslagern der
Mappings in ein eigenes Modul namens mappings.js. Bei dieser Gele-
genheit bietet es sich an, ein weiteres Mapping zu definieren, das als
Beispiel für das file-Protokoll dient:

```
var mappings = {
  'goloroden': {
    // ...
  },
  'polarbear': {
    // ...
  },
  'portrait': {
    action: 'download',
    url: 'file://./Golo-Roden.png',
    fileName: 'Portrait.jpg',
    contentType: 'image/jpeg',
    forceDownload: false
  }
};
module.exports = mappings;
```

Actions auslagern

Das gleiche Vorgehen empfiehlt sich für die Actions, wobei diese in ein
Modul namens actions.js ausgelagert werden. Wichtig dabei ist, dass
die require-Aufrufe für das http- und das url-Modul ebenfalls verschoben werden:

```
var http = require('http');
var url = require('url');
var actions = {
  'download': function (res, mapping) {
    // ...
  },
  'error': function (res, mapping) {
    // ...
  },
  'redirect': function (res, mapping) {
    // ...
  }
};
module.exports = actions;
```

Damit die Mappings und Actions weiterhin in der Datei app.js zur Verfügung stehen, müssen beide dort importiert werden:

Mappings und Actions importieren

```
var mappings = require('./mappings.js');
var actions = require('./actions.js');
```

Die derzeitige Implementierung der download-Funktion vermischt zwei Belange, nämlich das Abrufen der Daten von der http-Datenquelle und das eigentliche Ausliefern:

http-Anfrage und Ausliefern der Daten trennen

```
'download': function (res, mapping) {
  http.get(url.parse(mapping.url), function (data) {
    var contentDisposition =
      mapping.forceDownload ? 'attachment' : 'inline';
    res.writeHead(data.statusCode, {
      'Content-Type': mapping.contentType,
      'Content-Disposition':
        contentDisposition + '; filename=' +
        mapping.fileName + ';'
    });
    data.pipe(res);
  });
}
```

Wenn nun auch Downloads aus dem lokalen Dateisystem abgerufen werden können sollen, betrifft dies nur einen der beiden Belange: Das Ausliefern an sich bleibt gleich.

Daher empfiehlt es sich, die beiden Belange zu trennen, indem eine neue Funktion namens deliverDownload eingeführt wird, die sich lediglich darum kümmert, Daten unabhängig von der ursprünglichen Datenquelle auszuliefern:

```
var deliverDownload = function (res, mapping, data) {
  var contentDisposition =
    mapping.forceDownload ? 'attachment' : 'inline';
  res.writeHead(data.statusCode, {
    'Content-Type': mapping.contentType,
    'Content-Disposition':
      contentDisposition + '; filename=' +
      mapping.fileName + ';'
  });
  data.pipe(res);
};
```

Da dieser Code nun nicht mehr in der download-Funktion enthalten ist, wird diese dadurch auf das Wesentliche reduziert:

```
'download': function (res, mapping) {
  http.get(url.parse(mapping.url), function (data) {
    deliverDownload(res, mapping, data);
  });
}
```

Das Protokoll analysieren

Um nun auch Downloads aus dem Dateisystem ausliefern zu können, muss in der download-Funktion lediglich anhand des Protokolls des Downloads entschieden werden, ob eine http-Anfrage gestellt oder die Datei lokal geladen werden soll.

Das Protokoll ist dabei in der Eigenschaft protocol des Objekts enthalten, das von der url.parse-Funktion zurückgegeben wird. Mit Hilfe einer switch-Anweisung kann auf das jeweilige Protokoll entsprechend reagiert werden:

```
'download': function (res, mapping) {
  var options = url.parse(mapping.url);
  switch(options.protocol) {
    case 'http:':
      http.get(url.parse(mapping.url), function (data) {
        deliverDownload(res, mapping, data);
      });
      break;
    case 'file:':
      break;
  }
}
```

Das Dateisystem ansprechen

Um nun innerhalb des file:-Zweigs eine Datei aus dem lokalen Dateisystem zu lesen, muss das fs-Modul eingebunden werden. Dieses stellt verschiedene Funktionen zur Verfügung:

▪ Die open-Funktion ermöglicht das Laden einer Datei unter Angabe eines Zugriffsmodus. Über diesen kann gesteuert werden, ob die Datei nur lesbar oder auch schreibbar geöffnet werden soll und wie im Falle einer nicht vorhandenen Datei verfahren werden soll. Der Callback erhält einen Dateideskriptor, über den alle weiteren Zugriffe auf die Datei erfolgen können.

- Die read-Funktion nimmt einen solchen Dateideskriptor sowie einen Puffer entgegen, in den die Datei eingelesen werden soll. Da außerdem Parameter wie ein Offset oder die Länge des zu lesenden Bereichs angegeben werden müssen, eignet sich diese Funktion auch hervorragend, um lediglich einen Dateiausschnitt zu lesen.

- Die readFile-Funktion kombiniert die Funktionsweise der open- und der read-Funktion und liest eine Datei vollständig in einen internen Puffer ein. Dazu erwartet sie als Parameter lediglich die Angabe des Dateinamens. Sobald der Puffer gefüllt ist, wird er einem Callback übergeben.

Nahezu alle Funktionen des fs-Moduls stehen auch in einer synchronen Variante zur Verfügung, die anstelle eines Callbacks einen direkten Rückgabewert verwenden. Alle synchronen Funktionen führen in ihrem Funktionsnamen das Suffix Sync wie beispielsweise die Funktionen openSync, readSync und readFileSync. *Synchroner Zugriff auf das Dateisystem möglich*

Würde die readFile-Funktion verwendet, könnte der Code zum Laden einer Datei also prinzipiell wie folgt aussehen: *Laden einer Datei*

```
fs.readFile(fileName, function (err, data) {
  if (err) {
    // Handle error.
  }
  // Deliver data.
});
```

Allerdings birgt dieses Vorgehen einen gravierenden Nachteil: Allen zuvor genannten Funktionen ist nämlich gemein, dass die gesamte Datei zunächst in den Speicher geladen wird, bevor ihr Inhalt zur Verfügung steht. Dies führt bei der gleichzeitigen Verarbeitung sehr vieler sehr großer Dateien schnell dazu, dass der verfügbare Speicher erschöpft ist.

Als Lösung bietet sich an, Dateien stattdessen als Stream zu laden, so dass jeder gelesene Datenblock mit Hilfe der pipe-Funktion sofort wieder ausgegeben werden kann und nicht dauerhaft zwischengespeichert werden muss. *Als Stream laden*

Das Laden einer Datei aus dem Dateisystem als Stream erfolgt mit Hilfe der createReadStream-Funktion, die den Stream zurückgibt. Dieser wird dann an die deliverDownload-Funktion weitergegeben, in der er wiederum mit Hilfe der pipe-Funktion ausgegeben wird. Der Pfad der zu ladenden Datei wird dabei aus dem Host und dem Pfad der angegebenen URL zusammengefügt:

```
case 'file:':
  var data = fs.createReadStream(options.host + options.path);
  data.statusCode = 200;
  deliverDownload(res, mapping, data);
  break;
}
```

Damit die neu hinzugefügten Zeilen funktionieren können, muss zu guter Letzt noch das fs-Modul referenziert werden:

```
var http = require('http');
var fs = require('fs');
var url = require('url');
```

Mit diesen Änderungen ist es nun möglich, Downloads nicht nur von http-Datenquellen, sondern auch aus dem lokalen Dateisystem auszuliefern (siehe Abb. 4–1).

Abb. 4–1
silkveil.js liefert nicht nur http-Datenquellen aus, sondern auch Dateien aus dem lokalen Dateisystem.

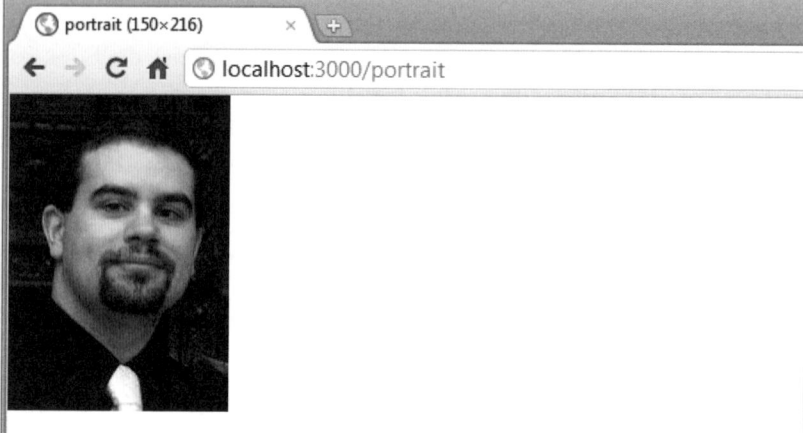

4.4   Zusammenfassung

Node.js enthält zahlreiche integrierte Module, die häufig benötigte Standardaufgaben übernehmen. Für spezielle Anforderungen kann Node.js um externe Module erweitert werden, die entweder als Datei oder als Verzeichnis vorliegen können.

Zum Importieren eines Moduls dient die require-Funktion, die den Bezeichner beziehungsweise den Pfad des Moduls als Parameter erwartet. Da require synchron ausgeführt wird, sollte auf dessen Verwendung in Callbacks verzichtet werden.

Module können ihre Funktionen und Objekte anderen Modulen zur Verfügung stellen, indem sie jene dem vorgefertigten Objekt module.exports als Eigenschaften hinzufügen.

5 Node.js erweitern: Die Paketverwaltung npm

Obwohl Node.js bereits einige Module enthält, gibt es dennoch zahlreiche Anforderungen, die darüber noch nicht abgedeckt sind. Dazu zählen beispielsweise die Internationalisierung und Lokalisierung von Anwendungen, der Zugriff auf Datenbanken oder das Debuggen mit Hilfe einer grafischen Benutzeroberfläche.

Für viele dieser Belange existieren bereits Module, die der Community von ihren jeweiligen Entwicklern in der Regel kostenfrei zur Verfügung gestellt werden. Für die einfache Integration dieser Module in eigene Anwendungen und zur Verwaltung der Abhängigkeiten zwischen ihnen dient der *Node.js Package Manager* (npm).

npm als Paketverwaltung für Node.js

5.1 Der Node.js Package Manager (npm)

5.1.1 Was ist npm?

npm ist die Paketverwaltung von Node.js und erfüllt prinzipiell die gleichen Aufgaben wie beispielsweise *apt-get* unter Linux, *Homebrew* unter Mac OS X oder der *Windows Installer* unter Windows. Der wesentliche Unterschied liegt darin, dass npm nicht für die Installation und Verwaltung ganzer Anwendungen zuständig ist, sondern nur für die von Node.js-Modulen.

5.1.2 npm installieren

Seit der Version 0.6.3 von Node.js entfällt die gesonderte Installation von npm, da npm in der Standardinstallation von Node.js bereits enthalten ist.

Seit Node.js 0.6.3 wird npm automatisch installiert.

5.1.3   Installation testen

Um die Installation von npm zu überprüfen, genügt es, npm auf der Konsole aufzurufen:

```
$ npm

Usage: npm <command>

where <command> is one of:
    adduser, apihelp, author, bin, bugs, c, cache, completion,
    config, deprecate, docs, edit, explore, faq, find, get,
    help, help-search, home, i, info, init, install, la, link,
    list, ll, ln, ls, outdated, owner, pack, prefix, prune,
    publish, r, rb, rebuild, remove, restart, rm, root,
    run-script, s, se, search, set, show, star, start, stop,
    submodule, tag, test, un, uninstall, unlink, unpublish,
    unstar, up, update, version, view, whomai

npm <cmd> -h     quick help on <cmd>
npm -l           display full usage info
npm faq          commonly asked questions
npm help <term>  search for help on <term>
npm help npm     involved overview

Specify configs in the ini-formatted file:
    /home/golo/.npmrc
or on the command line via: npm <command> --key value
Config info can be viewed via: npm help config
```

Version von npm ermitteln   Unter Umständen kann es notwendig sein, die installierte Version von npm zu ermitteln. Dazu dient, wie auch bei Node.js, der Parameter --version:

```
$ npm --version
1.1.32
```

5.2   Umgang mit Modulen

5.2.1   Module installieren

Die Installation von Node.js-Modulen kann mit npm auf zwei Arten erfolgen: lokal oder global. Während die lokale Installation ein Modul in den Kontext einer Anwendung einbindet, stellt die globale Installation ein Modul systemweit zur Verfügung.

Lokale Installation   Die lokale Installation stellt den gängigen Normalfall dar. Sie wird verwendet, um die von einer Anwendung benötigten Module zur Verfügung zu stellen. Da die Module im Rahmen einer lokalen Installation in ein Unterverzeichnis der Anwendung kopiert werden, kann jede Anwendung einen individuellen Satz an Modulen nutzen.

Auch die Tatsache, dass zwei Anwendungen das gleiche Modul, jedoch in unterschiedlicher Version benötigen, stellt mit der lokalen Installation kein Problem dar: Jede Anwendung enthält genau die Module in der Version, die sie benötigt.

Um ein Modul lokal zu installieren, muss npm außer dem Parameter `install` auch der Name des zu installierenden Moduls übergeben werden:

```
$ npm install node-force-domain
node-force-domain@0.0.4 ./node_modules/node-force-domain
```

Nachdem die Installation erfolgreich durchgeführt wurde, meldet npm die Version des installierten Moduls und den Pfad, in den das Modul installiert wurde. Wird nichts anderes angegeben, installiert npm stets die aktuelle Version des jeweiligen Moduls.

Falls nicht die aktuelle, sondern eine vorherige Version eines Moduls installiert werden soll, kann deren Versionsnummer bei der Installation gezielt angegeben werden:

Andere Versionen installieren

```
$ npm install node-force-domain@0.0.3
node-force-domain@0.0.3 ./node_modules/node-force-domain
```

In beiden Fällen steht das Modul der Anwendung danach zur Verfügung und kann mit Hilfe der `require`-Funktion importiert werden:

```
var forceDomain = require('node-force-domain');
```

Sofern ein Modul seinerseits von weiteren Modulen abhängt, löst npm diese Abhängigkeiten automatisch auf und installiert auch die abhängigen Module:

Abhängigkeiten auflösen

```
$ npm install express
express@3.0.0 ./node_modules/express
+-- methods@0.0.1
+-- fresh@0.1.0
+-- range-parser@0.0.4
+-- cookie@0.0.3
+-- crc@0.2.0
+-- commander@0.6.1
+-- debug@0.7.0
+-- mkdirp@0.3.3
+-- connect@2.3.4 (bytes@0.0.1, fresh@0.0.1, cookie@0.0.4,
                   qs@0.4.2, mime@1.2.4, formidable@1.0.11)
```

Allerdings werden die Abhängigkeiten ihrerseits nicht direkt in das node_modules-Verzeichnis abgelegt. Stattdessen werden sie in ein weiteres node_modules-Verzeichnis kopiert, das unterhalb des Verzeichnisses des abhängigen Moduls liegt.

Dieses Vorgehen garantiert, dass verschiedene Module von unterschiedlichen Versionen ein- und desselben Moduls abhängen können,
ohne dass es zu Versionskonflikten kommt.

Module auflisten   Gelegentlich kann es hilfreich sein, sich einen Überblick über die
installierten Module und deren Abhängigkeiten zu verschaffen. Dazu
dient der Parameter 1s von npm:

```
$ npm 1s
/home/golo/myapp
+-+ express@3.0.0
| +-- commander@0.6.1
| +-+ connect@2.3.4
| | +-- bytes@0.0.1
| | +-- cookie@0.0.4
| | +-- formidable@1.0.11
| | +-- fresh@0.0.1
| | +-- mime@1.2.4
| | +-- qs@0.4.2
| +-- cookie@0.0.3
| +-- crc@0.2.0
| +-- debug@0.7.0
| +-- fresh@0.1.0
| +-- methods@0.0.1
| +-- mkdirp@0.3.3
| +-- range-parser@0.0.4
+-- node-force-domain@0.0.4
```

Alternativ kann auch der Parameter 11 verwendet werden, der zusätzlich zu dem Namen und der Version auch den Installationspfad eines
jeden Moduls, dessen Beschreibung und den Pfad des zuständigen
Repositorys ausgibt:

```
$ npm 11
/home/golo/myapp
+-+ express@3.0.0
| | Sinatra inspired web development framework
| | git://github.com/visionmedia/express.git
| +-+ commander@0.6.1
| | | the complete solution for node.js command-line programs
| | | https://github.com/visionmedia/commander.js.git
[...]
```

Globale Installation   Einige Module bieten nicht nur Funktionen für einzelne Anwendungen
an, sondern enthalten auch Werkzeuge, die systemweit genutzt werden
können. Beispiele hierfür sind der grafische Debugger *node-inspector*
oder das Webframework *express*, deren Werkzeuge typischerweise nur
einmal pro System und nicht für jede Anwendung einzeln installiert
werden.

Für solche Module bietet der `install`-Parameter von npm die Option `-g` an, mit der eine globale Installation durchgeführt wird. Das entsprechende Paket steht dann systemweit allen Anwendungen zur Verfügung. Damit die Installation über die passenden Rechte verfügt, muss gegebenenfalls auf das Kommando sudo[1] zurückgegriffen werden:

```
$ sudo npm install -g express
[sudo] password for golo: ***************
/usr/local/bin/express ->
  /usr/local/lib/node_modules/express/bin/express
express@3.0.0 /usr/local/lib/node_modules/express
+-- methods@0.0.1
+-- fresh@0.1.0
+-- range-parser@0.0.4
+-- cookie@0.0.3
+-- crc@0.2.0
+-- commander@0.6.1
+-- debug@0.7.0
+-- mkdirp@0.3.3
+-- connect@2.3.4 (bytes@0.0.1, fresh@0.0.1, cookie@0.0.4,
                    qs@0.4.2, mime@1.2.4, formidable@1.0.11)
```

Auch die Parameter `ls` und `ll` stehen in Verbindung mit der `-g`-Option zur Verfügung, um die global installierten Module aufzulisten.

Globale Module auflisten

5.2.2   Module aktualisieren

Von Zeit zu Zeit kann es sinnvoll sein, die installierten Module auf eine neuere Version zu aktualisieren, beispielsweise, um neu hinzugekommene Funktionen nutzen zu können.

Dazu dient der Parameter `update`, der entweder ein ausgewähltes oder auch alle Module aktualisieren kann, je nachdem, ob ein Modulname angegeben wird oder nicht:

```
$ npm update
```

Werden keine neueren Versionen als die bereits installierten gefunden, beendet npm seine Ausführung – andernfalls werden die aktualisierten Module heruntergeladen und installiert.

Wie die übrigen Parameter kann auch der `update`-Parameter in Verbindung mit der `-g`-Option genutzt werden, um global installierte Module zu aktualisieren.

Globale Module aktualisieren

---

1.   Unter Windows lautet das Kommando zum Ausführen einer Anwendung mit administrativen Rechten runas. Alternativ kann auch die gesamte Konsole mit Administratorrechten gestartet werden, diese gelten dann auch für npm.

Hierbei gilt allerdings, wie auch bei einer Aktualisierung von Node.js selbst, Vorsicht walten zu lassen, da sich globale Änderungen unweigerlich auf alle Anwendungen auswirken, was potenziell unerwünschte Seiteneffekte nach sich ziehen kann.

5.2.3   Module entfernen

Wird ein Modul nicht mehr benötigt, kann es samt seiner Abhängigkeiten von npm auch wieder entfernt werden. Dazu dient der Parameter rm, dem der Name des zu entfernenden Moduls übergeben werden muss:

```
$ npm rm node-force-domain
```

Im Erfolgsfall gibt npm keine Meldung aus, im Fehlerfall wird jedoch darauf hingewiesen, dass das Entfernen des Moduls nicht wie gewünscht funktioniert hat.

Globale Module entfernen

Auch der rm-Parameter kann, wenig überraschend, wiederum in Verbindung mit der -g-Option genutzt werden, um global installierte Module zu entfernen.

5.2.4   Module suchen

Wenn der genaue Name eines zu installierenden Moduls nicht bekannt ist, kann npm das Modul-Repository nach einem Schlagwort durchsuchen.

Hierzu dient der Parameter search, der alle Module auflistet, die den gesuchten Begriff in ihrem Namen, ihrer Beschreibung, ihren Stichwörtern oder dem Namen des Autors enthalten:

```
$ npm search force
NAME                      DESCRIPTION        AUTHOR        KEYWORDS
connect-force-domain      Force all [...]    =shapeshed    no-www rac[...]
kiwf                      in-process[...]    =marak        process ra[...]
node-force-domain         node-force[...]    =goloroden
node-salesforce           Connecting[...]    =stomita      salesforce[...]
salesforce                A node.js [...]    =phidelta     web server[...]
sfaClient                 Sales Forc[...]    =d2clouds     rest sfa S[...]
triforce                                     =raynos
worker                                       =cramforce
```

Jedes dieser Module kann dann auf dem bereits bekannten Weg über den install-Parameter von npm heruntergeladen und installiert werden.

Ein lokales Repository verwenden

Prinzipiell kann anstelle des öffentlich verfügbaren auch ein lokal eingerichtetes, eigenes Repository für npm verwendet werden, sofern dieses die *CommonJS Package Registry*-Spezifikation erfüllt. Leider bietet npm derzeit keinerlei Unterstützung, um ein solches Repository zu implementieren.

Stattdessen wird in der Dokumentation empfohlen, das offizielle, öffentlich verfügbare Repository[2] zu klonen und die API gemäß der zuvor genannten Spezifikation nachzubauen. Die erforderlichen Schritte zum Aufsetzen des eigenen Repositorys werden in der Dokumentation von npm beschrieben.[3]

5.3 Abhängigkeiten verwalten

5.3.1 Die Datei package.json

Im Zusammenhang mit der Suchreihenfolge der require-Funktion wurde die Datei package.json im vorigen Kapitel bereits vorgestellt. Dort wurden die beiden Felder name und main erläutert, die von Node.js beim Laden von Modulen ausgewertet werden.

Doch es gibt noch ein weiteres Einsatzgebiet für diese Datei: Sie kann nämlich auch verwendet werden, um die Abhängigkeiten zwischen einer Anwendung und den von ihr genutzten Modulen zu definieren. npm ist dann auf Basis dieser Daten in der Lage, sämtliche Abhängigkeiten automatisch aufzulösen.

Dazu muss zunächst eine Datei namens package.json erzeugt und im Wurzelverzeichnis der Anwendung hinterlegt werden. Prinzipiell muss diese Datei mindestens zwei Elemente enthalten: den Namen der Anwendung sowie deren Versionsnummer. Beide Elemente sind zwingend erforderlich und können daher nicht weggelassen werden:

Name und Version definieren

```
{
    "name": "myapp",
    "version": "0.0.1"
}
```

Die Versionsnummer folgt dabei dem von *SemVer* vorgegebenen Schema[4], das sich bei zahlreichen Open-Source-Projekten inzwischen als Standard etabliert hat.

Versionsnummern à la SemVer

Mit dem Modul *node-semver*[5] steht der von npm verwendete Parser für die Versionsnummern auch für den eigenen Gebrauch zur Verfügung. Die Installation erfolgt dabei per npm:

---

2. *http://repository.npmjs.org*
3. *http://npmjs.org/doc/registry.html*
4. *http://semver.org/*
5. *https://github.com/isaacs/node-semver*

```
$ npm install semver
semver@1.0.14 ./node_modules/semver
```

Mit diesem Modul können Versionsnummern per Konsolenwerkzeug oder programmatisch auf ihre Gültigkeit oder die Zugehörigkeit zu einem bestimmten Versionsbereich hin geprüft werden.

Abhängigkeiten
definieren

Um nun die Abhängigkeiten einer Anwendung zu anderen Modulen anzugeben, muss der Datei package.json eine Eigenschaft namens dependencies hinzugefügt werden, wobei der Wert dieser Eigenschaft einem Objekt entspricht, das die einzelnen Abhängigkeiten definiert:

```
{
  "name": "myapp",
  "version": "0.0.1",
  "dependencies": {
    "node-force-domain": "0.0.4",
    "semver": "1.0.14"
  }
}
```

Versionen angeben

Anstelle einer konkreten Versionsnummer kann für jede Abhängigkeit auch ein Bereich von Versionsnummern angegeben werden, indem die jeweilige Versionsnummer mit einem entsprechenden Operator versehen wird:

- `> 1.0.0`
- `>= 1.0.0`
- `< 2.0.0`
- `<= 2.0.0`

Die einzelnen Operatoren können auch miteinander kombiniert werden, um Versionsbereiche anzugeben. So gibt der folgende Ausdruck beispielsweise an, dass entweder eine Version kleiner als 1.0.0 oder eine Version zwischen 2.3.1 und 2.4.5 oder zwischen 2.5.2 und 3.0.0 verwendet werden soll, je nach Verfügbarkeit:

```
< 1.0.0 || >= 2.3.1 < 2.4.5 || >= 2.5.2 < 3.0.0
```

Zusätzlich ist es auch möglich, eine Versionsnummer mit einer Tilde oder einem x als Platzhalter zu versehen, die von npm interpretiert und zu einer tatsächlichen Versionsnummer nach folgendem Schema aufgelöst werden:

Angegebene Versionsnummer	Tatsächliche Versionsnummer
~ 1.2.3	>= 1.2.3 < 1.3.0
~ 1.2	>= 1.2.0 < 2.0.0
~ 1	>= 1.0.0 < 2.0.0
1.2.x	>= 1.2.0 < 1.3.0
1.x.x	>= 1.0.0 < 2.0.0
1.2	1.2.x
1.x	1.x.x
1	1.x.x

Tab. 5–1

Zuordnung von Versionsnummern mit Platzhaltern zu tatsächlichen Versionsnummern

5.3.2   Abhängigkeiten automatisch auflösen

Sobald die Abhängigkeiten einer Anwendung in der Datei package.json definiert wurden, kann npm diese automatisch auflösen. Auf diese Weise ist es beispielsweise nicht erforderlich, das node_modules-Verzeichnis in die Versionsverwaltung einzubinden.

Stattdessen genügt es, die eigentliche Anwendung und die Datei package.json zu speichern. Sämtliche Abhängigkeiten können jederzeit durch npm analysiert und aufgelöst werden. Dazu genügt es, npm mit dem Parameter install aufzurufen, ohne ein zu installierendes Modul anzugeben:

npm install

```
$ npm install
node-force-domain@0.0.4 ./node_modules/node-force-domain
semver@1.0.14 ./node_modules/semver
```

5.4   Eigene Module entwickeln

5.4.1   Ein Konto für npm anlegen

Um ein eigenes Modul zu entwickeln, bedarf es keiner besonderen Vorkehrungen, für das Veröffentlichen eines Moduls hingegen schon: Zunächst muss ein Konto für das öffentlich verfügbare Repository von npm angelegt werden.

Dies geschieht, indem npm der Parameter adduser übergeben wird. Dieser Parameter wird ebenfalls verwendet, wenn bereits ein Konto existiert und man sich lediglich erneut anmelden will:

npm adduser

```
$ npm adduser
Username: goloroden
Password: ***************
Email: webmaster@goloroden.de
```

Die angegebenen Informationen werden in der Datei ~/.npmrc hinterlegt, so dass sie nicht bei jeder zukünftigen Interaktion angegeben werden müssen.

5.4.2   Ein Modul veröffentlichen

Das Veröffentlichen eines Moduls erfolgt auf ähnlichem Weg: Ein Modul unterscheidet sich von einer vollständigen Anwendung lediglich darin, dass es keine in sich geschlossene lauffähige Logik besitzt, sondern seine Logik lediglich per module.exports-Objekt anderen Modulen zur Verfügung stellt.

Weitere Angaben in der Datei package.json

Bevor ein Modul veröffentlicht werden kann, muss wiederum eine package.json-Datei erzeugt werden. Neben den bereits bekannten Eigenschaften wie name, version, main und gegebenenfalls dependencies müssen einige weitere Eigenschaften hinzugefügt werden[6]:

- Die Eigenschaft description enthält eine Beschreibung des Moduls, die unter anderem bei der Suche angezeigt wird.
- Die Eigenschaft author dient dazu, den Autor des Moduls zu nennen. Für den Wert dieser Eigenschaft kann entweder ein Objekt angegeben werden, das seinerseits über die Eigenschaften name, email und url verfügt, oder eine Zeichenkette im Format Vorname Nachname <E-Mail-Adresse> (Webseite). Die Angabe einer E-Mail-Adresse und einer Webseite ist jedoch in beiden Varianten optional.
- Falls mehr als ein Autor an der Erstellung des Moduls beteiligt war, kann die Eigenschaft contributors genutzt werden, um weitere Beteiligte anzugeben. Sämtliche Beteiligten werden dabei als Array übergeben, wobei jedes einzelne Element des Arrays den gleichen Regeln folgt wie der Wert der Eigenschaft author.
- Zu guter Letzt empfiehlt es sich, die Eigenschaft repository anzugeben, die Informationen über die Versionsverwaltung enthält, die für die Entwicklung des Moduls genutzt wird.

Darüber hinaus stehen noch zahlreiche weitere Eigenschaften zur Verfügung, die in der Praxis jedoch eher selten benötigt werden. Eine ausführliche Beschreibung aller Eigenschaften findet sich wiederum in der Dokumentation von npm[7].

---

6. Statt die Datei package.json von Hand aufzubauen, kann alternativ auch das Kommando npm init verwendet werden, das diese Aufgabe interaktiv durchführt.
7. *http://npmjs.org/doc/json.html*

Danach kann das Modul veröffentlicht werden. Dazu dient in npm *npm publish*
der Parameter `publish`, wobei der Aufruf aus dem Verzeichnis erfolgen
muss, in dem sich die Datei `package.json` befindet:

```
$ npm publish
```

5.5 Das Beispielprojekt

5.5.1 Anforderungen und Einschränkungen

Die bisherige Funktionalität von silkveil.js soll in diesem Kapitel wiederum erweitert werden.

Allerdings steht dieses Mal kein neues funktionales Feature im *silkveil.js im Web*
Fokus, sondern ein technisches: Da für silkveil.js im weiteren Verlauf
dieses Buchs auch das Deployment auf einen Webserver geplant ist,
stellt sich die Frage nach einer geeigneten Domain. Mit *www.silk-
veiljs.com* steht eine geeignete Adresse zur Verfügung.[8]

Aus naheliegenden Gründen soll diese Domain jedoch mit und
ohne www-Präfix erreichbar sein. Dieses Komfortfeature läuft aber
einer typischen Richtlinie von Suchmaschinen zuwider, die besagt, dass
eine einzige Webseite nicht unter verschiedenen Adressen erreichbar
sein sollte. Ein Verstoß gegen diese Richtlinie wird üblicherweise mit
einer Abstufung der Seite in den Suchergebnissen geahndet.

Deshalb wird für silkveil.js die Variante ohne www-Präfix als primäre Domain festgelegt, um dem Benutzer kürzere Adressen zu
ermöglichen. Alle anderen potenziellen Adressen sollen mit einer permanenten Umleitung auf diese Variante verweisen, wobei die jeweilige
Anfrage natürlich erhalten bleiben muss.

Vor diesem Hintergrund werden folgende Anforderungen gestellt:

- Die Domain silkveiljs.com wird als primäre Adresse von silkveil.js *Anforderungen*
  definiert. Anfragen an diese Adresse werden wie zuvor auch beant-
  wortet.
- Wird silkveil.js über eine andere Domain aufgerufen, erfolgt eine
  permanente Umleitung auf die Domain silkveiljs.com. Dies betrifft
  insbesondere die Variante *www.silkveiljs.com*.
- Als Ausnahme von dieser Regelung gilt der Aufruf von silkveil.js
  über localhost. Würden auch diese Anfragen umgeleitet, wäre eine

---

8. Die Domain silkveiljs.com gehört dem Autor des vorliegenden Buches. An ihrer
    Stelle kann im weiteren Verlauf des Beispiels natürlich jede beliebige andere
    Domain verwendet werden.

lokale Ausführung zu Entwicklungs- und Testzwecken nicht mehr möglich.

▨ Die gesamte Umleitungslogik wird als eigenständiges und von silk-veil.js unabhängiges Modul implementiert und mit Hilfe von npm eingebunden.

Einschränkungen   Die im vorherigen Kapitel definierten Einschränkungen gelten auch in diesem Kapitel.

5.5.2   Implementierung

Zunächst wird außerhalb des bestehenden Projekts ein neues Verzeichnis namens `redirect` angelegt. Innerhalb dessen wird ein weiteres Verzeichnis namens `lib` angelegt, das den eigentlichen Code des Moduls aufnimmt.

Die Datei package.json   Außerdem wird die Datei `package.json` erzeugt, mit den entsprechenden Informationen gefüllt und anschließend in das Verzeichnis `redirect` abgelegt:

```
{
  "name": "redirect",
  "version": "0.0.1",
  "main": "./lib/redirect.js",
  "description": "redirect allows you to configure a default
                  domain and redirect any requests to this
                  domain.",
  "author": "Golo Roden <webmaster@goloroden.de>
             (http://www.goloroden.de)",
  "repository": {
    "type": "git",
    "url": "git://github.com/goloroden/silkveiljs-redirect.git"
  }
}
```

Grundgerüst implementieren   Im Unterverzeichnis `lib` kann daraufhin eine Datei namens `redirect.js` erzeugt werden. Im ersten Schritt wird zunächst das Grundgerüst definiert: Das Modul stellt eine Funktion `redirect` zur Verfügung, die als einzigen Parameter die primäre Domain entgegennimmt.

Als Rückgabewert gibt sie eine neue Funktion zurück, welche die eigentliche Umleitungslogik implementiert und auf die beiden Objekte req und res zugreift:

```
var redirect = function (domain) {
  return function (req, res) {
  };
};
module.exports = redirect;
```

Als Nächstes muss die aufgerufene Domain, der sogenannte *Hosthea-* *Hostheader auslesen und* *der*, aus dem req-Objekt ausgelesen werden. Dies geschieht über den *auf localhost reagieren* Wert host im Header, wobei dieser bei einem regulären Aufruf von manchen Webbrowsern gelegentlich nicht korrekt gesetzt wird.

Deshalb wird für den Fall, dass der Hostheader dem Wert undefi-ned entspricht, eine leere Zeichenkette als Standardwert gesetzt. Sofern der Hostheader mit localhost oder der primären Domain beginnt[9], kann die Funktion bereits zu ihrem Aufrufer zurückkehren:

```
[...]
return function (req, res) {
  var hostHeader = req.headers.host || '';
  if(hostHeader.indexOf('localhost') === 0 ||
    hostHeader.indexOf(domain) === 0) {
    return;
  }
};
[...]
```

In allen anderen Fällen soll auf die gleiche Adresse, jedoch mit einer *Die Umleitung* anderen Domain, umgeleitet werden. Im Grunde muss also in der *durchführen* bestehenden Adresse lediglich der Hostname ausgetauscht werden.

Hierfür bietet sich erneut der Einsatz des url-Moduls an, um die übermittelte Adresse zunächst zu analysieren, dann den Hostnamen zu ersetzen und das Ergebnis schließlich wieder zu einer gültigen Adresse zusammenzufügen. Die eigentliche Umleitung erfolgt dann auf dem gleichen Weg wie bereits zuvor in dem actions-Modul.

```
var url = require('url');
[...]
return function (req, res) {
  var hostHeader = req.headers.host || '';
  if(hostHeader.indexOf('localhost') === 0 ||
    hostHeader.indexOf(domain) === 0) {
    return;
  }
  var options = url.parse(req.url);
  options.host = domain;
  res.writeHead(301, {
    'Location': url.format(options)
  });
  res.end();
};
[...]
```

9. Unter Umständen enthält der Hostheader außer der angeforderten Domain noch eine Portangabe. Um den Vergleich unabhängig von der Portnummer durchzuführen, wird an dieser Stelle die indexOf-Funktion statt eines direkten Vergleichs der beiden Zeichenketten verwendet.

Das Modul referenzieren   Prinzipiell könnte das Modul an dieser Stelle nun mit npm veröffentlicht werden, indem zunächst mit Hilfe von `npm adduser` ein Konto
angelegt und das Modul anschließend mit dem Kommando `npm`
`publish` in das öffentlich verfügbare Repository übertragen wird.

Zuvor empfiehlt es sich jedoch, das Modul lokal zu testen. Mit
dem Parameter `install` von npm lassen sich allerdings lediglich
Module installieren, die bereits veröffentlicht wurden.

Um ein ausschließlich lokal verfügbares Modul zu referenzieren,
muss es der verwendenden Anwendung mit dem Parameter `link` von
npm bekannt gemacht werden. Insgesamt sind dazu zwei Schritte
erforderlich:

- Zum einen muss das Modul als verfügbar gekennzeichnet werden,
  indem es global installiert wird.
- Zum anderen muss das Modul in die Anwendung integriert werden.

Um das Modul global zu installieren, genügt es, in das Verzeichnis des
Moduls zu wechseln und dort npm mit dem Parameter `link` aufzurufen. Damit die Installation über die passenden Rechte verfügt, muss
gegebenenfalls auf das Kommando sudo zurückgegriffen werden:

```
$ sudo npm link
[sudo] password for golo: ***************
/usr/local/lib/node_modules/redirect -> /home/golo/redirect
```

Anschließend muss in das Verzeichnis der Anwendung zurückgewechselt werden und das Modul von dort verlinkt werden:

```
$ sudo npm link redirect
./node_modules/redirect -> /usr/local/lib/node_modules/redirect ->
/home/golo/redirect
```

Alternativ können auch beide Schritte in einem zusammengefasst werden. Dazu muss aus dem Verzeichnis der Anwendung npm mit dem
Parameter `link` unter Angabe des Verzeichnisses des Moduls aufgerufen werden:

```
$ npm link ../redirect
[sudo] password for golo: ***************
/usr/local/lib/node_modules/redirect -> /home/golo/redirect
./node_modules/redirect -> /usr/local/lib/node_modules/redirect ->
/home/golo/redirect
```

Zu guter Letzt muss das redirect-Modul noch importiert und aufgerufen werden.[10] Dies erfolgt in der Datei app.js:

Das redirect-Modul verwenden

```
var http = require('http');
var redirect = require('redirect')('silkveiljs.com');
var mappings = require('./mappings.js');
[...]
http.createServer(function (req, res) {
  redirect(req, res);
  [...]
```

Das Modul ist nun einsatzbereit und kann bereits genutzt werden, wie zwei Testaufrufe beweisen: Wird die Anwendung mit Hilfe der Adresse *http://localhost:3000/polarbear* aufgerufen, wird die lokal ausgeführte Version angesprochen.

Wird stattdessen die Adresse *http://127.0.0.1:3000/polarbear* aufgerufen, findet wie gewünscht eine Umleitung auf die Adresse *http://silkveiljs.com/polarbear* statt.

5.6 Zusammenfassung

Node.js verfügt mit npm über eine ausgesprochen leistungsfähige Paketverwaltung. Module können wahlweise lokal oder global installiert werden, je nachdem, ob es sich um eine Abhängigkeit innerhalb der Anwendung oder ein anwendungsübergreifendes Werkzeug handelt.

Darüber hinaus ermöglicht npm die Aktualisierung und Verwaltung von Abhängigkeiten. Wird die Datei package.json genutzt, können Abhängigkeiten sogar automatisch aufgelöst werden, so dass das node_modules-Verzeichnis nicht in die Versionsverwaltung eingebunden werden muss.

Auch das Veröffentlichen eigener Module ist möglich, wobei dies dank npm nur sehr wenig Aufwand darstellt. Während der Entwicklung können noch nicht veröffentlichte Module bereits lokal verlinkt und verwendet werden.

---

10. Da das redirect-Modul eine Funktion exportiert, wird diese von require zurückgegeben und kann bei Bedarf direkt aufgerufen werden. Die Variable redirect enthält in dem folgenden Beispiel daher nicht die Funktion selbst, sondern das Ergebnis des Aufrufs dieser Funktion.

6 Fehlersuche und -behebung: Arbeiten mit dem Debugger

Da V8, das als Basis für Node.js dient, bereits einen ausgesprochen leistungsfähigen Debugger enthält, verzichtet Node.js auf eine eigene Implementierung. Stattdessen integriert Node.js diesen Debugger und stellt lediglich einen passenden Client zur Verfügung.

Da der Debugger von V8 aus anderen Prozessen per TCP angesprochen werden kann, drängt sich dieses Vorgehen geradezu auf. Allerdings unterstützt der direkt in Node.js integrierte Client noch nicht alle Fähigkeiten; die grundlegenden Funktionen werden aber unterstützt.

Node.js enthält einen Client für den Debugger von V8.

Als Ausgangsbeispiel für dieses Kapitel soll eine kleine Anwendung namens app.js dienen, deren einzige Aufgabe darin besteht, die Summe zweier Zahlen zu berechnen und auszugeben[1]:

Die Beispielanwendung: Zahlen addieren

```
var add = function () {
  var first = 23,
      second = 42;
  var sum = first + second;
  console.log(first + ' + ' + second + ' = ' + sum);
};
add();
```

6.1 Der integrierte Debugger von Node.js

6.1.1 Den Debugger starten

Den von V8 bereitgestellten und in Node.js integrierten Debugger zu starten, fällt leicht: Dazu muss beim Start von Node.js vor dem Namen

---

1. In der Regel ist der konsequente Einsatz von testgetriebener Entwicklung zielführender als die potenziell ausgesprochen mühsame Suche von bereits bestehenden Fehlern mit Hilfe des Debuggers. Da jedoch auch Tests gelegentlich mit Hilfe eines Debuggers analysiert werden müssen, wird sein Einsatz an dieser Stelle ausführlich beschrieben.

der auszuführenden Anwendung lediglich der zusätzliche Parameter
--debug angegeben werden. Dieser aktiviert den Debugger und bindet
ihn an den Port 5858, auf dem er anschließend auf eingehende TCP-
Anfragen wartet:

```
$ node --debug app.js
debugger listening on port 5858
[...]
```

Soll anstelle von 5858 ein anderer Port verwendet werden, kann dem
Parameter --debug die entsprechende Portnummer als Option mitgegeben werden:

```
$ node --debug=6000 app.js
debugger listening on port 6000
[...]
```

Der Debugger als In beiden Fällen wird die Anwendung nach dem Starten des Debuggers
TCP-Server ohne Verzögerung ausgeführt. Allerdings kann der Debugger nun ausschließlich über TCP angesprochen werden, eine für den Benutzer ver-
wendbare Benutzeroberfläche wurde noch nicht gestartet.

Hierfür ist ein gesonderter Client für den Debugger erforderlich,
der eine TCP-Verbindung aufbaut und es dem Entwickler ermöglicht,
den Debugger über diese Verbindung zu steuern.

Node.js enthält einen Node.js enthält von Haus aus bereits einen solchen Client, der wie
Client für den Debugger. Node.js selbst ebenfalls auf der Konsole ausgeführt wird. Um diesen
Client zu starten, muss beim Starten von Node.js anstelle von --debug
der Parameter debug übergeben werden:

```
$ node debug app.js
< debugger listening on port 5858
connecting... ok
```

In diesem Fall wird der Debugger allerdings zwingend auf den Port
5858 gebunden, ein anderer Port kann nicht konfiguriert werden.

Start mit pausierter Die Ausgabe von debug> stellt eine Eingabeaufforderung dar, ähn-
Anwendung lich der üblichen REPL von Node.js. Im Gegensatz zu dieser nimmt sie
jedoch spezielle Anweisungen entgegen, um den Debugger zu steuern.

Aufgrund der Tatsache, dass neben dem Debugger auch ein passender Client gestartet wurde, geht Node.js davon aus, dass die
Anwendung nicht direkt ausgeführt werden soll, und pausiert sie deshalb zunächst.

Aktuelle Zeile ermitteln Um sich zunächst einen Überblick zu verschaffen, in welcher Zeile
die Ausführung der Anwendung pausiert wurde, kann die list-Funk-
tion verwendet werden:

```
debug> list()
  1 var add = function () {
  2    var first = 23,
  3        second = 42;
  4    var sum = first + second;
  5    console.log(first + ' + ' + second + ' = ' + sum);
```

Als Komfortfunktion bietet der Debugger an, die letzte Anweisung zu wiederholen, indem anstelle einer neuen Anweisung eine leere gesendet wird. Ein einfacher Druck auf die <Enter>-Taste ohne Angabe einer weiteren Anweisung führt die list-Funktion daher erneut aus.

Gelegentlich geschieht es, dass der Start der Anwendung und das Laden des Debuggers einander in die Quere kommen und die Anwendung bereits startet, bevor der Debugger vollständig geladen wurde.

Anwendung und Debugger werden quasi gleichzeitig geladen.

In diesem Fall unterbricht Node.js die Ausführung der Anwendung in der ersten Zeile und führt automatisch die list-Funktion aus:

```
$ node debug app.js
< debugger listening on port 5858
connecting... ok
break in app.js:1
  1 var add = function () {
  2    var first = 23,
  3        second = 42;
```

In beiden Fällen kann die Ausführung der Anwendung danach jedoch gezielt gesteuert werden.

6.1.2   Die Ausführung steuern

Zum Steuern der Ausführung kennt Node.js verschiedene Anweisungen. Die naheliegendste ist die Anweisung next, die bei der Eingabe auch als n abgekürzt werden kann. Sie führt die aktuelle Codezeile aus und pausiert die Anwendung danach erneut:

```
debug> n
break in app.js:7
  5    console.log();
  6 };
  7 add();
  8
  9 });
```

next: Step-Over

Die ausgeführte Zeile wird dabei unabhängig von ihrem Inhalt als eine einzige Anweisung angesehen. Enthält die Zeile also beispielsweise einen oder mehrere Funktionsaufrufe, so wird deren Aufruf zwar durchgeführt, der Debugger stellt diese Aufrufe jedoch visuell nicht dar.

step: Step-Into   Der nächste Aufruf von next würde daher die add-Funktion in einem einzigen Schritt ausführen. Wenn dies jedoch nicht gewünscht ist und stattdessen in die aufgerufene Funktion hineingewechselt werden soll, muss anstelle von next die Anweisung step verwendet werden, die bei der Eingabe auch als s abgekürzt werden kann:

```
debug> s
break in app.js:2
  1 var add = function () {
  2   var first = 23,
  3       second = 42;
  4   var sum = first + second;
```

Auch diese Anweisung kann wiederholt werden, indem lediglich die <Enter>-Taste betätigt wird, ohne einen neuen Befehl einzugeben. In diesem Fall hat der Aufruf von step den gleichen Effekt wie der von next, da die var-Anweisung keine aufrufbare Funktion darstellt:

```
debug>
break in app.js:4
  2   var first = 23,
  3       second = 42;
  4   var sum = first + second;
  5   console.log(first + ' + ' + second + ' = ' + sum);
  6 };
```

out: Step-Out   Um vorzeitig wieder aus einer Funktion auszusteigen, ohne diese in Einzelschritten mit next oder step durchlaufen zu müssen, dient die Anweisung out, die bei der Eingabe als o abgekürzt werden kann. Sie durchläuft den Rest der derzeit ausgeführten add-Funktion, berechnet die Summe von first und second, gibt diese aus und springt zum Aufrufer zurück:

```
debug> o
< 23 + 42 = 65
Break in app.js:9
  7 add();
  8
  9 });
```

Danach wird die Anwendung erneut pausiert, so dass der Entwickler entscheiden kann, wie er in der aufrufenden Funktion weiter verfahren will.

Obwohl die Anwendung an dieser Stelle prinzipiell zu Ende ist, hat der Debugger in Zeile 9 pausiert – in einer Zeile also, die in dem ursprünglichen Quelltext gar nicht enthalten ist.

Die in dieser Zeile enthaltenen schließenden Klammern stellen das Ende eines Blocks dar, in den Node.js die Anwendung gekapselt hat, wie sich leicht durch einen Aufruf von next zeigen lässt. Dieser wechselt nämlich in Node.s-internen Code, der sich in der Datei `module.js` befindet:

```
debug> n
break in module.js:433
  431   var args = [self.exports, require, self, filename,
          dirname];
  432   return compiledWrapper.apply(self.exports, args);
  433 };
  434
  435
```

An dieser Stelle kann das Debuggen nun guten Gewissens beendet und die Anwendung automatisch zu Ende ausgeführt werden. Dazu dient die Anweisung cont, die bei der Eingabe auch als c abgekürzt werden kann:

cont: Ausführung fortsetzen

```
debug> c
program terminated
```

Die Ausgabe der Meldung `program terminated` zeigt an, dass die Ausführung geendet hat.

Falls notwendig, kann die Anwendung nun erneut gestartet werden, so dass sie nochmals mit dem Debugger durchlaufen werden kann. Hierzu dient die Anweisung run:

run: Anwendung starten

```
debug> run
< debugger listening on port 5858
connecting... ok
```

Das Pendant zum vorzeitigen Beenden einer Anwendung stellt die kill-Anweisung dar:

kill: Anwendung vorzeitig beenden

```
debug> kill
program terminated
```

Zu guter Letzt können beide Anweisungen kombiniert werden, um eine laufende Anwendung vorzeitig abzubrechen und neu zu starten. Dazu dient die Anweisung restart:

restart: Anwendung neu starten

```
debug> restart
program terminated
< debugger listening on port 5858
connecting... ok
```

Nachdem das Debuggen abgeschlossen ist, kann der Debugger samt Node.js mit der Anweisung quit beendet werden, so dass die Ausführung wieder zurück auf die Konsole wechselt:

quit: Debugger beenden

```
debug> quit
```

6.1.3   Umgang mit Haltepunkten

Eine komplette, komplexe Anwendung auf diesem Weg zu debuggen ist zwar möglich, aber ausgesprochen aufwendig. Besonders mühsam ist dabei der Weg bis hin zu jener Stelle, die von eigentlichem Interesse ist. Zudem ist die Gefahr, eine wichtige Funktion aus Versehen zu überspringen, verhältnismäßig groß.

Deshalb können sogenannte *Haltepunkte* verwendet werden, an denen der Debugger die Ausführung automatisch pausiert. In Node.js gibt es zwei Varianten, wie Haltepunkte gesetzt werden können: programmatisch im Quelltext der Anwendung oder zur Laufzeit im Debugger.

Haltepunkte programmatisch setzen

Zum programmatischen Setzen eines Haltepunktes dient das Java-Script-Schlüsselwort debugger, das zwar vor ECMAScript in der Version 5 nicht in der Sprachspezifikation von JavaScript enthalten ist[2], aber dennoch von nahezu jeder Laufzeitumgebung entsprechend interpretiert wird:

```
[...]
var sum = first + second;
debugger;
console.log(first + ' + ' + second + ' = ' + sum);
[...]
```

Wird die Anwendung nach dieser Änderung außerhalb des Debuggers ausgeführt, ignoriert Node.js den debugger-Aufruf und führt die Anwendung auf dem klassischen Weg aus.

Innerhalb des Debuggers wird die Ausführung der Anwendung jedoch in der entsprechenden Zeile unterbrochen:

```
$ node debug app.js
< debugger listening on port 5858
connecting... ok
debug> c
break in app.js:5
  3     second = 42;
  4     var sum = first + second;
  5     debugger;
  6     console.log(first + ' + ' + second + ' = ' + sum);
  7 };
```

Persistenz von Haltepunkten

Programmatisch gesetzte Haltepunkte haben den Vorteil, dass sie persistent sind: Sie sind dauerhaft und überall verfügbar. Um sie zu deaktivieren, muss die zugehörige Zeile allerdings aus dem Code entfernt oder zumindest auskommentiert werden.

---

2.   *https://developer.mozilla.org/en/JavaScript/Reference/Statements/debugger*

Diese Persistenz kann allerdings auch einen Nachteil darstellen: Dann nämlich, wenn ein Haltepunkt nur temporär benötigt wird, um beispielsweise einen Fehler zu suchen und zu beheben, oder er nicht bei jedem Lauf des Debuggers benötigt wird. Für diese Fälle eignet sich ein im Debugger zur Laufzeit gesetzter Haltepunkt besser.

Um einen Haltepunkt zur Laufzeit zu setzen, dient die Anweisung setBreakpoint, die bei der Eingabe auch als sb abgekürzt werden kann. Sie erwartet den Namen des Skripts und die Zeilennummer, in welcher der Haltepunkt gesetzt werden soll, als Parameter:

Haltepunkte zur Laufzeit setzen

```
debug> sb('app.js', 5)
  1 var add = function () {
  2   var first = 23,
  3       second = 42;
  4   var sum = first + second;
  5   console.log(first + ' + ' + second + ' = ' + sum);
```

Die Ausführung kann anschließend wie gewünscht fortgesetzt werden. Sobald der Haltepunkt erreicht wird, pausiert Node.js die weitere Ausführung der Anwendung und zeigt die Unterbrechung entsprechend an:

```
debug> c
break in app.js:5
  3       second = 42;
  4   var sum = first + second;
* 5   console.log(first + ' + ' + second + ' = ' + sum);
  6 };
  7 add();
```

Um einen Haltepunkt schließlich wieder zu entfernen, verfügt Node.js über die Anweisung clearBreakpoint, die bei der Eingabe auch als cb abgekürzt werden kann.

Entfernen von Haltepunkten

Als Parameter müssen die gleichen Werte wie bei der setBreakpoint-Anweisung übergeben werden, das heißt der Name des Skripts und die Zeilennummer, in der sich der Haltepunkt befindet:

```
debug> cb('app.js', 5)
  1 var add = function () {
  2   var first = 23,
  3       second = 42;
  4   var sum = first + second;
  5   console.log(first + ' + ' + second + ' = ' + sum);
```

Gegebenenfalls kann es hilfreich sein, alle gesetzten Haltepunkte aufzulisten. Dies erfolgt mit Hilfe der breakpoints-Anweisung. Diese gibt neben der Position des Haltepunkts noch einige weitere interessante Informationen aus, wie beispielsweise die Angabe, wie oft der Haltepunkt bereits erreicht wurde:

Haltepunkte auflisten

```
debug> breakpoints
{ breakpoints:
   [ { number: 1,
       line: 0,
       column: 10,
       groupId: null,
       hit_count: 1,
       active: true,
       condition: null,
       ignoreCount: 0,
       actual_locations: [Object],
       type: 'scriptId',
       script_id: 26 },
     { number: 2,
       line: 4,
       column: null,
       groupId: null,
       hit_count: 0,
       active: true,
       condition: null,
       ignoreCount: 0,
       actual_locations: [Object],
       type: 'scriptId',
       script_id: 26 } ],
  breakOnExceptions: false,
  breakOnUncaughtExceptions: false }
```

Geladene Skriptdateien
anzeigen

Die innerhalb des jeweiligen Haltepunkts angegebene Eigenschaft script_id stellt einen eindeutigen Bezeichner für das Skript dar, in dem der Haltepunkt gesetzt wurde.

Um diesen Bezeichner einem konkreten Skript zuordnen zu können, kann mit Hilfe der Anweisung scripts eine Liste aller geladenen Skriptdateien ausgegeben werden:

```
debug> scripts
  26: app.js
```

6.1.4 Objekte überwachen

Wird ein Haltepunkt erreicht, ist häufig interessant, welche Funktionen den gegenwärtigen Zustand verursacht haben. Hierfür bietet Node.js die backtrace-Anweisung an, die bei der Eingabe auch als bt abgekürzt werden kann und die die Hierarchie der Funktionsaufrufe ausgibt:

```
debug> bt
#0 add app.js:5:3
#1 app.js:7:1
```

Diese Ausgabe besagt, dass sich die Anwendung derzeit in der Funktion add in der Datei app.js befindet und die Ausführung in Zeile 5, Spalte 3 angehalten wurde. Die add-Funktion wurde dabei in Zeile 7, Spalte 1 der Datei app.js aufgerufen.

Ein Blick in den Quelltext zeigt, dass die nächste auszuführende Anweisung die Ausgabe der Summe auf die Konsole wäre. An dieser Stelle kann es interessant sein, die Werte der Variablen first, second und sum auszuwerten.

Für diesen Zweck steht die repl-Anweisung zur Verfügung, die *Eine REPL im Debugger*
eine REPL innerhalb des Debuggers startet und den Zugriff auf den aktuellen Kontext der Anwendung ermöglicht:

```
debug> repl
Press Ctrl + C to leave debug repl
> first
23
> first + second
65
> console.log(sum);
< 65
> <Strg>+<C>
```

Innerhalb der REPL kann jeglicher Code ausgeführt werden, der auch im normalen Betrieb von Node.js erlaubt wäre. Um das Debuggen fortzusetzen, muss die REPL jedoch zunächst verlassen und in den Debug-Modus zurückgewechselt werden.

6.2 node-inspector

6.2.1 Grafisches Debuggen

Obwohl das Debuggen einer Anwendung mit dem in Node.js integrierten Debugger durchaus machbar ist, bietet es nicht den aus integrierten Entwicklungsumgebungen wie beispielsweise Eclipse gewohnten Komfort, eine grafische Benutzeroberfläche für den Debugger zur Verfügung zu stellen.

Die in diesem Kapitel bislang beschriebene Integration des Debuggers in Node.js betrifft allerdings nur den Client; der Debugger selbst ist wie bereits erwähnt ein von V8 bereitgestellter Server, der TCP-Verbindungen bedient.

Daher ist es auf einfachem Weg möglich, einen anderen als den in *Eclipse als Client für den*
Node.js integrierten Client zu verwenden: Ein potenzieller Client muss *Debugger von Node.js*
lediglich eine TCP-Verbindung zu Node.js aufbauen und mit dem Debugger von V8 kommunizieren können.

So ist es beispielsweise durchaus möglich, Eclipse mit Hilfe eines Addins als grafische Benutzeroberfläche zu verwenden, um in Node.js geschriebene Anwendungen zu debuggen[3].

node-inspector als alternativer Client

Darüber hinaus existiert das Open-Source-Projekt *node-inspector*, das den grafischen, bereits auf JavaScript ausgerichteten Debugger von WebKit-basierten Webbrowsern wie Google Chrome und Apple Safari als Client für den Debugger Node.js verwendet. Andere Webbrowser werden von node-inspector derzeit nicht unterstützt.

Für Webentwickler ergibt sich bei der Verwendung von node-inspector der Vorteil, den bereits aus der Cliententwicklung gewohnten Debugger auch für die Entwicklung von Anwendungen auf dem Server nutzen zu können.

6.2.2   Den Debugger starten

Zunächst muss node-inspector auf dem System installiert werden, auf dem auch Node.js ausgeführt wird. Die Installation erfolgt dabei mit Hilfe von npm, wobei eine globale Installation durchgeführt wird:

```
$ sudo npm install –g node-inspector
[sudo] password for golo: ***************
/usr/local/bin/node-inspector ->
  /usr/local/lib/node_modules/node-inspector/bin/inspector.js
node-inspector@0.2.0 /usr/local/lib/node_modules/node-inspector
+-- async@0.1.22
+-- connect@1.8.7 (mime@1.2.6, formidable@1.0.11, qs@0.5.0)
+-- socket.io@0.9.6
```

Node.js mit --debug starten

Da node-inspector lediglich den Client darstellt, muss zunächst Node.js mit der zu debuggenden Anwendung gestartet werden. Dabei muss der zu Beginn dieses Kapitels bereits erwähnte --debug-Parameter angegeben werden:

```
$ node --debug app.js
debugger listening on port 5858
23 + 42 = 65
```

Problematisch ist, dass die Anwendung sofort ausgeführt wird und bereits durchlaufen und wieder beendet wurde, bevor node-inspector überhaupt gestartet werden konnte.

Bei einer Webanwendung würde dieses Problem nicht auftreten, da die Anwendung spätestens beim Start des http-Servers von selbst auf eingehende Verbindungen wartet. Auch bei einer Webanwendung könnte dann aber der Start selbst nicht durch den Debugger verfolgt werden.

---

3.   *https://github.com/joyent/node/wiki/Using-Eclipse-as-Node-Applications-Debugger*

Um dieses Problem zu lösen, kann entweder ein programmatischer Haltepunkt in den Code eingefügt oder Node.js mit dem --debug-brk-Parameter anstelle des --debug-Parameters gestartet werden: *Pausierter Start mit --debug-brk*

```
$ node --debug-brk app.js
debugger listening on port 5858
```

Nun wartet Node.js mit der Ausführung der Anwendung, bis diese im Debugger von Hand gestartet wird.

Allerdings birgt dieser Parameter ein kleines Risiko: Der Debugger von V8 neigt dazu, abzustürzen, wenn eine require-Funktion übersprungen oder betreten wird. Daher empfiehlt es sich, im Zweifelsfall eher einen möglichst frühen programmatischen Haltepunkt zu setzen.

Unter Umständen kann es erforderlich sein, den Debugger im Nachhinein an eine bereits in der Ausführung befindliche Anwendung anzuhängen. Dies ist in Node.js möglich, indem zunächst die ID des entsprechenden Prozesses ermittelt und anschließend an diesen das Signal SIGUSR1 gesendet wird: *An ein bereits laufendes Node.js anhängen*

```
$ ps -af
UID    PID   PPID  C  STIME  TTY    TIME      CMD
golo   3596  3169  1  07:54  pts/0  00:00:39  node app.js
golo   4305  4244  0  08:45  pts/2  00:00:00  ps -af
$ kill -s USR1 3596
```

Nachdem Node.js ausgeführt wird, muss als Nächstes node-inspector gestartet werden, der dann eine Verbindung zu dem TCP-Server des Debuggers von Node.js aufnimmt: *node-inspector starten*

```
$ node-inspector
   info  - socket.io started
visit http://0.0.0.0:8080/debug?port=5858 to start debugging
```

Nachdem die TCP-Verbindung hergestellt wurde, startet node-inspector einen Webserver auf Port 8080 von localhost, der dann vom Entwickler im Webbrowser über die angegebene Adresse aufgerufen werden kann.

Der Pfad und der Querystring können dabei im Normalfall entfallen. Ihre Angabe ist lediglich dann erforderlich, wenn von Node.js ein anderer Port als 5858 für den Debugger verwendet wird. *Ports ändern*

Soll node-inspector für seinen Webserver einen anderen Port als 8080 verwenden, kann beim Start der Parameter --web-port angegeben werden:

```
$ node-inspector --web-port=6000
```

Wird nun die Adresse *http://localhost:8080* in einem Webbrowser aufgerufen, zeigt node-inspector in seinem Hauptfenster den Quelltext *node-inspector im Webbrowser aufrufen*

der Datei app.js an und hebt die Zeile grafisch hervor, in der die
Anwendung derzeit pausiert wird. Außerdem wird ihre Zeilennummer
durch einen kleinen roten Pfeil ersetzt (siehe Abb. 6–1).

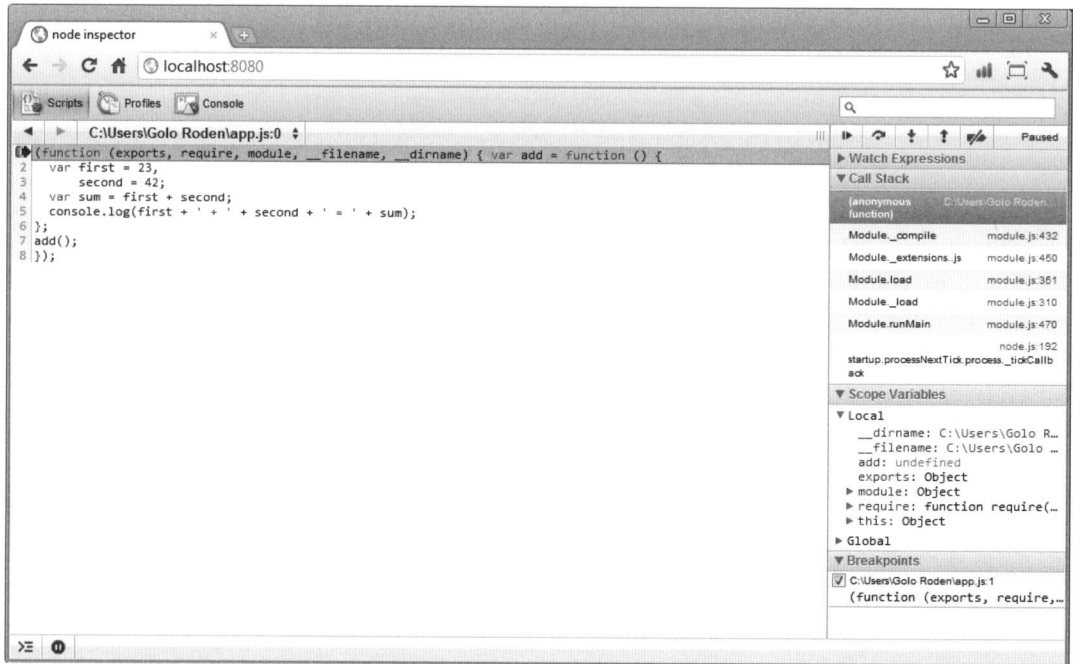

Abb. 6–1
*node-inspector bietet
einen grafischen
Debugger für Node.js.*

Da node-inspector einen Webserver zur Verfügung stellt, kann dieser
Zugriff nicht nur vom lokalen Rechner aus erfolgen. Wird der Port, in
diesem Fall also 8080, für Zugriffe von außen freigegeben, kann der
Debugger auf einfache Art auch von einem anderen Rechner gesteuert
werden.

6.2.3   Die Ausführung steuern

Prinzipiell bietet node-inspector die gleichen Möglichkeiten zur Steuerung der Ausführung wie auch der in Node.js integrierte Debugger.
Oberhalb des Hauptfensters findet sich dazu die Steuerungsleiste, über
die alle Aktionen ausgeführt werden können (siehe Abb. 6–2).

Abb. 6–2
*Die Steuerungsleiste
ermöglicht das Steuern
der Ausführung.*

Die linke Seite dieser Leiste enthält ein Auswahlfeld, mit dem zwischen
mehreren geladenen Skriptdateien hin- und hergewechselt werden
kann. Die jeweils aktuell im Hauptfenster geladene wird dabei mit

ihrem Namen angezeigt. Dieses Steuerelement entspricht somit der scripts-Anweisung des in Node.js integrierten Clients.

Die rechte Seite dieser Leiste enthält einige Schaltflächen, von denen die ersten vier den Anweisungen continue, next, step und out entsprechen. Die Symbole verdeutlichen den jeweiligen Vorgang nochmals grafisch.

Die fünfte und somit letzte Schaltfläche dient dem einfachen De- beziehungsweise Reaktivieren aller Haltepunkte. Auf diese Art können Haltepunkte temporär abgeschaltet werden, ohne sie endgültig entfernen zu müssen. Neben dieser Schaltfläche wird zudem noch der derzeitige Ausführungsstatus angezeigt.

6.2.4 Umgang mit Haltepunkten

Haltepunkte können in node-inspector auf einfache Art gesetzt und wieder entfernt werden: Dazu dient ein Klick auf die Nummer der Zeile, in der die Ausführung pausiert werden soll. Haltepunkte werden von node-inspector dabei als blauer Marker angezeigt, mit dem die Zeilennummer hinterlegt wird.

Die Seitenleiste, die sich rechts neben dem Hauptfenster befindet, zeigt zudem als untersten Bereich eine Liste aller Haltepunkte an (siehe Abb. 6–3). Über die den Haltepunkten vorangestellten Auswahlfelder ist es dabei möglich, jeden Haltepunkt individuell zu de- beziehungsweise reaktivieren.

Abb. 6–3
Die Seitenleiste enthält
eine Liste aller
Haltepunkte.

Außerdem kann diese Liste genutzt werden, um schnell im Quelltext zwischen den einzelnen Haltepunkten hin- und herzuwechseln. Um gezielt zu einem Haltepunkt zu springen, genügt es, diesen anzuklicken.

Die Fußleiste, die sich unter dem Hauptfenster befindet, enthält darüber hinaus zwei weitere Schaltflächen, von denen sich zumindest eine auf Haltepunkte bezieht. Mit Hilfe der zweiten Schaltfläche kann nämlich festgelegt werden, ob node-inspector auch im Falle eines unerwarteten Fehlers in der Anwendung pausieren soll oder nicht (siehe Abb. 6–4).

Abb. 6–4

Die Fußleiste ermöglicht das Reagieren auf Fehler.

6.2.5   Objekte überwachen

Auch in node-inspector kann der Zustand der Anwendung beim Erreichen eines Haltepunktes interessant sein. Dazu bietet die Seitenleiste die beiden Bereiche *Call Stack* und *Scope Variables*.

Der Call Stack zeigt die Aufrufreihenfolge der Funktionen, entspricht also der Anweisung backtrace aus dem in Node.js integrierten Client. Auch dieser listet die aktuelle Funktion an oberster Stelle auf und zeigt darunter deren Aufrufer an (siehe Abb. 6–5).

Abb. 6–5

Der Call Stack zeigt die Aufrufreihenfolge zur aktuellen Funktion.

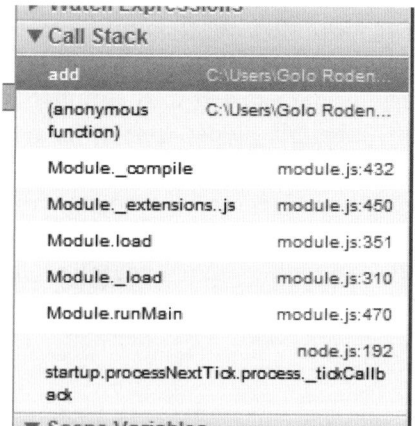

Durch einen Klick auf einen Eintrag wechselt node-inspector zu der zugehörigen Quelltextdatei und hebt die entsprechende Zeile grafisch hervor.

Der Bereich Scope Variables enthält eine Liste aller Variablen sowie deren Werte, die im gegenwärtigen Funktionskontext verfügbar sind. Alternativ können die Werte von Variablen und Funktionen auch angezeigt werden, indem auf diese im Quelltext mit der Maus gezeigt wird (siehe Abb. 6–6).

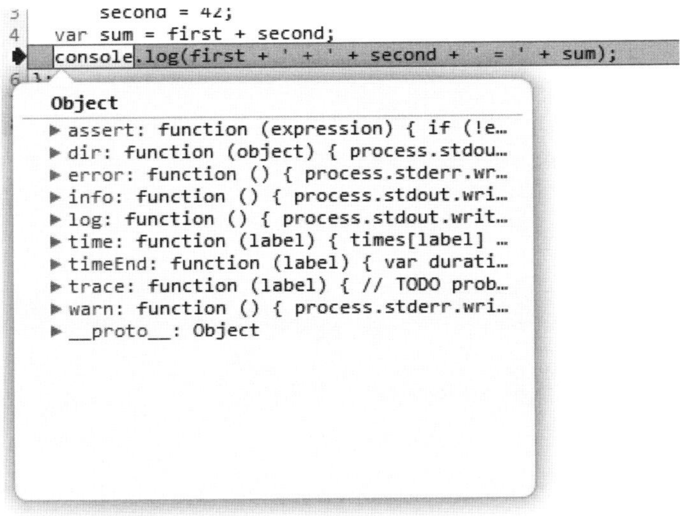

Abb. 6–6

Das Zeigen auf Variablen und Funktionen mit der Maus zeigt deren Werte an.

Eine besondere Funktion von node-inspector ist die Möglichkeit, den angezeigten Quelltext während der Ausführung bearbeiten zu können (siehe Abb. 6–7), wozu ein Doppelklick auf die entsprechende Zeile genügt.

Auf diese Art ist es ohne Weiteres möglich, Zeilen zu ändern, neue Zeilen hinzuzufügen oder bestehende gänzlich zu entfernen. Da all diese Veränderungen nur während des Debuggens gelten, kann gefahrlos mit dem Code experimentiert werden.

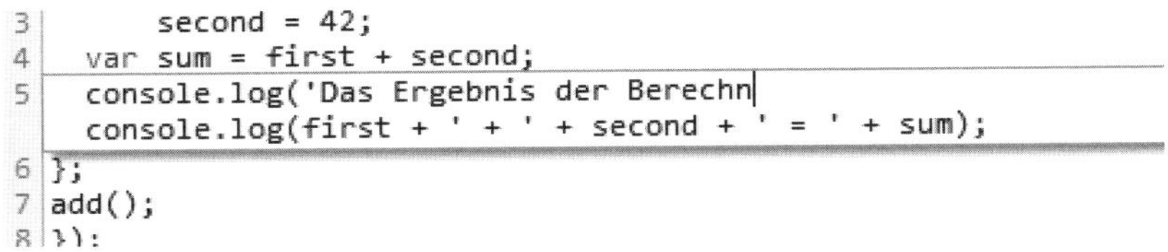

Abb. 6–7

node-inspector ermöglicht das Bearbeiten von Code während der Ausführung.

Ergänzend zu all diesen Möglichkeiten steht in der Seitenleiste auch noch der Bereich *Watch Expressions* zur Verfügung (siehe Abb. 6–8), in den beliebige Ausdrücke eingegeben werden können, die beständig aktualisiert werden. Dieser Bereich eignet sich also hervorragend, um zu beobachten, wie sich Werte im Lauf der Zeit verändern.

Abb. 6–8

Ausdrücke können dauerhaft beobachtet werden.

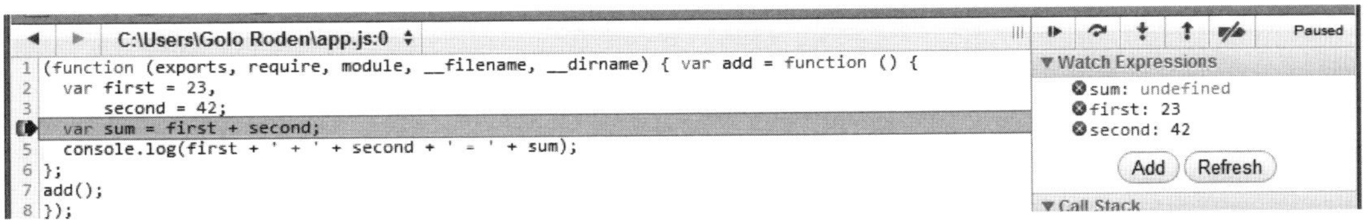

Zuletzt verfügt node-inspector auch noch über eine integrierte Konsole, die als eigenständiges Fenster, über eine Schaltfläche in der Fußleiste allerdings auch ergänzend zum Debugger geöffnet werden kann (siehe Abb. 6–9).

Abb. 6–9

Die Konsole ermöglicht das Auswerten von JavaScript-Ausdrücken.

Diese Konsole entspricht der üblichen JavaScript-Eingabeaufforderung der Entwicklungswerkzeuge des Webbrowsers und ermöglicht das vom Debugger unabhängige Auswerten von JavaScript-Ausdrücken.

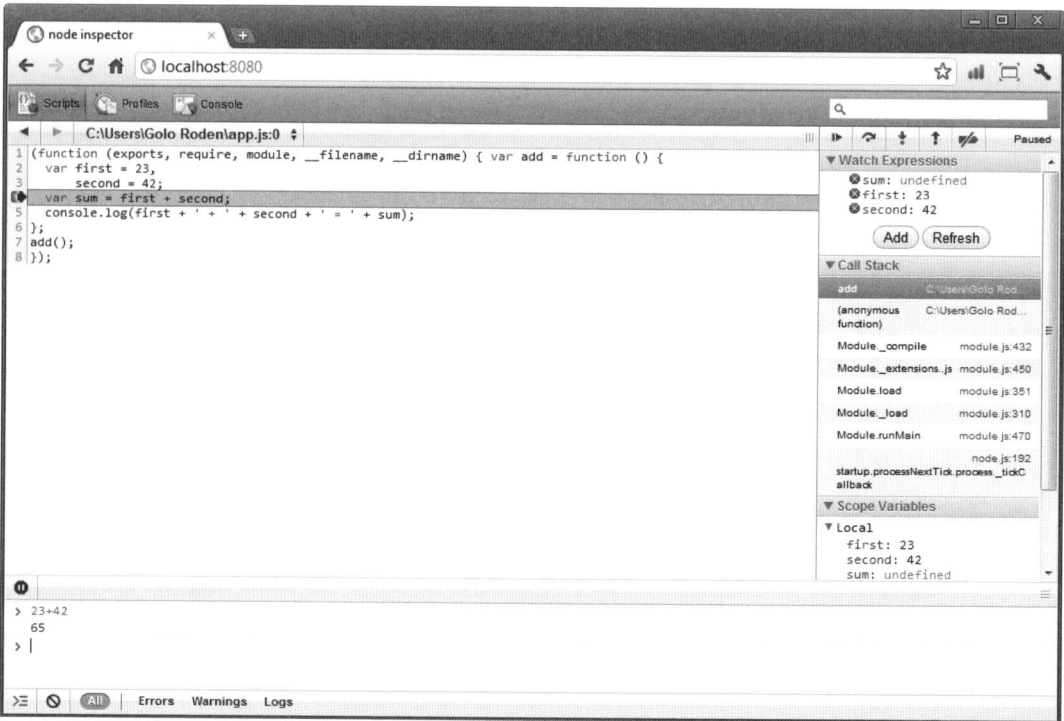

6.3   Das Beispielprojekt

6.3.1   Anforderungen und Einschränkungen

Die bisherige Funktionalität von silkveil.js soll in diesem Kapitel um die Unterstützung von Auflagen erweitert werden. Folgende Anforderungen werden gestellt:

Anforderungen

▓ Eine Auflage knüpft die Gültigkeit eines Mappings an eine Bedingung, wobei ein Mapping mit keiner, einer oder mehreren Auflagen verknüpft werden kann.

▓ Derzeit stehen zwei Auflagen zur Verfügung. Die Bedingung der ersten ist, dass ein vorgegebener Zeitpunkt bereits erreicht wurde,

die Bedingung der zweiten, dass ein vorgegebener Zeitpunkt noch
nicht erreicht wurde.

▨ Wenn eine oder mehrere Auflagen eines Mappings nicht erfüllt
werden können, wird die Meldung zurückgegeben, dass ein Konflikt vorliegt. Als http-Statuscode wird 409[4] verwendet.

Die im vorherigen Kapitel definierten Einschränkungen gelten auch in
diesem Kapitel. Darüber hinaus wird die folgende Einschränkung in
Kauf genommen:

Einschränkungen

▨ Es findet keine Umrechnung zwischen verschiedenen Zeitzonen
statt. Deshalb werden alle Zeitpunkte als UTC behandelt.

6.3.2   Implementierung

Der Umgang mit Datums- und Zeitwerten in JavaScript wird häufig
als gewöhnungsbedürftig angesehen. Deshalb empfiehlt es sich, ein
Modul zu nutzen, das diese Situation verbessert. Erfahrungsgemäß hat
sich *Moment.js* als gute Wahl erwiesen, zumal es außer in Node.js
auch direkt im Webbrowser verwendet werden kann[5].

Da silkveil.js bislang noch nicht über eine eigene Datei package.
json verfügt, liegt es nahe, diese nun hinzuzufügen, um die Abhängigkeiten bequem mit npm verwalten zu können. Als Version wird der
Wert *0.0.4* eingetragen, da dieses Kapitel das vierte ist, in dem an silk-
veil.js gearbeitet wird:[6]

Moment.js hinzufügen

```
{
  "name": "silkveiljs",
  "version": "0.0.4",
  "dependencies": {
    "moment": "1.6.2",
    "redirect": "0.0.1"
  }
}
```

Die Installation von Moment.js kann nun auf einfache Art mit Hilfe
von npm erfolgen:

```
$ npm install
moment@1.6.2 ./node_modules/moment
```

---

4. Der http-Statuscode 409 bezeichnet einen Konflikt, der von einer Anfrage verur-
    sacht wurde, die unter einer falschen Annahme gestellt wurde.
5. *http://momentjs.com/*
6. Obwohl das Verwenden einer Mindestversionsnummer durchaus praktisch sein
    kann, werden die erforderlichen Versionsnummern in der Praxis häufig fixiert oder
    zumindest auf einen bestimmten Bereich eingeschränkt, um vor unerwarteten
    Änderungen geschützt zu sein.

Mappings mit Auflagen versehen

Im nächsten Schritt bietet es sich an, einige der bestehenden Mappings mit Auflagen zu versehen. Da die Auflagen mit Datums- und Zeitwerten versehen werden, muss Moment.js zunächst in der Datei mappings.js importiert werden:

```
var moment = require('moment');
var mappings = {
  [...]
```

Danach wird das polarbear-Mapping mit zwei Auflagen versehen: Der Zugriff soll zwischen dem 1. Januar 2012 und dem 31. Dezember 2012 möglich sein. Dazu werden die validFrom- und die validBefore-Auflage kombiniert:

```
[...]
forceDownload: false,
constraints: {
  validFrom: [ moment(Date.UTC.apply({}, [2012, 0, 1])) ],
  validBefore: [ moment(Date.UTC.apply({},
    [2012, 11, 31, 23, 59, 59])) ]
}
[...]
```

Die beiden Aufrufe der apply-Funktion stellen sicher, dass die jeweiligen Zeitpunkte als UTC behandelt werden. Zu beachten ist hierbei, dass der Monat im Gegensatz zum Tag 0-basiert ist. Der Monat *Januar* entspricht daher dem Wert 0 und nicht 1, analog entspricht der *Dezember* dem Wert 11 statt 12.

Die beiden verwendeten Auflagen erwarten jeweils lediglich einen Parameter. Allerdings sind durchaus zukünftige Auflagen vorstellbar, für die diese Einschränkung nicht gilt. Um für diese potenziellen zukünftigen Fälle vorbereitet zu sein, werden die beiden Parameter nochmals in einem Array gekapselt.

Auflagen implementieren

Als Nächstes können nun die Auflagen implementiert werden. Dazu wird eine neue Datei namens constraints.js angelegt, die zwei Funktionen enthält:

```
var moment = require('moment');
var constraints = {
  'validBefore': function (datetime) {
    var now = moment();
    return now.diff(datetime) <= 0;
  },
  'validFrom': function (datetime) {
    var now = moment();
    return now.diff(datetime) >= 0;
  }
};
```

Beide Funktionen ermitteln mit Hilfe der moment-Funktion den gegenwärtigen Zeitpunkt und vergleichen diesen mit der als Parameter übergebenen Referenz.

Die validBefore-Funktion liefert true zurück, wenn die Differenz
negativ ist, der gegenwärtige Zeitpunkt also vor dem Referenzzeit-
punkt liegt; ansonsten liefert sie false zurück. Die validFrom-Funktion
verhält sich analog, lediglich mit umgekehrtem Vorzeichen.

In der Regel sollen alle Auflagen eines Mappings geprüft werden. *Mappings verifizieren*
Deshalb bietet es sich an, eine weitere Funktion namens verify zu
schreiben, die alle Auflagen eines Mappings ermittelt und diese der
Reihe nach auf ihre Gültigkeit prüft.

Diese Funktion wird anschließend exportiert und kann dann von
außen mit einem Mapping als Parameter aufgerufen werden. Im Falle
mindestens einer ungültigen Auflage wird der Wert undefined zurückgegeben. Wenn alle Auflagen gültig sind, wird das überprüfte Mapping
selbst zurückgegeben:

```
var verify = function (mapping) {
  if(!mapping.constraints) {
    return mapping;
  }
  for(var constraint in mapping.constraints) {
    if(!mapping.constraints.hasOwnProperty(constraint)) {
      continue;
    }
    if(constraints[constraint].apply({},
      mapping.constraints[constraint]) === false) {
      return undefined;
    }
  }
  return mapping;
};
module.exports.verify = verify;
```

Um die Auflagen nun schließlich auch tatsächlich zu prüfen, muss *Auflagen prüfen und*
zunächst die Datei constraints.js in die Datei app.js importiert wer- *Fehler behandeln*
den:

```
[...]
var mappings = require('./mappings.js');
var constraints = require('./constraints.js');
var actions = require('actions.js');
[...]
```

Außerdem muss die verify-Funktion nach dem Laden eines Mappings
aufgerufen werden. Im Falle mindestens einer ungültigen Auflage wird
dabei wiederum ein Fehlerobjekt als Fallback genutzt:

```
[...]
  data: 'File not found'
};
mapping = constraints.verify(mapping) || {
  action: 'error',
  statusCode: 409,
  data: 'Conflict'
};
actions[mapping.action](res, mapping);
[...]
```

Die Auflagen sind mit dem Aufruf der verify-Funktion aktiviert und verhindern im Falle des Falles den Zugriff auf ein zum gegenwärtigen Zeitpunkt nicht zugelassenes Mapping.

6.4 Zusammenfassung

Node.js enthält keinen eigenen Debugger, sondern macht sich den in V8 enthaltenen zunutze. Dieser fungiert als TCP-Server, auf den von verschiedenen Clients aus zugegriffen werden kann.

Ein solcher Client ist bereits in Node.js enthalten. Obwohl dieser nicht alle Funktionen des V8-Debuggers unterstützt, sind die wichtigsten Aspekte wie Steuerung der Ausführung, Haltepunkte und das Überwachen von Ausdrücken enthalten.

Alternativ stehen verschiedene grafische Clients zur Verfügung, wie beispielsweise der Debugger von Eclipse oder das Projekt node-inspector. Letzteres basiert auf dem in WebKit-Webbrowsern bereits enthaltenen JavaScript-Debugger und erweitert diesen derart, dass auch serverseitiges Debuggen möglich ist.

Da node-inspector einen integrierten Webserver enthält, kann der Zugriff nicht nur von dem lokalen, sondern auch von einem entfernten Rechner aus erfolgen. Die Fähigkeit, den Code der Anwendung zur Laufzeit bearbeiten zu können, eröffnet darüber hinaus zahlreiche interessante Perspektiven für den Entwickler.

7 Testen, testen, testen: Assert, Mocha & Co.

Das im vorigen Kapitel beschriebene Debuggen von Anwendungen ist zur Fehlersuche und -behebung zwar häufig unumgänglich, allerdings bei weitem nicht die einzige verfügbare Maßnahme zur Qualitätssicherung.

Eine weitere Möglichkeit stellen automatisierte Tests dar, die eine Anwendung jederzeit gegen die in den Tests ausformulierte Spezifikation verifizieren können. Diese kommen der funktionalen Qualität einer Anwendung zugute, dienen aber auch als eine Art Sicherheitsnetz, das bei Änderungen und Erweiterungen vor unbeabsichtigten Seiteneffekten schützt.

Tests als Sicherheitsnetz

7.1 Arrange, Act, Assert

7.1.1 Wie funktioniert das »Assert«?

Für Tests, die einzelne Komponenten einer Anwendung isoliert testen, hat sich in den vergangenen Jahren das Entwurfsmuster *Arrange, Act, Assert* (AAA) bewährt. Es besagt, dass Tests stets aus drei Abschnitten bestehen, die aufeinander aufbauen:

- Zunächst wird die zu testende Komponente instanziiert, initialisiert und für den Test vorbereitet. Da hierbei gegebenenfalls auch Infrastruktur aufgebaut werden muss, wird dieser Abschnitt als *Arrange* bezeichnet.
- Danach wird das zu testende Verhalten der Komponente ausgeführt, was in der Regel dem Aufruf einer Funktion entspricht, und das Ergebnis der Funktion als tatsächliches Ergebnis festgehalten. Dies wird als *Act* bezeichnet.
- Zuletzt wird das tatsächliche Ergebnis mit dem erwarteten Ergebnis verglichen: Stimmen beide überein, gilt der Test als erfolgreich bestanden, andernfalls als fehlgeschlagen. Dieser Abschnitt wird aufgrund der Überprüfung als *Assert* bezeichnet.

Arrange, Act, Assert

Die Implementierung der ersten beiden Abschnitte ist einfach: Der erforderliche Code entspricht weitestgehend jenem Code, den auch ein regulärer Verwender schreiben würde. Für den dritten Abschnitt stellt sich jedoch die Frage, wie und von wem die Überprüfung im konkreten Fall durchgeführt wird.

Das assert-Modul   Das früher bereits erwähnte assert-Modul enthält Funktionen für ebendiese Überprüfung im Rahmen von Tests. Mit diesen Funktionen kann beispielsweise geprüft werden, ob zwei Objekte gleich beziehungsweise identisch sind oder ob eine erwartete Ausnahme auch tatsächlich ausgelöst wird.

Die Verwendung eines dedizierten Moduls für die Ausführung und Auswertung der Tests ist zwar nicht zwingend erforderlich, empfiehlt sich aber in der Praxis: Denn obwohl Node.js prinzipiell alle Werkzeuge enthält, um diese Aufgaben selbst erfüllen zu können, bieten spezialisierte Testumgebungen weitaus mehr Komfort.

7.1.2   Das assert-Modul

Um das assert-Modul verwenden zu können, muss es zunächst mit Hilfe der require-Funktion importiert werden:

```
var assert = require('assert');
```

Im Anschluss daran stehen verschiedene Funktionen zur Verfügung, von denen die meisten das tatsächliche Ergebnis eines Funktionsaufrufs mit dem erwarteten Ergebnis vergleichen.

In der Testwelt hat sich eingebürgert, das tatsächliche Ergebnis als actual zu bezeichnen, das erwartete hingegen als expected. Dieser Konvention folgen auch die Funktionen des assert-Moduls, die in der Regel actual als ersten und expected als zweiten Parameter erwarten.

Test auf Gleichheit   Den grundlegendsten Test, den das assert-Modul anbietet, stellt die equal-Funktion dar, die das tatsächliche und das erwartete Ergebnis mit Hilfe des ==-Operators vergleicht. Optional kann als dritter Parameter eine Meldung angegeben werden, die im Fehlerfall ausgegeben werden soll:

```
var actual = 23,
    expected = 42;
assert.equal(actual, expected);
```

Wird dieser Code ausgeführt, schlägt die equal-Funktion fehl und wirft eine Ausnahme:

```
$ node test.js
node.js:201
        throw e; // process.nextTick error, or 'error' event on
                    first tick
        ^
AssertionError: 23 == 42
    at Object.<anonymous> [...]
```

Analog dazu gibt es die Funktion notEqual, die mit Hilfe des !=-Operators auf Ungleichheit prüft.

Typsicherer Vergleich

Da die Funktionen equal und notEqual auf den nicht-typsicheren Operatoren == und != basieren, schlagen sie im Falle verschiedener Typen von actual und expected nicht zwingend fehl, sondern versuchen zunächst, eine Typkonvertierung durchzuführen[1].

Um dieses Verhalten zu verhindern, stellt JavaScript die typsicheren Varianten === und !== zur Verfügung, die nicht nur die Werte der beiden Operanden, sondern auch deren Typen miteinander vergleichen. Das assert-Modul von Node.js stellt mit den beiden Funktionen strictEqual und notStrictEqual entsprechend typsichere Vergleiche für Tests zur Verfügung:

```
var actual = 23,
    expected = 42;
assert.strictEqual(actual, expected);
```

Detaillierter Vergleich von Objekten

Allen vier Funktionen ist gemein, dass sie im Falle eines Referenztyps nur die Referenzen vergleichen, nicht jedoch den tatsächlichen Inhalt der Objekte. Zwei Objekte können also durchaus die gleichen Werte enthalten, aber aufgrund unterschiedlicher Objektidentität als ungleich angesehen werden:

```
var actual = { foo: 23, bar : 42 },
    expected = { foo: 23, bar: 42 };
assert.equal(actual, expected);
```

Wird dieser Code ausgeführt, schlägt die equal-Funktion fehl, da sie lediglich die Referenzen vergleicht und es sich bei actual und expected in der Tat um unterschiedliche Objekte handelt. Dieses Verhalten ist zwar nachvollziehbar, aber in der Regel unerwünscht.

Deshalb enthält das assert-Modul die beiden Funktionen deepEqual und notDeepEqual, die ein Objekt und gegebenenfalls auch dessen

---

1. *http://www.heise.de/developer/artikel/Scriptease-js-Vergleiche-mit-typsicheren-Operatoren-1392378.html*

untergeordnete Objekte rekursiv durchlaufen und die einzelnen Werte der Eigenschaften vergleichen:

```
var actual = { foo: 23, bar : 42 },
    expected = { foo: 23, bar: 42 };
assert.deepEqual(actual, expected);
```

Nun kann der Test den unterschiedlichen Objektidentitäten zum Trotz erfolgreich abgeschlossen werden.

Ausnahmen testen   Die bislang beschriebenen Funktionen testen den Zustand der Anwendung und eignen sich daher vor allem, um Ergebnisse und Zwischenergebnisse von Funktionsaufrufen zu überprüfen. Wirft eine Funktion jedoch eine Ausnahme und bricht vorzeitig ab, steht kein Ergebnis zur Verfügung: Stattdessen muss der Programmablauf an sich überprüft werden.

Hierzu dienen die Funktionen throws und doesNotThrow, die das Auftreten beziehungsweise Nichtauftreten einer Ausnahme überprüfen. Anders als die vorigen Funktionen nehmen diese nicht die beiden Parameter actual und expected entgegen, sondern die zu überprüfende Funktion und den Typ der erwarteten beziehungsweise nicht erwarteten Ausnahme:

```
assert.throws(
  function () {
    throw new Error('Foo');
  },
  Error
);
```

Der Typ der Ausnahme kann dabei nicht nur als Konstruktor angegeben werden, sondern auch als regulärer Ausdruck oder als Validierungsfunktion, der die Ausnahme als Parameter übergeben wird:

```
assert.throws(
  function () {
    throw new Error('Foo');
  },
  function (err) {
    // TODO
  }
);
```

Als dritten, optionalen Parameter nehmen auch die Funktionen throws und doesNotThrow wiederum eine Meldung entgegen, die im Fehlerfall ausgegeben wird.

Komfortfunktionen   Neben diesen regulären Funktionen enthält das assert-Modul noch eine Reihe von Komfortfunktionen, die die Handhabung einiger besonders häufig auftretender Fälle vereinfachen.

Zunächst ist hierbei die Funktion ok zu nennen, die lediglich den Parameter actual erwartet; expected wird automatisch auf den Wert true gesetzt. Die beiden folgenden Zeilen sind also äquivalent:

```
assert.ok(foo);
assert.equal(foo, true);
```

Das Gegenstück zu ok stellt die fail-Funktion dar, die in jedem Fall fehlschlägt und primär dazu dient, eine entsprechende Meldung auszugeben:

```
var actual = 23,
    expected = 42;
assert.fail(actual, expected, '...');
```

Auch für die Behandlung von Ausnahmen enthält das assert-Modul eine Komfortfunktion, die den Namen ifError trägt. Sie prüft, ob der übergebene Wert zu false evaluiert werden kann. Falls nicht, wirft sie eine Ausnahme:

```
var value = 23;
assert.ifError(value);
```

7.1.3 should

Eine unter Entwicklern leidenschaftlich diskutierte Frage lautet, ob Tests die technische Implementierung oder das semantische Verhalten einer Komponente testen sollten.

Anhängern der zweiten Variante genügt der eher technisch orientierte Begriff *assert* daher häufig nicht. Sie bevorzugen stattdessen den Begriff *should*: Eine Komponente *sollte* sich auf eine bestimmte Art verhalten. Diesem Standpunkt trägt das externe Modul *should*[2] Rechnung, das auf dem gewohnten Weg mit Hilfe von npm installiert werden kann:

should installieren

```
$ npm install should
```

Vor seiner Verwendung muss should zwar wie alle anderen Module auch importiert werden, allerdings genügt es, die require-Funktion ohne Zuweisung aufzurufen. Ihr Rückgabewert ist nicht von Interesse, da should den Prototypen von object um eine neue Eigenschaft erweitert:

should importieren

```
require('should');
```

Diese Erweiterung führt dazu, dass der Schwerpunkt beim Testen nicht mehr auf der technisch geprägten assert-Funktion liegt, sondern auf den zu überprüfenden Komponenten. Anstelle von

Flüssigere und lesbarere Syntax

---

2. *https://github.com/visionmedia/should.js*

```
var actual = 23,
    expected = 42;
assert.equal(23, 42);
```

kann dank should nämlich nun das wesentlich flüssigere und bedeutend besser lesbare

```
var actual = 23,
    expected = 42;
actual.should.equal(expected);
```

geschrieben werden. Zudem hat die Verwendung von should den Vorteil, dass intern stets mit === geprüft wird, jeder Vergleich also automatisch typsicher ausgeführt wird.

Für die Negation steht anders als im assert-Modul keine gesonderte Funktion zur Verfügung, stattdessen kann in jeden should-Ausdruck das Wort not eingefügt werden, um die Aussage umzukehren:

```
actual.should.not.equal(expected);
```

Ausnahmen testen Auch das Auftreten von Ausnahmen kann auf einfache Art getestet werden. Dazu enthält should die throw-Funktion, die prinzipiell auf die gleiche Art verwendet werden kann wie equal. Der einzige Unterschied in der Verwendung besteht darin, dass throw auf einer Funktion und nicht auf Daten aufgerufen wird:

```
(function () {
  throw new Error('Foo');
}).should.throw();
```

Unter Umständen ist nicht nur die Tatsache von Belang, dass eine Ausnahme geworfen wurde, sondern auch die Frage, um welche Ausnahme es sich dabei handelt. In einem solchen Fall kann der throw-Funktion die erwartete Meldung der Ausnahme beziehungsweise ein regulärer Ausdruck übergeben werden, der die Meldung beschreibt:

```
(function () {
  throw new Error('Foo');
}).should.throw(/Foo/);
```

Wie alle anderen Funktionen von should kann auch die throw-Funktion mit Hilfe von not negiert werden: Damit kann sichergestellt werden, dass die getestete Funktion keine Ausnahme wirft, sondern ordnungsgemäß abgearbeitet wird.

Funktionen von should Neben den genannten Funktionen equal und throw enthält should auch die meisten der übrigen Funktionen des assert-Moduls, größtenteils jedoch unter anderem Namen:

Funktion in assert	Funktion in should	Bemerkung
equal	–	Siehe should.be.equal
notEqual	–	Siehe should.not.be.equal
strictEqual	should.be.equal	–
notStrictEqual	should.not.be.equal	–
deepEqual	should.be.eql	–
notDeepEqual	should.not.be.eql	–
throws	should.throw	Konstruktortest in should nicht verfügbar
doesNotThrow	should.not.throw	Konstruktortest in should nicht verfügbar
ok	should.be.ok	–
fail	–	–
ifError	–	–

Tab. 7–1

Vergleich der Funktionen von assert und should

Darüber hinaus enthält should noch zahlreiche weitere, häufig benötigte Funktionen, die das Schreiben von Tests bedeutend vereinfachen können:

Funktion in should	Bemerkung
should.be.true()	=== true
should.be.false()	=== false
should.be.empty()	.length === 0
should.have.length(number)	.length === number
should.have.a.lengthOf(number)	Alias für should.have.length
should.be.above(number)	> number
should.be.below(number)	< number
should.be.within(min, max)	>= min && <= max
should.include(value)	indexOf(value) !== -1
should.includeEql(object)	Wie include, aber mit eql statt indexOf
should.be.a(name)	=== (typeof name)
should.be.an.instanceof(ctor)	Wurde die Instanz durch ctor erzeugt?
should.be.arguments()	Ist es ein Array mit Funktionsargumenten?
should.match(regex)	Passt der reguläre Ausdruck?
should.have.property(name, value)	Existiert die Eigenschaft?
should.have.ownProperty(name)	hasOwnProperty(name) === true
should.have.keys(name1, name2, ...)	Existieren die Eigenschaften name1, name2, ...?
should.have.status(value)	.statusCode === value

Tab. 7–2

Zusätzliche Funktionen von should

→

Funktion in should	Bemerkung
should.have.header(name, value)	Existiert die Eigenschaft in .headers?
should.be.json()	Ist der Content-Type application/json?
should.be.html()	Ist der Content-Type text/html?

Zu guter Letzt verfügt should noch über die Möglichkeit, Bedingungen zu verknüpfen. So prüft beispielsweise die Anweisung

```
user.age.should.be.above(17);
```

lediglich, ob der Benutzer bereits volljährig ist. Der Test schlägt aber nicht nur dann fehl, wenn der Benutzer zu jung ist, sondern auch, wenn die Eigenschaft age nicht existiert. Dies kann mit Hilfe des folgenden Tests überprüft werden:

```
user.should.have.property('age');
```

Bei Bedarf können nun beide Prüfungen verknüpft werden, indem sie mit dem Wort with verbunden werden. Die zweite Prüfung bezieht sich dabei automatisch auf die erste und schränkt diese weiter ein:

```
user.should.have.property('age').with.above(17);
```

Alternativ können mit dem Wort and auch beliebige Prüfungen verknüpft werden. Da in diesem Fall kein Bezug zwischen den beiden Prüfungen besteht, muss die Bedingung im zweiten Fall erneut vollständig formuliert werden:

```
user.should.be.a('object').and.have.property('age');
```

7.1.4   node-assertthat

Eine dritte Variante zum Formulieren von Tests bietet das Modul *node-assertthat*[3], das die flüssige Lesbarkeit von should mit der technischen Ausrichtung des assert-Moduls verbindet.

node-assertthat installieren

Auch bei node-assertthat erfolgt die Installation wieder mit Hilfe von npm:

```
$ npm install node-assertthat
```

node-assertthat importieren

Danach muss node-assertthat importiert werden, wobei das von der require-Funktion zurückgegebene Objekt idealerweise in einer Variablen namens assert hinterlegt wird:

```
var assert = require('node-assertthat');
```

---

3.   *https://github.com/goloroden/node-assertthat*

Um zwei Objekte auf Gleichheit zu prüfen, dient in node-assertthat die *Test auf Gleichheit*
equalTo-Funktion, die am globalen Objekt is zur Verfügung steht. Die
Reihenfolge von actual und expected entspricht auch bei node-assertthat der bereits bekannten:

```
var actual = 23,
    expected = 42;
assert.that(actual, is.equalTo(expected));
```

Dieser Vergleich entspricht dabei der Funktion deepEqual des assert-
Moduls beziehungsweise der eql-Funktion von should. Soll explizit die
Objektidentität anhand der Referenz überprüft werden, dient dazu die
Funktion sameAs.

Ausnahmen können mit Hilfe der Funktion a beziehungsweise *Ausnahmen testen*
deren Alias an getestet werden, die am globalen Objekt throws zur Verfügung stehen:

```
var f = function () {
  throw new Error('Foo');
};
assert.that(f, throws.an(Error));
```

Da node-assertthat intern auf dem assert-Modul und should basiert,
kann anstelle der Konstruktorfunktion auch die erwartete Meldung
beziehungsweise ein regulärer Ausdruck angegeben werden, der die
erwartete Meldung beschreibt.

7.2   Mocha als Testumgebung

7.2.1   Was ist Mocha?

Wie bereits erwähnt, enthält Node.js prinzipiell alle Werkzeuge, um
als Testumgebung zu fungieren. Allerdings verzichtet man dann auf
viel Komfort und muss sich um zahlreiche Aspekte der Testausführung
und -analyse selbst kümmern.

Deshalb empfiehlt sich in der Praxis der Einsatz einer dedizierten
Testumgebung wie beispielsweise *Mocha*[4], das nicht nur unter
Node.js, sondern auch im Webbrowser ausgeführt werden kann und
sich somit zum Testen des server- und des clientseitigen Codes eignet.

Um Mocha zu installieren, genügt der übliche Aufruf von npm. *Mocha installieren*
Allerdings ist es ratsam, eine globale Installation durchzuführen, damit
Mocha allen Projekten zur Verfügung steht:

```
$ sudo npm install –g mocha
```

---

4.   *http://visionmedia.github.com/mocha/*

Danach kann Mocha mit dem Kommando mocha aufgerufen werden.
Wird dabei der Parameter --help übergeben, listet Mocha alle verfügbaren Optionen auf.

7.2.2   TDD oder BDD?

Besonders erwähnenswert ist hierbei der Parameter --interfaces, der
die von Mocha unterstützten Teststile auflistet. Als Teststil wird in
Mocha das Vorgehen nach einer bestimmten Schule bezeichnet, wie
beispielsweise das Vorgehen nach TDD oder BDD:

```
$ mocha --interfaces
    bdd
    tdd
    qunit
    exports
```

Zwischen TDD und BDD
wechseln

Wird keine andere Angabe gemacht, wird Mocha standardmäßig im
BDD-Modus ausgeführt. Soll ein anderer Modus verwendet werden,
muss dieser mit Hilfe der Parameters --ui angegeben werden:

```
$ mocha --ui tdd [...]
```

Außerdem sucht Mocha beim Start automatisch nach der Datei
./test/mocha.opts, in der häufig genutzte Parameter hinterlegt werden
können. Diese müssen dann beim Aufruf nicht mehr von Hand angegeben werden:

```
--ui tdd
```

should und node-
assertthat einbinden

Da Mocha lediglich eine Testumgebung bereitstellt, nicht jedoch einen
eigenen Ersatz für das assert-Modul, kann bei Bedarf auf Alternativen
wie should oder node-assertthat zurückgegriffen werden.

Damit diese nicht per Hand in jede Testdatei einzeln importiert
werden müssen, kann dies über einen weiteren Parameter geschehen,
der natürlich ebenfalls in der Datei ./test/mocha.opts hinterlegt werden kann[5]:

```
--require should
```

Dieses Vorgehen funktioniert allerdings nicht mit node-assertthat, da
sich in diesem Fall der Name des Moduls von der Variablen, über die
es genutzt werden soll, unterscheidet. Hier bleibt also nur der klassische Weg, die require-Funktion in die jeweilige Testdatei einzubinden.

---

5.   Es ist wichtig, darauf zu achten, dass die Datei mocha.opts nicht leer ist. Andern-
     falls bricht Mocha die Ausführung der Tests mit einer wenig aussagekräftigen Feh-
     lermeldung ab.

7.2.3   TDD mit Mocha

Um einen Test zu definieren, stellt Mocha die test-Funktion zur Verfügung. Diese erwartet als ersten Parameter eine Beschreibung des Tests,
als zweiten Parameter den eigentlichen Test als Funktion:

```
var assert = require('node-assertthat');
test('should be different', function () {
  var actual = 23,
      expected = 42;
  assert.that(actual, is.not.equalTo(expected));
});
```

Um mehrere Tests zu definieren, genügt es, die test-Funktion mehrfach hintereinander aufzurufen. Alle auf diese Art definierten Tests
werden dann während eines Testlaufs sequenziell nacheinander ausgeführt.

Damit Mocha die Tests bei einem Aufruf findet, muss entweder   *Tests ausführen*
der Name der Testdatei explizit als Parameter an Mocha übergeben
werden oder alle Tests müssen sich in einem Unterverzeichnis namens
test befinden. In diesem Fall genügt es, Mocha ohne Parameter aufzurufen[6]:

```
$ mocha
```

In der Regel ist die Verwendung eines eigenen Unterverzeichnisses vorzuziehen, da dies zum einen als bewährte Vorgehensweise gilt, es zum
anderen aber auch die Verwendung der Datei mocha.opts ermöglicht.

Leider funktioniert diese Art, Tests zu schreiben, lediglich für syn-   *Asynchrone Tests*
chronen Code. Da Node.js in der Regel regen Gebrauch von asynchro-
nen Aufrufen macht, wird ein Verfahren benötigt, auch solchen Code
auf einfachem Wege testen zu können. Das folgende Beispiel veran-
schaulicht das Problem:

```
test('should be equal', function () {
  var actual = 23,
      expected = 42;
  setTimeout(function () {
    assert.that(actual, is.equalTo(expected));
  }, 1500);
});
```

Obwohl die setTimeout-Funktion angewiesen wird, nach 1.500 Millisekunden den Callback auszuführen, wird der Test bei der Ausführung

---

6. Damit der Aufruf von Mocha in der hier angegebenen Form funktioniert, muss der
    Parameter --ui tdd in der Datei ./test/mocha.opts hinterlegt sein. Ist dies nicht
    der Fall, muss er beim Aufruf auf der Konsole angegeben werden.

bereits nach wenigen Millisekunden beendet. Das in dem Callback enthaltene assert wird daher nicht ausgeführt und der Test fälschlicherweise als erfolgreich durchlaufen gemeldet.

Glücklicherweise enthält Mocha einen einfachen Weg, asynchronen Code zu testen: Dazu muss dem in der test-Funktion angegebenen Callback lediglich ein weiterer Callback übergeben werden, der nach Beendigung des Tests aufgerufen wird:

```
test('should be equal', function (done) {
  var actual = 23,
      expected = 42;
  setTimeout(function () {
    assert.that(actual, is.equalTo(expected));
    done();
  }, 1500);
});
```

Maximale Wartezeit für Tests

Benötigt ein einzelner Test für seine Ausführung länger als zwei Sekunden, wird er von Mocha abgebrochen und als fehlgeschlagen markiert. Um die maximale Wartezeit von Mocha zu erhöhen oder einzuschränken, steht der Parameter --timeout zur Verfügung, dem die gewünschte Zeitspanne in Millisekunden übergeben wird:

```
$ mocha --timeout 5000
```

Benötigt ein einzelner Test eine abweichende Zeitspanne, kann die maximale Wartezeit auch zur Laufzeit individuell gesetzt werden, indem innerhalb des Tests die timeout-Funktion von Mocha aufgerufen wird:

```
this.timeout(3000);
```

Wird anstelle einer Zeitspanne der Wert 0 übergeben, wird die Überprüfung der maximalen Wartezeit für den entsprechenden Test deaktiviert.

Langsame Tests identifizieren

Darüber hinaus kann Mocha angewiesen werden, langsame Tests zu markieren. Als langsam werden dabei jene Tests bezeichnet, die zwar innerhalb der maximalen Wartezeit ausgeführt werden, deren Ausführungsdauer aber dennoch einen bestimmten Grenzwert überschreitet. Zum Festlegen dieses Grenzwertes dient der Parameter --slow, der standardmäßig auf 75 Millisekunden voreingestellt ist:

```
$ mocha --slow 500
```

Testkontext hinzufügen

Falls eine Datei mehrere Tests enthält, besteht häufig der Wunsch, die Tests logisch in einen gemeinsamen Kontext zusammenzufassen. Dazu dient in Mocha die suite-Funktion, die den Namen des zu definierenden Kontexts und einen Callback erwartet, der die einzelnen Tests aufruft:

```
suite('Foo', function () {
  test('Bar', function () {
    // ...
  });
  test('Baz', function () {
    // ...
  });
});
```

Außer Tests können Suites auch weitere Suites enthalten. Auf diese Art kann auf einfachem Weg eine übersichtliche Hierarchie von Testkontexten aufgebaut werden. Das kann beispielsweise nützlich sein, um verschiedene Szenarien voneinander zu trennen:

```
suite('Array', function () {
  suite('#indexOf()', function () {
    test('returns -1 if item is not contained', function () {
      var actual = [1, 2, 3].indexOf(4),
          expected = -1;
      assert.that(actual, is.equalTo(expected));
    });
  });
});
```

Häufig benötigen logisch zusammenhängende Tests die gleiche Art der Vorbereitung, da sie sich auf das gleiche Szenario beziehen. Daher fallen die *Arrange*-Abschnitte dann in der Regel jeweils gleich aus.

Tests vorbereiten

Damit der gemeinsame Code nicht in jedem Test erneut geschrieben werden muss, bietet sich eine zentrale Funktion an, die jeweils vor der Ausführung des eigentlichen Tests aufgerufen wird. Zu diesem Zweck können Suites in Mocha mit einer setup-Funktion versehen werden:

```
suite('Array', function () {
  setup(function () {
    // ...
  });
  suite('#indexOf()', function () {
    setup(function () {
      // ...
    });
    test('returns -1 if item is not contained', function () {
      // ...
    });
  });
});
```

Während die erste setup-Funktion dabei vor jedem Test aus der Suite *Array* und allen untergeordneten Suites aufgerufen wird, bezieht sich die zweite ausschließlich auf die in der Suite *indexOf()* enthaltenen Tests.

Tests nachbereiten   Analog zur setup-Funktion stellt Mocha die teardown-Funktion zur Verfügung, die nach jedem Test aufgerufen wird – unabhängig von dessen Erfolg. Sie eignet sich daher beispielsweise für Aufräumarbeiten:

```
suite('Array', function () {
  setup(function () {
    // ...
  });
  teardown(function () {
    // ...
  });
  suite('#indexOf()', function () {
    setup(function () {
      // ...
    });
    teardown(function () {
      // ...
    });
    test('returns -1 if item is not contained', function () {
      // ...
    });
  });
});
```

7.2.4   BDD mit Mocha

Wird anstelle des TDD-Stils der BDD-Stil von Mocha verwendet, ändert sich an den eigentlichen Tests im Grunde genommen gar nichts; lediglich die Bezeichnungen der Funktionen ändern sich:

- Ein einzelner Test wird durch die Funktion it definiert. Da die Beschreibungen von Tests gemäß BDD das Verb *should* verwenden, ergibt sich im Code rein optisch der Satzanfang *it should*.
- Eine Suite wird im BDD-Modus von Mocha mit Hilfe der Funktion describe definiert.
- Das Vor- und Nachbereiten eines einzelnen Tests geschieht mit den Funktionen beforeEach und afterEach.
- Darüber hinaus bietet Mocha im BDD-Modus noch die beiden Funktionen before und after an, die sich nicht auf einzelne Tests, sondern auf ganze Suites beziehen.

Der zuvor im TDD-Stil formulierte Test liest sich im BDD-Stil von Mocha und unter Verwendung von should nun wie folgt:

```
describe('Array', function () {
  describe('#indexOf()', function () {
    it('should return -1 if item is not contained', function () {
      var actual = [1, 2, 3].indexOf(4),
          expected = -1;
      actual.should.equal(expected);
    });
  });
});
```

7.2.5 Testausgabe aufbereiten

Standardmäßig gestaltet sich die Ausgabe von Mocha sehr minimalistisch: Neben der Anzahl der erfolgreichen und fehlgeschlagenen Tests wird lediglich eine Reihe von Punkten ausgegeben, welche die einzelnen Tests repräsentieren:

```
$ mocha

.

+ 1 tests complete (1ms)
```

Standardformat der Testausgabe

Während diese Ausgabe in der Regel genügt, kann es gelegentlich praktisch sein, weitere Informationen wie beispielsweise eine Gliederungsansicht der ausgeführten Tests zu erhalten.

Dazu bietet Mocha den Parameter --reporter, mit dem die Testausgabe verschiedenartig formatiert werden kann. Dazu muss dem Parameter der Name des gewünschten Ausgabeformats übergeben werden. Wird der Parameter nicht verwendet, nutzt Mocha standardmäßig das dot-Format.

Der --reporter-Parameter

Um alle ausgeführten Tests einzeln aufzuführen, empfiehlt sich das Format list, das – wie der Name bereits nahelegt – eine listenartige Ausgabe erzwingt:

Tests als Liste ausgeben

```
$ mocha --reporter list

+ Array #indexOf() returns -1 if item is not contained.: 0ms

+ 1 tests complete (1 ms)
```

Bei dieser Formatierung geht allerdings die Struktur der einzelnen Suites verloren: Alle Tests werden auf der gleichen hierarchischen Ebene angezeigt.

Tests als Spezifikation ausgeben

Um die Hierarchieebenen der Suites zu erhalten, empfiehlt sich das Format spec. Werden Suites genutzt, um Komponenten und Funktionsbereiche voneinander abzugrenzen, erlaubt dieses Format rasch festzustellen, welche Teile der Anwendung fehlschlagen:

```
$ mocha --reporter spec

  Array
    #indexOf()
      + returns -1 if item is not contained.

  + 1 tests complete (1ms)
```

Testdokumentation erstellen

Wird der Wert doc übergeben, erzeugt Mocha aus den Tests ein HTML-Fragment, das als Basis für eine HTML-basierte Dokumentation der Tests dienen kann:

```
$ mocha --reporter doc

    <section class="suite">
      <h1>Array</h1>
      <dl>
        <section class="suite">
          <h1>#indexOf()</h1>
          <dl>
            <dt>returns -1 if item is not contained.</dt>
            <dd><pre><code>
var actual = [1, 2, 3].indexOf(4),
    expected = -1;
assert.that(actual, is.equalTo(expected));</code></pre></dd>
          </dl>
        </section>
      </dl>
    </section>
```

Abb. 7–1
Auf Wunsch erzeugt Mocha eine HTML-basierte Dokumentation der Tests.

Wird dieses Fragment in eine HTML-Datei gespeichert, kann es im Webbrowser als Testdokumentation angezeigt werden (siehe Abb. 7–1). Mit Hilfe der verwendeten Elemente und CSS-Klassen kann zudem die Darstellung der Dokumentation gemäß den eigenen Anforderungen angepasst werden.

Neben den in diesem Kapitel vorgestellten Ausgabeformaten gibt es noch einige weitere, von denen die meisten der Integration von Mocha mit anderen Produkten wie beispielsweise einem Buildserver dienen.

Andere Ausgabevarianten

Eine vollständige Liste aller verfügbaren Reporter kann mit Hilfe des Parameters --reporters abgerufen werden:

```
$ mocha --reporters

    dot – dot matrix
    doc – html documentation
    spec – hierarchical spec list
    [...]
```

Selbstverständlich kann der gewünschte Reporter auch dauerhaft ausgewählt werden, indem der --parameter-Parameter mit dem entsprechenden Wert in der Datei mocha.opts hinterlegt wird. Auf diese Art entfällt die Notwendigkeit, ihn bei jedem Aufruf explizit in der Konsole angeben zu müssen.

7.3 Das Beispielprojekt

7.3.1 Anforderungen und Einschränkungen

Die bisherige Implementierung von silkveil.js soll in diesem Kapitel um einige Tests erweitert werden. Folgende Anforderungen werden gestellt:

▨ Die Tests verwenden den TDD-Stil von Mocha, die Ausgabe erfolgt mit Hilfe des spec-Reporters. Diese Optionen werden dauerhaft hinterlegt, so dass sie nicht bei jeder Ausführung der Tests explizit angegeben werden müssen.

Anforderungen

▨ Die Tests verwenden das Modul node-assertthat, um die jeweiligen Bedingungen zu prüfen.

Die in den vorherigen Kapiteln definierten Einschränkungen gelten auch in diesem Kapitel. Darüber hinaus werden die folgenden Einschränkungen in Kauf genommen:

Einschränkungen

▨ Derzeit werden nur die verschiedenen Auflagen getestet, nicht jedoch die Funktionen zum Weiterleiten oder Herunterladen von Daten oder die Verarbeitung der Mappings[7].

▨ Derzeit werden nur gültige Funktionsaufrufe getestet, das heißt, die Wohlgeformtheit der Daten kann vorausgesetzt werden[8].

---

7. In der Praxis müssten natürlich auch alle anderen Komponenten getestet werden, dies würde allerdings an dieser Stelle den Umfang des Buches übersteigen.

8. In der Praxis müssten natürlich auch Funktionsaufrufe mit fehlerhaften Eingaben wie fehlenden Parametern oder falschen Datentypen getestet werden, auch dies würde jedoch an dieser Stelle den Umfang des Buchs übersteigen.

7.3.2   Implementierung

Gemäß der üblichen Vorgehensweise wird innerhalb des silkveil.js-Projektverzeichnisses zunächst ein Unterverzeichnis namens test angelegt. In diesem wird anschließend die Datei mocha.opts erzeugt und mit folgenden Parametern befüllt:

```
--ui tdd
--reporter spec
```

Abhängigkeiten zur Entwicklungszeit

Um node-assertthat verwenden zu können, muss es zunächst mit Hilfe von npm installiert werden. Da node-assertthat eine Abhängigkeit darstellt, die nur während der Entwicklungszeit von silkveil.js benötigt wird, wird es nicht, wie bisher üblich, in den dependencies der Datei package.json hinterlegt. Stattdessen wird die Eigenschaft dev-dependencies verwendet:

```
[...]
    "redirect": "0.0.1"
  },
  "devDependencies": {
    "node-assertthat": "0.0.8"
  }
}
```

Entwicklungsabhängigkeiten auflösen

Wird nun die Anweisung npm update ausgeführt, wird node-assertthat nicht installiert, da es nicht zu den normalen Abhängigkeiten zählt. Um auch die Abhängigkeiten, die nur während der Entwicklungszeit benötigt werden, zu installieren, muss npm zusätzlich der Parameter --dev übergeben werden:

```
$ npm install --dev
node-assertthat@0.0.8 ./node_modules/node-assertthat
+-- should@0.5.1
```

Testdatei anlegen

Im nächsten Schritt wird nun in dem test-Verzeichnis eine Datei namens constraints.test.js angelegt, welche die Tests für die Auflagen enthalten wird. Da in der Datei constraints.js lediglich die verify-Funktion exportiert wird, verhalten sich die Funktionen validBefore und validFrom wie privater Code und werden daher nur implizit getestet.

Testfälle definieren

Bevor die konkreten Tests geschrieben werden, empfiehlt es sich, die relevanten Testfälle zu identifizieren und diese anschließend als Grundgerüst der Testdatei zu implementieren.

Da die Testfälle noch nicht konkret ausformuliert sind, bietet es sich an, die einzelnen Tests als unvollständig zu kennzeichnen. Dazu genügt es, den Callback des jeweiligen Tests vorerst wegzulassen. Daraus ergeben sich folgende Suites und Tests:

```
var assert = require('node-assertthat'),
    moment = require('moment'),
    verify = require('../constraints.js').verify;
suite('When verify is called with a mapping', function () {
  suite('without constraints', function () {
    test('the mapping is returned.');
  });
  suite('with a validBefore constraint', function () {
    test('and the given datetime is in the future the mapping is
          returned.');
    test('and the given datetime is in the past undefined is
          returned.');
  });
  suite('with a validFrom constraint', function () {
    test('and the given datetime is in the future undefined is
          returned.');
    test('and the given datetime is in the past the mapping is
          returned.');
  });
  suite('with more than one constraint', function () {
    test('and all constraints are valid the mapping is
          returned.');
    test('and at least one constraint is not valid undefined is
          returned.');
  });
});
```

Werden die derzeit noch leeren Tests mit Mocha ausgeführt, werden alle Tests als erfolgreich angesehen, da keiner der Tests einen Fehler auslöst. Sofern dieses Verhalten nicht gewünscht ist, muss in den Tests per Hand ein Fehler erzeugt werden. Hierzu kann beispielsweise die `fail`-Funktion des assert-Moduls verwendet werden:

Den ersten Test implementieren

```
assert.fail(undefined, undefined, 'Inconclusive')
```

Nun kann der erste Test implementiert werden. Dieser überprüft, ob die `verify`-Funktion ein auflagenloses Mapping wieder an den Aufrufer zurückgibt:

```
suite('When verify is called with a mapping', function () {
  suite('without constraints', function () {
    test('the mapping is returned.', function () {
      var mapping = { foo: 'bar' },
          expected = mapping;
      var actual = verify(mapping);
      assert.that(actual, is.equalTo(mapping));
    });
[...]
```

Die Implementierung des Tests folgt dabei dem AAA-Entwurfsmuster:

▓ Zunächst werden ein Mapping und der erwartete Wert definiert (*Arrange*).

▓ Danach wird der tatsächliche Wert ermittelt, indem die zu testende Funktion ausgeführt wird (*Act*).

▓ Schließlich wird der tatsächliche mit dem erwarteten Wert verglichen (*Assert*).

Wird Mocha nun erneut ausgeführt, werden nach wie vor alle sieben Tests als erfolgreich gekennzeichnet. Das bedeutet, dass die verify-Funktion für diesen Testfall erfolgreich ausgeführt wurde und daher für dieses Szenario als korrekt angenommen werden kann:

```
$ mocha

  When verify is called with a mapping
    without constraints
      + the mapping is returned.
    with a validBefore constraint
      - and the given datetime is in the future the mapping is
        returned.
      - and the given datetime is in the past undefined is
        returned.
    with a validFrom constraint
      - and the given datetime is in the future undefined is
        returned.
      - and the given datetime is in the past the mapping is
        returned.
    with more than one constraint
      - and all constraints are valid the mapping is returned.
      - and at least on constraint is not valid undefined is
        returned.

  + 7 tests complete (3ms)
```

Den zweiten Test implementieren Die Implementierung des zweiten Tests folgt dem gleichen Vorgehen. Auch hierfür wird das AAA-Entwurfsmuster verwendet, es wird lediglich ein anderes Mapping als Eingabe verwendet:

```
suite('When verify is called with a mapping', function () {
  [...]
  suite('with a validBefore constraint', function () {
    test('and the given datetime is in the future the mapping is
        returned.', function () {
      var mapping = {
          foo: 'bar',
          constraints: {
            validBefore: [ moment(Date.UTC.apply({},
              [2081, 1, 17, 23, 59, 59])) ]
          }
      },
      expected = mapping;
      var actual = verify(mapping);
      assert.that(actual, is.equalTo(expected));
    });
  [...]
```

Eine erneute Ausführung von Mocha zeigt, dass auch dieser Test erfolgreich ausgeführt wird und die verify-Funktion daher auch für diesen Fall als korrekt angesehen werden kann.

Prinzipiell kann nun der dritte Test geschrieben werden. Da dieser, ebenso wie die anderen verbleibenden Tests, allerdings nach dem gleichen Schema wie die beiden bisherigen Tests funktioniert, entfällt die Implementierung an dieser Stelle.[9]

7.4 Zusammenfassung

Für das Testen von Anwendungen enthält Node.js zwar bereits ein eigenes Modul, allerdings keine Testumgebung zur Ausführung und Analyse von Tests.

Das assert-Modul von Node.js verwendet die technisch orientierte Syntax des TDD-Stils. Um andere Stile nutzen zu können, muss ein zusätzliches Modul wie beispielsweise should für den BDD-Stil oder node-assertthat für einen gemischten Stil von TDD und BDD eingebunden werden.

Für die Testausführung stehen verschiedene Testumgebungen wie beispielsweise Mocha zur Verfügung. Mocha unterstützt sowohl synchrone als auch asynchrone Tests und kann ebenfalls in verschiedenen Modi betrieben werden. Außerdem bietet es verschiedene Möglichkeiten, die Testausgabe je nach Bedarf aufzubereiten.

---

9. In der Praxis darf die Implementierung von fachlich notwendigen Tests natürlich nicht entfallen. Da die übrigen Tests aber nach dem gleichen Schema funktionieren, soll der Leser an dieser Stelle nicht mit unnötigen Wiederholungen gelangweilt werden.

8 Deployment und Betrieb: Cluster, Nginx & Co.

Während der Entwicklung einer Webanwendung ist die Einfachheit, mit der http-Server in Node.js implementiert werden können, ohne Zweifel von Vorteil.

Allerdings fehlen diesen http-Servern einige für den Produktivbetrieb wichtige Funktionen wie beispielsweise der automatische Neustart nach einem Anwendungs- oder Serverfehler oder die für hochverfügbare Anwendungen wichtige Lastverteilung auf verschiedene Server.

Deshalb empfiehlt es sich, das Ökosystem von Node.js für den Produktivbetrieb einer Webanwendung um einige zusätzliche Komponenten zu erweitern.

8.1 Node.js neu starten

8.1.1 Das cluster-Modul

Aufgrund seiner Natur verwendet eine Instanz von Node.js für ihre Ausführung lediglich einen einzigen Thread. Allerdings verfügen moderne Server in der Regel über Prozessoren, die mehrere Prozessorkerne enthalten und daher verschiedene Threads gleichzeitig ausführen können.

Um dieses Leistungspotenzial zu nutzen, muss Node.js mehrfach gestartet werden, so dass im Idealfall jeweils eine Instanz auf einem Prozessorkern ausgeführt wird.

Verschiedene Prozessorkerne nutzen

Seit der Version 0.6.0 enthält Node.js das *cluster*-Modul, welches das Ausführen und Überwachen mehrerer Instanzen ermöglicht. Auf diese Art kann das Leistungspotenzial besser ausgenutzt werden. Zudem entfällt die Notwendigkeit, diese Aufgabe von Hand zu erledigen.

Um das cluster-Modul zu importieren, kann die require-Funktion auf die übliche Art genutzt werden. Außerdem empfiehlt es sich, im gleichen Schritt die Anzahl der verfügbaren Prozessoren beziehungs-

Das cluster-Modul importieren

weise Prozessorkerne zu ermitteln. Hierzu dient die cpus-Funktion[1]
des *os*-Moduls:

```
var cluster = require('cluster'),
    numberOfCores = require('os').cpus().length;
```

Master und Worker Das cluster-Modul unterscheidet zwischen Master- und Worker-
Instanzen von Node.js, wobei es erstere nur einmal, letztere hingegen
mehrfach geben kann.

Die Master-Instanz stellt jene Instanz dar, die durch den Aufruf der
Anwendung in der Konsole gestartet wird. Ihr einziger Zweck ist das
Ausführen und Überwachen der Worker-Instanzen, die dann die
eigentliche Arbeit übernehmen.

Master-Instanz ermitteln Um zu ermitteln, ob die aktuelle Instanz die Master-Instanz darstellt, enthält das cluster-Modul die Eigenschaft isMaster, die je nach
Kontext den Wert true oder false annimmt. Ergänzend steht auch
noch die Eigenschaft isWorker zur Verfügung, die jedoch in der Praxis
eher selten benötigt wird.

Worker-Instanzen Die Master-Instanz kann daraufhin mit Hilfe der fork-Funktion
ausführen des cluster-Moduls neue Worker-Instanzen erzeugen und ausführen:

```
if(cluster.isMaster) {
  for(var i = 0; i < numberOfCores; i++) {
    cluster.fork();
  }
} else {
  http.server(function (req, res) {
    // ...
  }).listen(3000);
}
```

Der der listen-Funktion übergebene Port wird dabei zwischen allen
Worker-Instanzen geteilt. Node.js kümmert sich intern also um die
Verteilung von eingehenden Anfragen auf die einzelnen Worker-
Instanzen.

Neustart von Worker- Sofern eine der Worker-Instanzen beispielsweise aufgrund eines
Instanzen Anwendungsfehlers ihre Ausführung beendet, löst das cluster-Modul
das exit-Ereignis aus. Dieses kann von der Master-Instanz überwacht
und gegebenenfalls dazu genutzt werden, eine neue Worker-Instanz
auszuführen:

```
cluster.on('exit', function (worker) {
  cluster.fork();
});
```

---

1. *http://nodejs.org/docs/latest/api/os.html#os.cpus*

Wird schließlich die Master-Instanz beendet, werden auch alle noch ausgeführten Worker-Instanzen beendet.

8.1.2 forever

Für einige Szenarien genügt das cluster-Modul jedoch nicht. Zwar kann mit der fork-Funktion im Falle des Absturzes einer Worker-Instanz nahtlos eine neue ausgeführt werden, gegen einen Absturz der Master-Instanz ist das cluster-Modul jedoch machtlos. Dieses Beispiel zeigt, dass der Schwerpunkt des cluster-Moduls eher auf der Lastverteilung als der dauerhaften Ausführung liegt.

Um eine dauerhafte Ausführung zu erreichen, empfiehlt sich der Einsatz des Moduls *forever*[2], das auf dem bekannten Weg mit Hilfe von npm global installiert werden kann:

Installation von forever

```
$ sudo npm install -g forever
```

Das forever-Modul dient dazu, auf den vollständigen Absturz einer Anwendung zu reagieren, indem die Anwendung neu gestartet wird. Dazu ist lediglich der Aufruf des Kommandos forever mit dem Namen der Anwendung als Parameter erforderlich:

forever starten

```
$ forever app.js
```

Sobald die Anwendung abstürzt und die Ausführung von Node.js beendet wird, kümmert sich forever um den Neustart der Anwendung:

```
$ forever app.js
[...]
warn: Forever detected script exited with code: 1
warn: Forever restarting script for 1 time
[...]
warn: Forever detected script exited with code: 1
warn: Forever restarting script for 2 time
[...]
```

Unter Umständen ist jedoch keine unendliche Ausführung gewünscht, und die Anzahl der Neustarts soll entsprechend begrenzt werden. Hierfür dient der -m-Parameter, dem die maximale Anzahl an Neustarts als Option übergeben wird:

Anzahl der Neustarts begrenzen

```
$ forever -m 5 app.js
```

Wird eine Anwendung auf die bislang beschriebene Art ausgeführt, befindet sie sich im Vordergrundmodus. Alternativ kann forever Anwendungen auch als Dienst, das heißt im Hintergrund, ausführen.

Anwendung als Dienst ausführen

---

2. *https://github.com/nodejitsu/forever*

Dazu muss forever das Kommando start übergeben werden, wobei Kommandos stets vor Parametern angegeben werden müssen:

```
$ forever start app.js
info:    Forever processing file: app.js
```

Ausgeführte Dienste
auflisten

Dieser Aufruf kehrt sofort auf die Konsole zurück. Wird anstelle von start das Kommando list übergeben, zeigt forever eine Liste aller derzeit als Dienst ausgeführten Anwendungen an:

```
$ forever list
info:    Forever processes running
data:        uid  command script  forever pid  logfile  uptime
data:    [0] G1QG node     app.js  3721    3725 /hom...  0:0:0:1.463
```

Einen Dienst beenden

Um die Ausführung eines Dienstes wieder zu beenden, dient das Kommando stop, dem die Nummer des zu beendenden Dienstes übergeben werden muss:

```
$ forever stop 0
info:    Forever stopped processes:
data:        uid  command script  forever pid  logfile  uptime
data:    [0] G1QG node     app.js  3721    3733 /hom...  0:0:0:3.85
```

Ein erneuter Aufruf von forever mit dem list-Kommando beweist, dass der Dienst tatsächlich beendet wurde:

```
$ forever list
info:    No forever processes running
```

Ausgabe umleiten

Wenn eine Anwendung als Dienst und somit im Hintergrund ausgeführt wird, steht ihr die Konsole nicht mehr für Ausgaben zur Verfügung. Deshalb verfügt forever über die Parameter -l, -o und -e, die der Umleitung der Ausgabe in eine oder mehrere Dateien dienen.

Der Parameter -l bezieht sich dabei auf die Ausgabe von forever an sich, -o bezeichnet die Standardausgabe und -e die Fehlerausgabe der Anwendung. Alle drei Parameter erwarten jeweils zusätzlich die Angabe eines Dateinamens, der die jeweilige Protokolldatei bezeichnet.

Um eine Anwendung unter Verwendung aller Protokolldateien als Dienst zu starten, genügt demnach die folgende Anweisung:

```
$ forever start -l forever.log -o out.log -e err.log app.js
```

Dienste neu starten

Soll ein Dienst neu gestartet werden, beispielsweise, weil die zugrunde liegende Anwendung verändert wurde, muss er zunächst beendet und danach erneut ausgeführt werden. Um diesen Vorgang zu vereinfachen, bietet forever das Kommando restart an, das dem hintereinander folgenden Absetzen der Kommandos stop und start entspricht:

```
$ forever restart 0
info:    Forever restarted process(es):
data:        uid  command script  forever pid  logfile  uptime
data:    [0] G1QG node     app.js  3721    3733 /hom... 0:0:0:1.385
```

Wird forever beim Starten einer Anwendung zusätzlich der Parameter *Anwendungen neu*
-w übergeben, startet forever diese selbstständig neu, falls die Anwen- *starten*
dungsdatei im Hintergrund verändert wird:

```
$ forever —w app.js
[...]
info:    restarting script because /home/golo/app.js changed
warn: Forever detected script exited with code: null
warn: Forever restarting script for 1 time
[...]
```

Dieses Vorgehen ist insbesondere während der Entwicklungszeit ausgesprochen praktisch, da die Anwendung nicht nach jeder Änderung
von Hand beendet und erneut ausgeführt werden muss.

Außer auf der Konsole kann forever auch programmatisch in *forever in Node.js*
Node.js verwendet werden. Dazu empfiehlt es sich allerdings, die *verwenden*
Installation nicht global, sondern lokal für das jeweilige Projekt durchzuführen. Im Anschluss daran kann forever auf dem gewohnten Weg
mit Hilfe der require-Funktion importiert werden:

```
var forever = require('forever');
```

Der von dem forever-Modul bereitgestellte Konstruktor Monitor ermög- *forever starten*
licht das Ausführen und Überwachen einer externen JavaScript-Anwen-
dung – ganz so, wie es auch von der Konsole aus geschehen würde:

```
var child = new (forever.Monitor) ('app.js', {
  max: 5,
  options: [],
  watch: false,
  logFile: 'forever.log',
  outFile: 'out.log',
  errFile: 'err.log'
});
child.start();
```

Das dem Konstruktor übergebene Parameterobjekt kann dabei sämtliche Werte aufnehmen, die ansonsten auf der Konsole angegeben würden. Ihre Verwendung ist aber, wie auf der Konsole auch, optional.
Eine Liste aller möglichen Parameter findet sich auf der Webseite von
forever[3].

Auch das Ausführen einer Anwendung als Dienst ist möglich, *Anwendung als Dienst*
indem anstelle der start-Funktion die Funktion startDaemon aufgeru- *ausführen*

---

3.   *https://github.com/nodejitsu/forever*

fen wird. Diese hat allerdings unter Umständen den unerwünschten Nebeneffekt, dass nicht nur die Anwendung als Dienst ausgeführt wird, sondern auch der Prozess, der den Aufruf durchführt.

Auf eine beendete Anwendung reagieren

Um schließlich auf das Beenden einer überwachten Anwendung reagieren zu können, dient das exit-Ereignis, das im Falle des Falles eine angegebene Funktion ausführt:

```
child.on('exit', function () {
  // ...
});
```

8.2   Node.js als Dienst ausführen

8.2.1   Allgemeines

Das cluster-Modul und forever sind ausgesprochen hilfreich, um eine in Node.js entwickelte Anwendung unter optimaler Ausnutzung der verfügbaren Ressourcen dauerhaft auszuführen. Allerdings erfordert die Ausführung einen angemeldeten Benutzer, der sie zumindest einmal von Hand initiiert.

Wenn eine Anwendung jedoch unbeaufsichtigt ausgeführt werden soll, muss sie gegebenenfalls auch nach einem Neustart des zugrunde liegenden Systems automatisch wieder ausgeführt werden, ohne dass sich dazu zunächst ein Benutzer anmelden muss.

Node.js ohne angemeldeten Benutzer ausführen

Der Schlüssel hierzu liegt in der Verwendung eines Dienstes, der beim Hochfahren des Betriebssystems unabhängig von einem angemeldeten Benutzer ausgeführt wird. Je nach verwendetem Betriebssystem unterscheiden sich die hierfür notwendigen Schritte gravierend.

Da die Ausführung von Node.js als Dienst in der Regel unter unix-oiden Betriebssystemen angestrebt wird, wird an dieser Stelle die Verwendung von *Upstart*[4] beschrieben, einem ursprünglich für Ubuntu entwickelten ereignisorientierten Ersatz für die klassische System-V-Initialisierung.

8.2.2   Upstart

Upstart verwendet Skriptdateien, die auf bestimmte Ereignisse des Betriebssystems reagieren. Der einfachste Weg, Node.js als Dienst auszuführen, besteht daher darin, für jede zu startende Anwendung eine entsprechende Skriptdatei für Upstart zu erstellen.

---

4.   *http://upstart.ubuntu.com/*

Kevin van Zonneveld stellt in seinem Blog eine entsprechende Vor- *Ein Upstart-Skript pro*
lage zur Verfügung[5], die leicht auf die jeweiligen persönlichen Anfor- *Anwendung*
derungen angepasst werden kann[6]:

```
description "node.js server"
author      "kvz – http://kevin.vanzonnefeld.nl"

# used to be: start on startup
# until we found some mounts weren't ready yet while booting:
start on started mountall
stop on shutdown

# Automatically respawn
respawn
respawn limit 99 5

script
    # Not sure why $HOME is needed, but we found that it is:
    export HOME="/root"

    exec /usr/local/bin/node /where/yourprogram.js
      >> /var/log/node.log 2>&1
end script

post-start script
    # Optionally put a script here that will notify you node has
    # (re)started
    # /root/bin/hoptoad.sh "node.js has started!"
end script
```

Dieses Skript muss in dem Verzeichnis /etc/init abgelegt werden,
zudem empfiehlt sich die Verwendung der Dateiendung .conf. Damit
das Skript ausgeführt werden kann, muss mit Hilfe der chmod-Anwei-
sung noch das entsprechende Dateiattribut gesetzt werden:

```
$ chmod u+x /etc/init/myapp.conf
```

Innerhalb des Skripts kann anstelle von Node.js bei Bedarf auch forever aufgerufen und ausgeführt werden. Sobald das Betriebssystem
nun neugestartet wird, führt Upstart dieses Skript und somit auch die
gewünschte Anwendung aus.

Da die Ausführung der Anwendung in der Regel nicht unter dem *Rechte einschränken*
Administratorkonto erwünscht ist, empfiehlt es sich darüber hinaus,
den gewünschten Benutzer gegebenenfalls durch den Aufruf von sudo
anzugeben:

```
exec sudo –u myuser /usr/local/bin/node [...]
```

---

5.   *http://kevin.vanzonneveld.net/techblog/article/run_nodejs_as_a_service_on_*
     ubuntu_karmic/
6.   Abdruck mit freundlicher Genehmigung von Kevin van Zonnefeld

Der auf diese Art gestartete Dienst kann nun problemlos beendet und wieder gestartet werden:

```
$ stop myapp
$ start myapp
```

Auch das Neustarten des Dienstes in einem einzigen Schritt ist möglich:

```
$ restart myapp
```

Der Bezeichner myapp entspricht dabei dem Namen der Konfigurationsdatei ohne deren Dateiendung .conf.

8.3   Node.js intern hosten

8.3.1   Was ist Nginx?

Prinzipiell genügen die bislang vorgestellten Möglichkeiten, um einen Webserver auf Basis von Node.js produktiv zu betreiben. Allerdings kann auf diese Art nur eine einzige Anwendung auf Port 80 gebunden werden.

Als Ausweg besteht lediglich die Variante, eine weitere Anwendung als Reverse-Proxy zu verwenden, welche die Anfragen anwendungsübergreifend auf Port 80 entgegennimmt und sie anschließend auf die jeweiligen Ports der einzelnen Anwendungen weiterleitet.

Welche Anfrage dabei für welche Anwendung bestimmt ist, kann mit Hilfe des Hostheaders aus dem Request ermittelt werden. Obwohl dieses Verfahren durchaus funktioniert, erweist es sich in der Praxis als unnötig umständlich.

Einsatz eines Webservers
als Reverse-Proxy
Daher bietet sich die Verwendung eines bestehenden Webservers als Reverse-Proxy an: Dieser ist ohnehin auf die Verarbeitung von Anfragen für verschiedene Anwendungen ausgelegt und bringt die Analyse des Hostheaders bereits von Haus aus mit.

Um die hochskalierbare Ausführung von Node.js nicht durch den Einsatz eines unpassenden Webservers zu beeinträchtigen, empfiehlt sich ein Webserver, der die gleiche Art der Skalierung wie Node.js nutzt.

C10K mit Nginx
Ein solcher steht beispielsweise mit *Nginx*[7] zur Verfügung, der kostenlos als Open Source entwickelt wird und unter anderem für den Betrieb von GitHub[8] und Wordpress[9] eingesetzt wird.

---

7.   *http://nginx.org/*
8.   *https://github.com/*
9.   *http://wordpress.com/*

Nginx adressiert wie Node.js auch das C10K-Problem und verzichtet daher ebenfalls auf den Einsatz von Threads zugunsten einer asynchronen, ereignisorientierten Architektur.

8.3.2   Installation von Nginx

Die Installation von Nginx gestaltet sich je nach verwendetem Betriebssystem mehr oder weniger einfach.

Unter Linux kann Nginx in der Regel über die jeweilige Paketverwaltung installiert werden. So genügt beispielsweise unter Ubuntu der Aufruf der folgenden Anweisung auf der Konsole:

Installation unter Linux

```
$ sudo apt-get install nginx
```

Für die Installation unter Mac OS X ist ein wenig mehr Aufwand erforderlich, da keine vorgefertigten Pakete zur Verfügung stehen. Für Mac OS X muss daher zunächst der Quellcode von der offiziellen Webseite von Nginx heruntergeladen werden[10], der dann von Hand übersetzt und installiert werden muss:

Installation unter Mac OS X

```
$ ./configure
$ make
$ sudo make install
```

Für Windows schließlich steht auf der offiziellen Webseite von Nginx ein ZIP-Archiv zur Verfügung, das alle notwendigen Dateien enthält. Es genügt daher, dieses ZIP-Archiv herunterzuladen, zu entpacken und die darin enthaltene Anwendung auszuführen.

Installation unter Windows

Um zu überprüfen, ob die Installation von Nginx erfolgreich war, genügt es, die Adresse *http://localhost* aufzurufen: War die Installation erfolgreich, zeigt der Webbrowser eine entsprechende Willkommensnachricht an (siehe Abb. 8–1).

Die Installation überprüfen

---

10. *http://nginx.org/en/download.html*

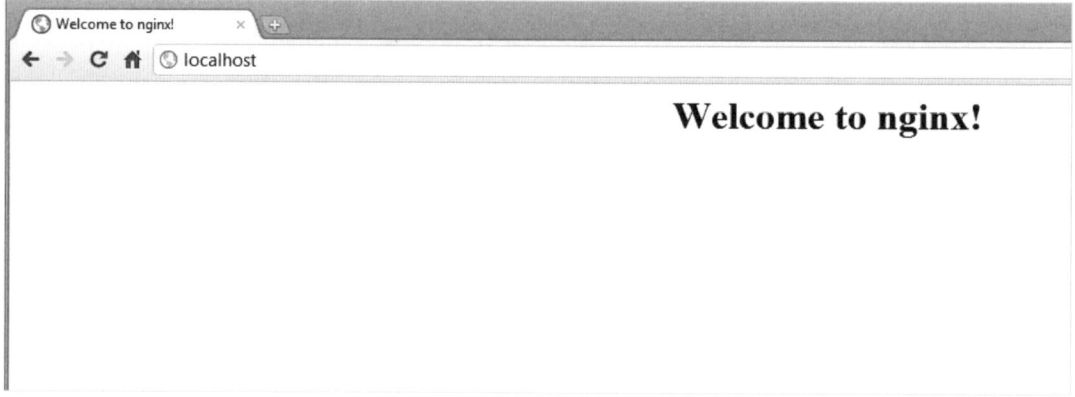

Abb. 8–1

Nginx wurde erfolgreich
installiert.

8.3.3   Konfiguration von Nginx

Die Konfiguration von Nginx erfolgt in einer Textdatei namens
nginx.conf. Diese befindet sich unter unixoiden Betriebssystemen in
der Regel im Verzeichnis /etc/nginx, unter Windows hingegen im
Unterverzeichnis conf jenes Verzeichnisses, in das Nginx installiert
wurde.

Die Datei nginx.conf ist
hierarchisch gegliedert.

Die Datei nginx.conf besteht aus ineinander verschachtelten Blöcken von Konfigurationsanweisungen, die an die jeweils inneren Blöcke vererbt werden. Da vererbte Anweisungen in inneren Blöcken
lediglich als Standardwerte angesehen werden, können sie bei Bedarf
überschrieben werden. Grundsätzlich gibt es in Nginx drei Arten von
Konfigurationsblöcken:

- Ein http-Block dient der anwendungsübergreifenden Konfiguration des gesamten Servers. Typische Konfigurationsanweisungen
  innerhalb dieses Blocks betreffen die Definition von MIME-Typen,
  Wartezeiten und Fehlerseiten. Dieser Block wird üblicherweise nur
  einmal innerhalb einer Konfigurationsdatei verwendet.
- Ein server-Block dient der Konfiguration einer Anwendung, die bei
  Nginx an eine oder mehrere Hostheader-Werte gebunden wird.
  Typische Konfigurationsanweisungen innerhalb dieses Blocks be-
  treffen die lokalen Pfade einer Webseite und die Ausführung von
  Skriptdateien. Dieser Block liegt hierarchisch unterhalb des http-
  Blocks, wird üblicherweise aber mehrfach verwendet.
- Ein location-Block dient schließlich der Konfiguration eines be-
  stimmten Pfades innerhalb einer Anwendung, weshalb dieser Block
  hierarchisch unterhalb des server-Blocks liegt. Typische Konfigura-

tionsanweisungen innerhalb dieses Blocks betreffen die Zugriffs-
rechte für einzelne Verzeichnisse. Wie der server-Block kann auch
der location-Block mehrfach verwendet werden.

Theoretisch können die Konfigurationsanweisungen aller Anwendungen innerhalb einer einzigen Konfigurationsdatei untergebracht werden, praktisch führt dies jedoch zu einer unnötig großen, unübersichtlichen und daher nur schwerlich wartbaren Datei. Stattdessen
ermöglicht Nginx, Teile der Konfiguration in eigene Dateien auszula-
gern. Auf diese Art kann beispielsweise für jede Webanwendung eine
eigene Konfigurationsdatei verwendet werden.

Konfigurationsdateien auslagern

Die Standardkonfiguration von Nginx sieht ebendieses Verfahren
von Haus aus vor und stellt zu diesem Zweck zwei spezielle Verzeichnisse zur Verfügung: sites-available und sites-enabled. Das erste enthält die Konfigurationsdateien aller verfügbaren Webanwendungen,
das zweite nur die jener Webanwendungen, die auch tatsächlich
erreichbar sein sollen.

Verfügbare und erreichbare Webanwendungen

Um eine neue Webanwendung zu registrieren, genügt es daher,
eine entsprechende Konfigurationsdatei in dem Verzeichnis sites-
available zu hinterlegen und diese anschließend in das Verzeichnis
sites-enabled zu kopieren oder sie von dort zu verlinken.

Eine minimale Konfigurationsdatei muss dabei den beziehungsweise die Hostheader einschließlich des Ports enthalten, auf welche die
Webanwendungen gebunden werden soll, und entweder eine Umlei-
tungsregel auf eine andere Adresse oder den physischen Pfad der Webanwendung im Dateisystem:

Eine minimale Konfigurationsdatei

```
server {
  listen        80;
  server_name   example.com *.example.com;
  rewrite ^     http://www.example.com$request_uri? Permanent;
}
server {
  listen        80;
  server_name   www.example.com;
  index         index.html;
  root          /usr/share/nginx/www;
}
```

Dieses Beispiel definiert zwei Webanwendungen, wobei die erste lediglich der permanenten Umleitung auf die zweite dient, deren Adresse
die Subdomain www enthält. Die eigentliche Anwendung wird aus
dem physischen Verzeichnis /usr/share/nginx/www abgerufen, wobei
die Datei index.html als Startseite dient.

Eine ausführliche Beschreibung aller Konfigurationsanweisungen sowie deren möglicher Werte finden sich im Wiki[11] der Webseite von Nginx.

Konfiguration neu laden

Nach einer Änderung der Konfiguration lädt Nginx diese nicht automatisch neu. Stattdessen muss das erneute Einlesen der Konfiguration von Hand angestoßen werden. Zu diesem Zweck kann Nginx mit dem Parameter -s aufgerufen werden, dem als Option der Wert reload übergeben wird:

```
$ nginx —s reload
```

Unter unixoiden Systemen kann alternativ auch die vom Betriebssystem angebotene service-Anweisung genutzt werden:

```
$ service nginx reload
```

In beiden Fällen ist es ausgesprochen wichtig, darauf zu achten, dass die Konfigurationsdatei gültig ist. Wird Nginx angewiesen, eine ungültige Konfiguration zu laden, reagiert der Prozess danach in der Regel nicht mehr. Selbst das Beenden von Nginx ist dann auf saubere Art nicht mehr möglich.

Konfiguration testen

Deshalb empfiehlt es sich, die Konfiguration vor dem Laden zunächst zu testen. Dazu dient der Parameter -t von Nginx, der die aktuelle Konfiguration überprüft:

```
$ nginx —t
the configuration file /etc/nginx/nginx.conf syntax is ok
configuration file /etc/nginx/nginx.conf test is successful
```

Optional kann über den Parameter -c eine andere zu testende Konfigurationsdatei angegeben werden:

```
$ nginx —t —c foo.conf
```

8.3.4   Integration von Node.js und Nginx

Nachdem Nginx installiert und konfiguriert wurde, fehlt noch die Integration von Node.js. Diese gestaltet sich jedoch ausgesprochen einfach.

Nginx als Reverse-Proxy für Node.js

Da Nginx in diesem Fall als Reverse-Proxy für Node.js fungiert, genügt es, die Definition des Pfades der Webanwendung durch die proxy_pass-Anweisung zu ersetzen. Diese weist Nginx an, eingehende Anfragen an einen anderen Webserver weiterzuleiten.

Allerdings wird der Hostheader der Anfrage standardmäßig nicht von Nginx übertragen. Falls dies jedoch gewünscht ist, muss dies explizit mit Hilfe der proxy_set_header-Anweisung aktiviert werden.

---

11. *http://wiki.nginx.org/*

Beide Anweisungen können allerdings nur innerhalb eines location-Blocks verwendet werden. Im einfachsten Fall ergibt sich daher in Nginx die folgende Konfiguration für eine auf Node.js basierende Webanwendung:

Reverse-Proxy konfigurieren

```
server {
  listen        80;
  server_name   www.example.com;
  location / {
    proxy_pass          http://127.0.0.1:3000;
    proxy_set_header    Host   $host;
  }
}
```

Jede Anfrage, die für diese Anwendung an Nginx gestellt wird, leitet dieser nun intern an Node.js weiter. Von außen kann diese interne Weiterleitung allerdings nicht erkannt werden: Für den Aufrufer sieht es so aus, als ob Nginx die Anfragen direkt beantworten würde.

Da ein server-Block mehrere location-Blöcke enthalten kann, können Anfragen potenziell selektiv an Node.js weitergereicht werden: Je nach angefragter Adresse wird entschieden, ob die Anfrage von Node.js verarbeitet werden soll oder nicht.

Kein Node.js für statische Dokumente

Falls eine Webanwendung das letzte Quäntchen Leistung erfordert, kann sie daher auf Basis verschiedener location-Blöcke derart strukturiert werden, dass sämtliche statischen Dokumente direkt von Nginx ausgeliefert werden und Node.js ausschließlich für die Verarbeitung dynamischer Inhalte zuständig ist. Auf diese Art können beide Systeme, Nginx und Node.js, ihre jeweiligen Stärken optimal ausspielen.

Auf dem zuvor beschriebenen Weg können Node.js und Nginx zwar miteinander integriert werden, allerdings geht diese Integration unter Umständen noch nicht weit genug: dann nämlich nicht, wenn Nginx nicht nur als Reverse-Proxy, sondern auch als Loadbalancer für verschiedene Node.js-Instanzen dienen soll.

Nginx als Loadbalancer für Node.js

Allerdings ermöglicht die proxy_pass-Anweisung lediglich die Angabe eines einzelnen Zielservers. Als Ausweg stellt Nginx das Upstream-Konstrukt zur Verfügung, mit dem ein Verbund von Webservern in einen virtuellen Container zusammengefasst werden kann:

```
upstream backend {
  server 127.0.0.1:3000;
  server 127.0.0.1:3001;
}
```

Der Bezeichner, in diesem Fall backend, kann beliebig gewählt werden. Um diesen Container für den Reverse-Proxy zu verwenden, muss die Konfiguration wie folgt angepasst werden:

```
server {
  listen        80;
  server_name   www.example.com;
  location / {
    proxy_pass        http://backend;
    proxy_set_header  Host  $host;
  }
}
```

Bindung an die Client-IP aktivieren

Nun werden eingehende Anfragen gleichmäßig an die beiden genannten Webserver verteilt. Allerdings bedeutet das zugleich auch, dass verschiedene Anfragen des gleichen Clients nicht notwendigerweise zum gleichen Server weitergeleitet werden.

Wird dieses Verhalten jedoch gewünscht, kann es auf einfache Art aktiviert werden: Dazu genügt es, der upstream-Anweisung die ip_hash-Anweisung hinzuzufügen. Danach werden alle Anfragen eines Clients an den stets gleichen Server weitergeleitet:

```
upstream backend {
  ip_hash;
  server 127.0.0.1:3000;
  server 127.0.0.1:3001;
}
```

Gewichtung der Verteilung des Loadbalancings ändern

Alternativ können die einzelnen Server auch gewichtet werden, so dass die Verteilung der Anfragen nicht gleichmäßig erfolgt, sondern einige Server stärker ausgelastet werden als andere. Hierfür muss für die einzelnen Server ein Gewichtungsfaktor angegeben werden:

```
upstream backend {
  server 127.0.0.1:3000;
  server 127.0.0.1:3001 weight=3;
}
```

Entfällt die Angabe, wird standardmäßig ein Faktor von 1 angenommen. Die Node.js-Instanz, die an Port 3001 gebunden wurde, erhält in diesem Beispiel also dreimal so viele Anfragen wie jene, die an Port 3000 gebunden wurde.

Entweder Client-IP-Bindung oder Gewichtung der Verteilung

Zu beachten ist, dass die Bindung der IP-Adressen von Clients an einen Server mit Hilfe von ip_hash und die Gewichtung der Verteilung von Anfragen einander ausschließen.

8.3.5   Node.js und IIS

Unter Windows ist häufig bereits der von Microsoft entwickelte und in Windows integrierte *IIS* als Webserver im Einsatz. In diesem Fall kann es unerwünscht sein, mit Nginx einen zweiten Webserver für Node.js betreiben zu müssen: Stattdessen sollen Node.js und der IIS miteinander integriert werden.

Diesen Zweck erfüllt das Modul *iisnode*[12], das den IIS mit der installierten Version von Node.js verbindet und eingehende Anfragen an Node.js weiterleitet. Dabei verfügt iisnode über einige hilfreiche Funktionen, welche die Entwicklung und den Betrieb von Node.js auf Basis des IIS äußerst komfortabel machen:

iisnode integriert Node.js und den IIS.

- Wird iisnode auf einem System mit mehreren Prozessoren betrieben, kümmert sich das Modul selbstständig um die Ausführung einer geeigneten Anzahl von Node.js-Instanzen.
- Die ausgeführte Webanwendung wird von iisnode überwacht und nach einer Änderung durch den Entwickler automatisch neu geladen. Anfragen, die bereits verarbeitet werden, werden dadurch nicht abgebrochen.
- Außer iisnode können parallel auch alle anderen Module des IIS genutzt werden. Auf diese Art können Projekte implementiert werden, die gleichzeitig Node.js und weitere Technologien verwenden.
- Um eine in Node.js entwickelte Webanwendung mit iisnode ausführen zu können, sind fast keine Änderungen erforderlich: Die einzige Änderung bezieht sich auf den Port, welcher der listen-Funktion des http-Moduls übergeben wird.
- Die Konfiguration von iisnode kann, wie im IIS üblich, vollständig mit Hilfe der Datei Web.config auf deklarativem Wege vorgenommen werden.[13]

Um iisnode verwenden zu können, muss es zunächst installiert werden. Als Grundlage müssen folgende Komponenten bereits installiert und konfiguriert sein:

iisnode installieren

- Windows Vista, Windows 7, Windows Server 2008 oder höher
- IIS 7.0, 7.5 oder höher
- Internetinformationsdienste (IIS-)Manager
- URL-Rewrite-Modul für IIS 7.x[14]
- Visual C++ 2010 Redistributable Package für 32 Bit[15] oder 64 Bit[16]
- Node.js für Windows

Sind diese Voraussetzungen erfüllt, kann iisnode für 32 Bit[17] oder für 64 Bit[18] heruntergeladen und installiert werden.

---

12. *https://github.com/tjanczuk/iisnode*
13. *http://tomasz.janczuk.org/2011/08/hosting-nodejs-applications-in-iis-on.html*
14. *http://www.iis.net/download/URLRewrite*
15. *http://www.microsoft.com/download/en/details.aspx?id=5555*
16. *http://www.microsoft.com/download/en/details.aspx?id=14632*
17. *http://go.microsoft.com/?linkid=9784330*

Webanwendung für
iisnode vorbereiten

Damit eine Webanwendung mit iisnode ausgeführt werden kann, muss der Aufruf der `listen`-Funktion des http-Moduls angepasst werden. Anstatt den Port von Hand zu vergeben, muss der Wert der von iisnode initialisierten Variablen `process.env.PORT` verwendet werden:

```
var http = require('http');
http.createServer(function (req, res) {
  res.writeHead(200, { 'Content-Type': 'text/html' });
  res.end('Hallo Welt!');
}).listen(process.env.PORT);
```

Web.config anlegen

Im Verzeichnis der Webanwendung muss außerdem eine minimale Version der Datei `Web.config` hinterlegt werden, die Node.js für die Skriptdatei der Webanwendung aktiviert:

```
<configuration>
  <system.webServer>
    <handlers>
      <clear />
      <add name="iisnode" path="app.js" verb="*"
          modules="iisnode" />
    </handlers>
  </system.webServer>
</configuration>
```

Indem iisnode nur für die angegebene Skriptdatei aktiviert wird, kann die Webanwendung auf diese Art auch clientseitige Skriptdateien enthalten, die von IIS aus dem gleichen Verzeichnis ausgeliefert werden.

Webanwendung
ausführen

Wird die Webanwendung nun aufgerufen, so wird diese von iisnode ausgeführt und das Ergebnis an den Webbrowser gesendet (siehe Abb. 8–2).

Abb. 8–2
Node.js wird von iisnode
ausgeführt.

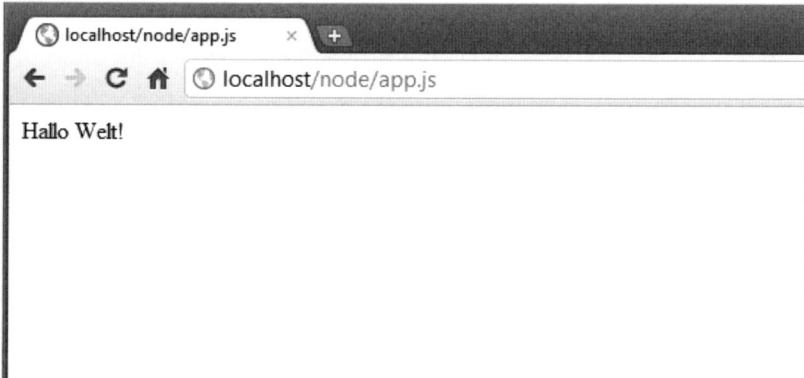

---

18. *http://go.microsoft.com/?linkid=9784331*

8.4   Node.js extern hosten

8.4.1   Heroku

Das interne Hosting von Node.js ist mit den bislang vorgestellten Werkzeugen zwar prinzipiell möglich, erfordert aber einen gewissen Aufwand. Wer diesen scheut, kann alternativ auch auf externes Hosting zurückgreifen, das von einigen Unternehmen als Dienst in der Cloud angeboten wird.

Eines dieser Unternehmen ist die Firma Heroku[19], die bereits seit dem Jahr 2007 Cloud-basiertes Hosting für verschiedene Technologien anbietet, darunter auch Ruby und Python. Seit Juli 2011 unterstützt Heroku auch das Hosting von Webanwendungen, die in Node.js entwickelt wurden.

Hosting in der Cloud

Heroku bietet die Möglichkeit, eine frei wählbare Anzahl an Servern zu buchen, wobei zwischen Web- und Dienstservern unterschieden wird. Je nach individuellem Bedarf und Budget kann dementsprechend ein passendes Angebot zusammengestellt werden.[20]

Als Besonderheit wird ein Server pro Webanwendung kostenfrei zur Verfügung gestellt, wobei für diesen kostenfreien Server einige Einschränkungen hinsichtlich der gebotenen Leistung und der Verfügbarkeit gelten.[21] Diese können allerdings während der Entwicklung in der Regel vernachlässigt werden.

Ein kostenfreier Server pro Webanwendung

Um Heroku nutzen zu können, muss zunächst ein Benutzerkonto auf der zugehörigen Webseite[22] angelegt werden. Außerdem müssen einige Werkzeuge für die Konsole von Heroku heruntergeladen und installiert werden.[23]

Benutzerkonto anlegen

Anschließend muss die Anwendung `heroku` mit dem Parameter `login` aufgerufen werden, um den lokalen Benutzer zu authentifizieren und dessen öffentlichen SSH-Schlüssel bei Heroku zu hinterlegen. Liegt noch kein SSH-Schlüssel vor, wird angeboten, einen solchen zu erstellen.

Dieser dient dem sicheren Zugriff auf die Server von Heroku beim späteren Veröffentlichen von Webanwendungen:

---

19. *http://www.heroku.com/*
20. *http://www.heroku.com/pricing*
21. *https://devcenter.heroku.com/articles/dynos*
22. *https://api.heroku.com/signup*
23. *https://toolbelt.heroku.com/*

```
$ heroku login
Enter your Heroku credentials.
Email: webmaster@goloroden.de
Password: ***************
Could not find an existing public key.
Would you like to generate one? [Yn]
Generating new SSH public key.
Uploading ssh public key /home/golo/.ssh/id_rsa.pub
```

Deployment vorbereiten Im nächsten Schritt muss die Anwendung für das Deployment vorbereitet werden. Zunächst muss dazu der von der listen-Funktion des http-Moduls verwendete Port von außen wiederum mit Hilfe der Variablen process.env.PORT gesetzt werden:

```
var http = require('http');
http.createServer(function (req, res) {
  res.writeHead(200, { 'Content-Type': 'text/html' });
  res.end('Hallo Welt!');
}).listen(process.env.PORT || 3000);
```

Außerdem muss im Verzeichnis der Webanwendung eine Datei namens Procfile angelegt werden, in der zum einen hinterlegt wird, dass ein Web- und kein Dienstserver erforderlich ist, zum anderen auch die Information, mit welcher Anweisung die Webanwendung zu starten ist:

```
web: node app.js
```

Version von Node.js Zusätzlich empfiehlt es sich, die für die Ausführung der Webanwen-
auswählen dung erforderlichen Versionsnummern von Node.js und npm in der Datei package.json zu hinterlegen. Auf diese Weise wird garantiert, dass Heroku die Webanwendung stets in einem genau definierten Szenario ausführt:

```
[...]
"version": "0.0.1",
"engines": {
  "node": "0.8.0",
  "npm": "1.1.32"
},
"dependencies": {
  [...]
```

Eine Liste aller unterstützten Versionen von Node.js und npm findet sich auf der Webseite von Heroku[24]. Werden keine Versionsnummern angegeben, wird als Standardwert für Node.js die Version 0.4.7, für npm die Version 1.0.106 angenommen.

---

24. *https://devcenter.heroku.com/articles/nodejs-versions*

Bevor eine Webanwendung nach Heroku deployt wird, empfiehlt sich ein Test auf dem lokalen System. Hierzu dient die Anwendung foreman, die in der Installation der Werkzeuge von Heroku enthalten ist:

Die Webanwendung testen

```
$ foreman start
22:00:05 web.1   | started with pid 82517
22:00:05 web.1   | Listening on 3000
```

Nun kann auf die Webanwendung unter der Adresse *http://localhost:3000* auf dem gewohnten Weg per Webbrowser zugegriffen werden. Die Tastenkombination <Strg>+<C> beendet foreman schließlich wieder.

Das Deployment der Webanwendung erfolgt über die Versionsverwaltung *Git*, die von zahlreichen Entwicklern ohnehin in Verbindung mit der Plattform *GitHub*[25] verwendet wird.

Die Webanwendung veröffentlichen

Zunächst muss dazu ein Remote Repository auf Heroku erzeugt werden. Diesen Zweck erfüllt wiederum die Anwendung heroku, die diesmal mit dem Parameter create und dem Namen der zu erzeugenden Webanwendung aufgerufen wird:

```
$ heroku create nodetest
Creating nodetest... done, stack is cedar
http://nodetest.herokuapp.com/ | git@heroku.com:nodetest.git
Git remote heroku added
```

Im Anschluss kann die Webanwendung veröffentlicht werden, indem der aktuelle Stand zu diesem Repository gepusht wird. Nach wenigen Augenblicken ist die Webanwendung dann unter der zuvor angegebenen Adresse *http://nodetest.herokuapp.com* erreichbar:

```
$ git push heroku master
```

Wird Git hingegen noch nicht verwendet, empfiehlt es sich, sich vor dem Aufruf von heroku create mit dieser äußerst empfehlenswerten Versionsverwaltung vertraut zu machen und ein lokales Repository anzulegen.[26]

Weitergehende Informationen zum Thema Deployment und zur Konfiguration eigener Domains, die von der Webanwendung verwendet werden sollen, finden sich im Entwicklerbereich der Webseite von Heroku[27].

---

25. *https://github.com/*
26. *http://progit.org/*
27. *https://devcenter.heroku.com/articles/nodejs* und
    https://devcenter.heroku.com/articles/custom-domains

8.4.2   Windows Azure

Ebenso wie bei der lokalen Installation kann Node.js auch in der extern gehosteten Variante auf dem IIS ausgeführt werden, wofür sich die Verwendung von Windows Azure anbietet. Zu diesem Zweck bietet Microsoft das Windows Azure SDK für Node.js[28] an.[29]

Windows Azure SDK
für Node.js

Der Download dieses SDK enthält neben einer speziell an Node.js angepassten Version der Windows PowerShell auch Node.js an sich, so dass eine gesonderte Installation entfällt.

Die Windows Azure PowerShell für Node.js enthält gegenüber einer normalen Windows PowerShell einige zusätzliche Anweisungen, mit denen die Erstellung und Veröffentlichung von Node.js-Anwendungen auf Basis von Windows Azure möglich ist.

Ein neues Azure-Projekt
anlegen

Um Node.js auf Windows Azure ausführen zu können, muss zunächst ein neues Node.js-Projekt angelegt werden. Hierzu dient die Anweisung `New-AzureService`, die als Parameter den Namen des neuen Projektes erwartet:

```
PS> New-AzureService helloworld
```

Durch diese Anweisung wird ein neues Verzeichnis angelegt, dem das Projekt hinzugefügt wird.

Eine WebRole hinzufügen

Im nächsten Schritt muss dem neu erzeugten Projekt eine sogenannte *WebRole* hinzugefügt werden, die in Windows Azure das Pendant zu einer Webanwendung darstellt. Dies geschieht mit Hilfe der Anweisung `Add-AzureNodeWebRole`:

```
PS> Add-AzureNodeWebRole
```

Außer einem Verzeichnis für die WebRole werden durch diesen Aufruf auch einige Dateien erzeugt:

▪ `server.js`:
Diese Datei enthält die eigentliche Webanwendung. Ähnlich wie bei der lokalen Integration von Node.js und IIS wird der Wert für den Port nicht fest vorgegeben, sondern von außen mit Hilfe einer Variablen gesetzt. Allerdings wird für die Ausführung in der lokalen Emulation ein Fallback auf den Port 1337 vorgesehen.

---

28. *http://www.windowsazure.com/en-us/develop/nodejs/*
29. Alternativ können auch *Windows Azure Web Sites* verwendet werden, die einen etwas leichtgewichtigeren Ansatz als den hier beschriebenen verfolgen und darüber hinaus auch das Deployment mit Hilfe von Git aus Linux und Mac OS X unterstützen. Nähere Informationen finden sich unter *https://www.windowsazure.com/en-us/develop/nodejs/tutorials/*.

▪ `Web.config` und `Web.cloud.config`:

Diese beiden Dateien enthalten wie auch bei der lokalen Variante die Konfiguration für den IIS und das iisnode-Modul. Die Datei `Web.config` bezieht sich dabei auf die lokale Emulation, die Datei `Web.cloud.config` hingegen auf die produktive Windows-Azure-Umgebung.

Außerdem wird ein Verzeichnis namens `bin` erstellt, das unter anderem Node.js für Windows und das Setup für iisnode enthält.

Um die Node.js-Anwendung nun zunächst lokal in der Emulation von Windows Azure auszuführen, muss diese mit Hilfe der Anweisung `Start-AzureEmulator` gestartet werden:

Node.js in der lokalen Emulation starten

```
PS> Start-AzureEmulator -launch
```

Der Parameter `-launch` dient in diesem Aufruf dazu, nach dem erfolgreichen Start der Emulation automatisch eine neue Instanz des Webbrowsers zu öffnen und die Webanwendung darin aufzurufen.

Bevor die Webanwendung auf Windows Azure veröffentlicht werden kann, müssen ihr zunächst die Daten des zugrunde liegenden Kontos von Windows Azure bekanntgemacht werden. Dies geschieht mit Hilfe einer sogenannten *Publish Settings*-Datei, die mit Hilfe der Anweisung

Deployment vorbereiten

```
PS> Get-AzurePublishSettings
```

aus dem Portal von Windows Azure heruntergeladen werden kann. Um diese Daten nach dem Herunterladen auch tatsächlich der Anwendung zur Verfügung zu stellen, müssen sie allerdings noch mit Hilfe der Anweisung

```
PS> Import-AzurePublishSettings 'my.publishsettings'
```

importiert werden, wobei als Parameter die heruntergeladene Datei angegeben werden muss. Diese beiden Schritte sind jedoch nur vor dem erstmaligen Deployment erforderlich, danach stehen die Daten dauerhaft zur Verfügung.

Bevor das Deployment nun tatsächlich durchgeführt wird, können noch letzte Änderungen an der Konfiguration vorgenommen werden. Hierzu zählt beispielsweise die Festlegung, auf wie vielen Instanzen die WebRole ausgeführt werden soll. Mit dem Aufruf von

Deployment nach Windows Azure

```
PS> Set-AzureInstances WebRole1 2
```

wird diese Zahl beispielsweise auf zwei festgelegt. Das eigentliche Deployment erfolgt danach mit Hilfe der Anweisung `Publish-Azure-Service`. Dieser muss der Name des Projektes übergeben werden. Ergänzend kann wieder der Parameter -launch angegeben werden, um die Webanwendung nach einem erfolgreichen Deployment automatisch aufzurufen:

```
PS> Publish-AzureService —name helloworld -launch
```

Dieser Vorgang kann einige Minuten in Anspruch nehmen, da Windows Azure nun eine oder mehrere virtuelle Maschinen einrichtet, startet und die Webanwendung schließlich dorthin veröffentlicht und ausführt.

Analog kann die Webanwendung mit Hilfe der Anweisungen Stop-AzureService und Remove-AzureService wieder angehalten beziehungsweise ganz von Windows Azure entfernt werden.

Tables, Blobs und Queues   Sämtliche Funktionen von Windows Azure können nun von Node.js verwendet werden, allen voran Tables, Blobs und Queues. Beispiele, wie diese angesprochen werden können, finden sich auf der Git-Hub-Seite des Windows Azure SDK für Node.js[30].

8.5   Das Beispielprojekt

8.5.1   Anforderungen und Einschränkungen

Die bisherige Implementierung von silkveil.js soll in diesem Kapitel veröffentlicht werden. Folgende Anforderungen werden gestellt:

Anforderungen   ▨ Für das Hosting wird ein kostenfreier Webserver von Heroku verwendet, der unter der Adresse *http://silkveiljs.herokuapp.com* erreichbar ist. Diese Form des Hostings bietet sich an, da der erforderliche Aufwand äußerst gering ist und silkveil.js ohnehin bereits auf Git als Versionsverwaltung basiert.

Einschränkungen   Die in den vorherigen Kapiteln definierten Einschränkungen gelten auch in diesem Kapitel.

8.5.2   Implementierung

Um silkveil.js in der Cloud veröffentlichen zu können, muss zunächst die Datei Procfile erzeugt und dem Verzeichnis der Webanwendung hinzugefügt werden. Da die Skriptdatei von silkveil.js den Namen app.js trägt, muss in diese Datei die folgende Zeile eingetragen werden:

```
web: node app.js
```

---

30. *https://github.com/WindowsAzure/azure-sdk-for-node*

Außerdem sollen die Versionsnummern von Node.js und npm fest hinterlegt werden, weshalb der Datei package.json der folgende Abschnitt hinzugefügt werden muss:

Die Anwendung vorbereiten

```
    [...]
  },
  "engines": {
    "node": "0.8.0",
    "npm": "1.1.32"
  }
}
```

Darüber hinaus muss innerhalb der Datei app.js der Port anhand der Variablen process.env.PORT zugewiesen werden, wobei der bislang verwendete Port 3000 nach wie vor als Fallback für die lokale Ausführung verwendet wird:

```
  [...]
  actions[mapping.action](res, mapping);
}).listen(process.env.PORT || 3000);
```

Als letzter Schritt vor dem eigentlichen Deployment muss noch eine Subdomain bei Heroku reserviert und das zugehörige Remote Repository konfiguriert werden, was mit Hilfe der folgenden Anweisung erfolgt:

Remote Repository hinzufügen

```
$ heroku create silkveiljs
```

Nachdem nun alle Vorbereitungen abgeschlossen sind, kann silkveil.js schließlich mit Hilfe der folgenden Anweisung veröffentlicht werden:

silkveil.js veröffentlichen

```
$ git push heroku master
```

silkveil.js wird nun in der Cloud ausgeführt und kann aus dem Webbrowser unter der Adresse *http://silkveiljs.herokuapp.com* aufgerufen werden.

8.6 Zusammenfassung

Das Deployment und der Produktivbetrieb von Node.js stellen besondere Anforderungen. Zum einen muss sichergestellt werden, dass Node.js nach Anwendungsabstürzen und Systemneustarts wieder ausgeführt wird; zum anderen müssen bei Bedarf Maßnahmen zur Lastverteilung und Hochverfügbarkeit ergriffen werden.

Diese Anforderungen werden von der Kombination des in Node.js integrierten cluster-Moduls mit dem externen Modul forever und einem Upstart-Skript weitestgehend erfüllt.

Außerdem muss gegebenenfalls ein dedizierter Webserver als Reverse-Proxy vorgeschaltet werden. Dies ist lokal unter anderem mit Nginx und dem IIS möglich, wobei für den IIS das zusätzliche Modul iisnode benötigt wird.

Alternativ kann das Hosting vollständig in die Cloud ausgelagert werden, was beispielsweise Unternehmen wie Heroku und Microsoft anbieten.

Teil 2

... & Co.

9 Eine Middleware für Node.js: Connect

Anwendungen enthalten in der Regel außer ihrer Kernfunktionalität auch generischen Infrastrukturcode, der sich um sekundäre, anwendungsweite funktionale Belange wie beispielsweise Authentifizierung oder Internationalisierung kümmert.

Da solcher Code per Definition nicht domänenspezifisch ist, kann er im Idealfall als Komponente von der Stange in unterschiedliche Anwendungen eingefügt werden. Voraussetzung hierfür sind jedoch anwendungsübergreifende einheitliche Schnittstellen zur Integration von Infrastrukturcode.

Die Definition und Implementierung dieser Schnittstellen ist Aufgabe der sogenannten Middleware. Das Framework *Connect*[1] stellt in dieser Hinsicht den Industriestandard für Node.js dar und dient daher auch als häufig verwendete Basis für zahlreiche andere Projekte.

Connect als Industriestandard

9.1 Middleware entwickeln

9.1.1 Was ist Middleware?

Die grundlegende Idee von Middleware im Allgemeinen und Connect im Speziellen ist, die direkte Verbindung zwischen eingehenden Anfragen und der verarbeitenden Webanwendung zu trennen, um Infrastrukturcode zwischen diesen beiden Punkten einfügen zu können.

Dazu dienen der Middleware verschiedene Module, die unterschiedliche Aufgaben wahrnehmen, wie beispielsweise Authentifizierung oder Internationalisierung. Diese werden von der Middleware in Reihe geschaltet, so dass jede eingehende Anfrage zunächst die gesamte Kette von Modulen durchlaufen muss, bevor sie schließlich von der eigentlichen Webanwendung verarbeitet werden kann.

Direkte Verbindung zwischen Anfragen und Webanwendung trennen

---

1. *http://www.senchalabs.org/connect/*

*Middleware-Module sind
für die Webanwendung
transparent.*

Sofern alle beteiligten Module die gleichen Schnittstellen bedienen, erlaubt dieses Prinzip[2] das für die Webanwendung transparente Einfügen von beliebigen Modulen in beliebiger Reihenfolge innerhalb der Middleware (siehe Abb. 9–1).

*Abb. 9–1
Jede eingehende
Anfrage durchläuft
zunächst die einzelnen
Module der Middleware,
bevor sie die eigentliche
Webanwendung erreicht.*

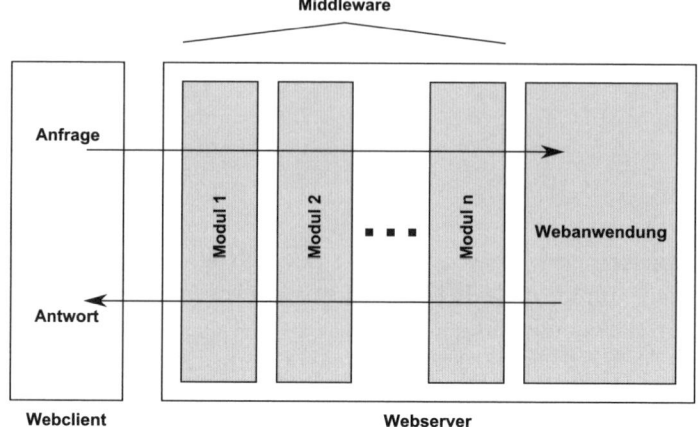

9.1.2   Filter und Provider

Connect kennt zwei Arten von Modulen: Filter und Provider. Filter dienen dazu, eingehende Anfragen auszuwerten oder zu verändern. Anschließend werden diese entweder an das nächste Modul der Middleware oder, im Falle des letzten Moduls, an die eigentliche Webanwendung weitergeleitet.

*Provider fungieren als
Stellvertreter der
Webanwendung.*

Provider hingegen fungieren als Stellvertreter der Webanwendung und beantworten Anfragen daher selbstständig, ohne diese im Anschluss an das nächste Modul oder die Webanwendung weiterzuleiten: Stattdessen wird die weitere Verarbeitung abgebrochen.

Während Filter potenziell für jede Anfrage zuständig sein können, gilt dies für Provider nicht: Ansonsten wäre es für eine Anfrage unmöglich, jemals die eigentliche Webanwendung zu erreichen, da sie zuvor stets von einem Provider verarbeitet und anschließend abgebrochen würde.

*Eine einheitliche Signatur
für alle Module*

Die Basis eines jeden Moduls in Connect stellt eine Funktion dar, welche die folgende Signatur aufweist:

```
function (req, res, next)
```

---

2.   Das diesem Prinzip zugrunde liegende Entwurfsmuster ist das der Zuständigkeitskette, siehe *http://de.wikipedia.org/wiki/Zuständigkeitskette*.

Die beiden Parameter req und res entsprechen dabei den von der createServer-Funktion des http-Moduls bekannten Parametern. Der Parameter next hingegen ist spezifisch für Connect und enthält eine Funktion, welche die Verarbeitung an das nächste Modul weiterleitet.

Um ein einfaches, zu Connect kompatibles und lauffähiges Modul zu erstellen, genügt es daher, innerhalb des Moduls die next-Funktion aufzurufen. Die Parameter req und res werden dabei nicht von Hand übergeben, dies erfolgt automatisch im Hintergrund. *Ein Grundgerüst für ein Modul*

Wird das Modul in einer eigenen Datei definiert, muss es zudem exportiert werden:

```
var foo = function() {
  return function(req, res, next) {
    next();
  };
};
module.exports = foo;
```

Dieses Modul erfüllt zugegebenermaßen keinen Zweck, enthält aber das erforderliche Grundgerüst.

Je nachdem, ob zusätzlicher Code vor oder nach dem Aufruf der next-Funktion eingefügt wird, findet die Ausführung während der Anfrage oder während der Antwort statt. *Pre- und Postprocessing*

Wird also auf req zugegriffen, sollte dies vor dem Aufruf von next geschehen; wird stattdessen auf res zugegriffen, hingegen danach, da erst zu diesem Zeitpunkt die von der Webanwendung generierte Antwort zur Verfügung steht:

```
var foo = function() {
  return function(req, res, next) {
    // Zugriff auf req ...
    next();
    // Zugriff auf res ...
  };
};
```

Soll an Stelle eines Filters ein Provider implementiert werden, darf next nicht aufgerufen werden. Stattdessen wird in der Regel schreibend auf res zugegriffen und anschließend die Funktion res.end aufgerufen, um die weitere Verarbeitung abzubrechen. *Einen Provider implementieren*

9.1.3   Umgang mit Fehlern

Tritt innerhalb eines Moduls ein Fehler auf, besteht das vermeintlich korrekte Vorgehen darin, eine Ausnahme mit Hilfe des Schlüsselwortes throw zu werfen.

Ausnahmen an next übergeben

Dies ist prinzipiell auch in Verbindung mit Connect möglich, erzielt allerdings nicht den gewünschten Effekt. Stattdessen muss ein alternativer Weg eingeschlagen werden: Anstatt die Ausnahme direkt zu werfen, muss sie dem Aufruf der next-Funktion als Parameter übergeben werden:

```
function (req, res, next) {
  var err = new Error();
  next(err);
}
```

next statt throw

Auf den ersten Blick scheint dieses Vorgehen äquivalent zu sein, tatsächlich besteht jedoch ein wesentlicher Unterschied:

- Das Werfen einer Ausnahme mit Hilfe des throw-Schlüsselworts funktioniert nicht innerhalb eines asynchronen Callbacks, da Connect in diesem Fall nicht in der Lage ist, die Ausnahme abzufangen.
- Wird hingegen die next-Funktion aufgerufen, behält Connect die Kontrolle und kann die Ausnahme entsprechend behandeln.

Im Fehlerfall wird nach einem Fehlermodul gesucht.

Im Falle einer Ausnahme sucht Connect nach einem Fehlermodul und setzt die Ausführung dort fort. Fehlermodule weisen im Vergleich zu normalen Modulen eine leicht modifizierte Signatur auf, da sie als ersten Parameter die Ausnahme erwarten:

```
function (err, req, res, next)
```

Tritt ein Fehler auf, wird die Ausführung direkt im Fehlermodul fortgesetzt, die Ausführung aller übrigen Module wird übersprungen.

Fehlermodule werden im Normalfall nicht aufgerufen.

Tritt hingegen kein Fehler auf, verhält sich Connect umgekehrt: Fehlermodule werden von der normalen Ausführung ausgeschlossen und daher nicht aufgerufen. Auf diese Art wird sichergestellt, dass Fehlermodule ausschließlich dann ausgeführt werden, wenn Bedarf besteht.

9.2   Connect verwenden

9.2.1   Connect installieren

Um Connect tatsächlich verwenden zu können, muss es zunächst installiert werden. Hierfür genügt der bereits wohlbekannte Aufruf von npm, wobei die Installation lokal im Kontext der Webanwendung durchgeführt wird:

```
$ npm install connect
```

Anschließend kann Connect mit Hilfe der require-Funktion importiert werden:

Connect importieren

```
var connect = require('connect');
```

9.2.2   Zusammenfügen einer Anwendung

Im Vergleich zum bisherigen Vorgehen wird der createServer-Funktion des http-Moduls in Verbindung mit Connect kein handgeschriebener Callback übergeben, sondern ein von Connect vorgefertigter.

Dieser kann über den Aufruf von Connect als Funktion abgerufen werden. Anschließend wird er der createServer-Funktion auf dem üblichen Weg übergeben:

Integration von Connect und http-Modul

```
var app = connect();
http.createServer(app).listen(3000);
```

Da sich Connect in die Funktionen des http-Moduls integriert, kann alternativ oder ergänzend auch ein https-Server auf dem gleichen Weg gestartet werden.

Allerdings erfüllt diese Anwendung keinen Zweck, da keine Funktionalität implementiert wird. Dies lässt sich jedoch leicht nachrüsten, indem eine entsprechende Funktion registriert wird. Hierfür dient die use-Funktion, die von Connect an der Funktion app bereitgestellt wird:

use fügt Funktionalität in die Anwendung ein.

```
var app = connect();
app.use(function (req, res) {
  res.writeHead(200, {
    'content-type': 'text/html'
  });
  res.end('Hallo Welt!');
});
http.createServer(app).listen(3000);
```

Diese Webanwendung kann nun auf einfachem Weg um Module ergänzt werden, indem die use-Funktion mehrfach aufgerufen wird. Die Reihenfolge dieser Aufrufe bestimmt dabei die Reihenfolge der Verarbeitung der Module:

use fügt Module ein.

```
var app = connect();
app.use(function (req, res, next) {
  console.log('Pre');
  next();
  console.log('Post');
});
app.use(function (req, res) {
  res.writeHead(200, {
    'content-type': 'text/html'
  });
```

```
    res.end('Hallo Welt!');
  });
  http.createServer(app).listen(3000);
```

Wird diese Anwendung nun im Webbrowser oder per curl aufgerufen, werden die Texte Pre und Post auf der Konsole ausgegeben. Dies erfolgt jeweils vor beziehungsweise nach der eigentlichen Verarbeitung der Anfrage.

use kann verkettet werden.

Um die Lesbarkeit des Codes zu erhöhen, können die einzelnen Aufrufe von use verkettet werden, so dass die wiederholte Angabe der app-Funktion entfällt:

```
var app = connect()
  .use(function (req, res, next) {
    console.log('Pre');
    next();
    console.log('Post');
  })
  .use(function (req, res) {
    res.writeHead(200, {
      'content-type': 'text/html'
    });
    res.end('Hallo Welt!');
  });
http.createServer(app).listen(3000);
```

Doppeltes use() verhindern

Unter Umständen soll verhindert werden, dass ein Modul aufgrund von wiederholten Aufrufen der use-Funktion mehrfach verwendet wird.

Die einfachste Möglichkeit, dies zu garantieren, ist das Prüfen auf die Existenz einer Eigenschaft, die der eingehenden Anfrage vom Modul hinzugefügt wird: Existiert sie, wurde das Modul bereits ausgeführt. Die erneute Ausführung kann dann übersprungen werden, stattdessen wird das nachfolgende Modul aufgerufen:

```
var app = connect()
  .use(function (req, res, next) {
    if (req.foo) return next();
    req.foo = true;
    console.log('Pre');
    next();
    console.log('Post');
  })
  [...]
```

Nachteilig an diesem Vorgehen ist die Tatsache, dass die hinzugefügte Eigenschaft innerhalb der Anfrage auch für andere Module zugreifbar und daher quasi-global ist.

9.2.3   Setup-Funktionen für Module

Im vorangegangenen Beispiel wurde das Modul direkt der use-Funktion übergeben. Häufig werden Module jedoch aus externen Dateien geladen und müssen gegebenenfalls noch konfiguriert werden.

Hierzu bietet sich an, das eigentliche Modul in eine Setup-Funktion zu verpacken, die das Modul zunächst wunschgemäß konfiguriert und danach zurückgibt:

Module als Closures

```
var foo = function (options) {
  return function (req, res, next) {
    // Konfigurieren ...
  };
};
```

Die Setup-Funktion kann dabei prinzipiell über beliebige Parameter verfügen. Da das Modul aufgrund des Function Scoping von JavaScript eine Closure darstellt, kann es auf sämtliche Parameter der Setup-Funktion zugreifen und sein Verhalten dementsprechend konfigurieren.

9.2.4   Module an Routen binden

Unter Umständen kann es wünschenswert sein, einige Module in Abhängigkeit von der aufgerufenen Adresse auszuführen. Beispielsweise könnte gefordert sein, dass einige Module nur für Adressen unterhalb des /admin-Verzeichnisses ausgeführt werden.

Zu diesem Zweck kann der use-Funktion außer dem Modul auch eine Route übergeben werden, welche die Gültigkeit des Moduls auf Adressen einschränkt:

Module können auf Routen gebunden werden.

```
app.use('/admin', foo());
```

Dabei gilt, dass das Modul foo für alle Anfragen ausgeführt wird, die sich auf das Verzeichnis /admin oder ein Unterverzeichnis davon beziehen.

9.3   Die integrierten Module im Überblick

9.3.1   Kategorien

Connect verfügt von Haus aus bereits über eine Auswahl an mehr als 20 integrierten Modulen, die wie folgt in vier Kategorien eingeteilt werden können:

- Anfragen und Antworten
- Parser

- Webserver und Sessions
- Werkzeuge

Auf die wichtigsten Module soll im Folgenden in einem kurzen Überblick eingegangen werden. Eine ausführliche Beschreibung aller Module findet sich in der Dokumentation zu Connect[3].

9.3.2   Anfragen und Antworten

In diese Kategorie fallen alle Module, die der Analyse und Verarbeitung von eingehenden Anfragen und ausgehenden Antworten dienen oder in einem direkten Bezug dazu stehen:

basicAuth
- Das basicAuth-Modul fügt einer Anwendung Unterstützung für die http-Basic-Authentifizierung[4] hinzu. Die eigentliche Authentifizierung erfolgt über einen Callback, so dass beliebige Strategien implementiert werden können.

compress
- Das compress-Modul dient der Komprimierung von ausgehenden Antworten auf Basis von gzip und deflate. Das Modul prüft eigenständig, ob der vom Benutzer verwendete Webbrowser komprimierte Daten akzeptiert.

csrf
- Das csrf-Modul schützt eine Webanwendung vor *Cross Site Request Forgery*-Angriffen (CSRF), indem für jeden Benutzer ein Token generiert und dieses bei jeder Anfrage validiert wird.[5] Da das Token in der Session abgelegt wird, werden die Module cookieParser und session benötigt.

limit
- Das limit-Modul begrenzt das vom Webserver akzeptierte Datenvolumen von eingehenden Anfragen. Überschreitet die Größe einer Anfrage das zulässige Datenvolumen, wird diese abgebrochen.

methodOverride
- Das methodOverride-Modul fügt einer Anwendung Unterstützung für unechte http-Methoden hinzu, das heißt für POST-Anfragen, die PUT- oder DELETE-Anfragen tunneln.[6]

responseTime
- Das responseTime-Modul berechnet die Zeit, die zur Beantwortung einer eingehenden Anfrage benötigt wird, und sendet diese als Header in der ausgehenden Antwort an den Webbrowser zurück.

---

3.   *http://www.senchalabs.org/connect/*
4.   Die http-Basic-Authentifizierung ist als unsicher anzusehen, außer in Verbindung mit https. Steht https nicht zur Verfügung, sollte daher auf die wesentlich sicherere http-Digest-Authentifizierung zurückgegriffen werden, für die Connect allerdings kein integriertes Modul enthält.
5.   Dies gilt nicht für GET- und HEAD-Anfragen.
6.   *http://stackoverflow.com/questions/8378338/what-does-connect-js-methodoverride-do*

9.3.3   Parser

Diese Kategorie enthält alle Module, die Daten eines Formats verarbeiten und diese in ein anderes Format umwandeln:

- Das bodyParser-Modul verarbeitet den Körper von eingehenden Anfragen. Es unterstützt die Formate `application/json`, `application/x-www-form-urlencoded` und `multipart/form-data`. Die Verwendung dieses Moduls ist äquivalent zu der Verwendung der Module json, urlencoded und multipart. *bodyParser*

- Das cookieParser-Modul analysiert die in einer eingehenden Anfrage enthaltenen Cookies und stellt diese in dem Objekt `req.cookies` zur Verfügung. Optional können Cookies signiert werden. *cookieParser*

- Das json-Modul verarbeitet den Körper von eingehenden Anfragen und unterstützt das Format `application/json`. Es wird intern vom bodyParser-Modul verwendet und muss daher nicht zusätzlich eingebunden werden. *json*

- Das multipart-Modul verarbeitet den Körper von eingehenden Anfragen und unterstützt das Format `multipart/form-data`. Es wird intern vom bodyParser-Modul verwendet und muss daher nicht zusätzlich eingebunden werden. *multipart*

- Das query-Modul analysiert den in einer eingehenden Anfrage enthaltenen Querystring und stellt dessen Werte in dem Objekt `req.query` zur Verfügung. *query*

- Das urlencoded-Modul verarbeitet den Körper von eingehenden Anfragen und unterstützt das Format `application/x-www-form-urlencoded`. Es wird intern vom bodyParser-Modul verwendet und muss daher nicht zusätzlich eingebunden werden. *urlencoded*

9.3.4   Webserver und Sessions

In dieser Kategorie sind alle Module enthalten, die Aufgaben eines Webservers übernehmen und Sessions verwalten können:

- Das cookieSession-Modul stellt Sessions auf Basis von Cookies zur Verfügung, das heißt, die gesamte Session wird in ein Cookie serialisiert und von dort wieder deserialisiert. *cookieSession*

- Das directory-Modul dient der formatierten Ausgabe einer Dateiliste für ein angegebenes Verzeichnis, wobei ein Filter verwendet werden kann. Auf Wunsch können auch versteckte Dateien ausgegeben werden. *directory*

- Das favicon-Modul kümmert sich um das Senden der Datei `favicon.ico`, wobei ein Cache verwendet wird, so dass die Datei nicht bei jedem Zugriff aus dem Dateisystem gelesen werden muss. *favicon session*   ▨   Das session-Modul fügt einer Anwendung Unterstützung für Sessions hinzu, wobei die jeweilige ID einer Session in einem Cookie persistiert wird. Die Daten der einzelnen Sessions werden standardmäßig im Arbeitsspeicher hinterlegt, alternativ können aber auch andere Datenquellen integriert werden. Da Cookies verwendet werden, wird das cookieParser-Modul benötigt.

static   ▨   Das static-Modul kümmert sich um das Senden von statischen Dateien. Allerdings wird kein Cache verwendet, so dass die einzelnen Dateien bei jedem Zugriff erneut aus dem Dateisystem gelesen werden müssen.

staticCache   ▨   Das staticCache-Modul stellt einen Cache für das static-Modul zur Verfügung. Der Cache arbeitet mit einer LRU-Strategie[7] und begrenzt sowohl Anzahl als auch Größe der gecachten statischen Dateien.

vhost   ▨   Das vhost-Modul fügt einer Anwendung Unterstützung für verschiedene Hostheader hinzu, so dass je nach angeforderter Adresse eine andere Webanwendung ausgeführt werden kann.

9.3.5   Werkzeuge

Diese Kategorie enthält alle Module, die Hilfsmittel oder notwendige Grundlagen für die übrigen Module zur Verfügung stellen:

errorHandler   ▨   Das errorHandler-Modul ist ein vorgefertigtes Fehlermodul für die Entwicklung von Webanwendungen, das im Falle eines Fehlers die entsprechende Fehlermeldung und den jeweiligen Callstack als Antwort an den Webbrowser ausgibt.

logger   ▨   Das logger-Modul protokolliert alle eingehenden Anfragen in einen übergebenen Stream. Das Format des Protokolls kann dabei frei definiert werden.

9.4   Module von Drittanbietern

9.4.1   Datenquellen für Sessions

Das session-Modul von Connect hinterlegt die Daten der einzelnen Sessions standardmäßig im Arbeitsspeicher, was bei serverübergreifenden Webanwendungen und Anwendungsabstürzen gegebenenfalls zu Problemen führen kann.

---

7.   *http://de.wikipedia.org/wiki/Least_recently_used*

Da das session-Modul von Haus aus dafür ausgelegt ist, andere *Sessions persistieren* Datenquellen zu integrieren, bieten verschiedene Drittanbieter entsprechende Module zu diesem Zweck an. Unterstützt werden folgende Datenquellen[8]:

- CouchDB[9]
- memcached[10]
- MongoDB[11]
- nStore[12]
- PostgreSQL[13]
- Redis[14]

Beispielhaft soll im Folgenden gezeigt werden, wie die NoSQL-Daten- *Redis als Datenquelle für* bank Redis als Datenquelle für Sessions verwendet werden kann. *Sessions verwenden*

Zunächst wird das Modul connect-redis mit Hilfe von npm lokal installiert:

```
$ npm install connect-redis
```

Anschließend kann das Modul importiert, mit Connect verknüpft und als Datenquelle an das session-Modul von Connect übergeben werden:

```
var http = require('http'),
    connect = require('connect'),
    RedisStore = require('connect-redis')(connect);
var app = connect()
  .use(connect.cookieParser())
  .use(connect.session({
    store: new RedisStore(),
    secret: 'foo'
  }));
http.createServer(app).listen(3000);
```

Bei Bedarf können weitere Parameter wie beispielsweise der Name des Datenbankservers, dessen Port, der Name der zu verwendenden Datenbank oder die Zugangsdaten zu dieser Datenbank übergeben werden.

Der tatsächliche Zugriff auf die Session erfolgt im Code nun über das Objekt req.session, das im Hintergrund beständig mit den in Redis abgelegten Daten synchronisiert wird.

---

8. Stand Februar 2012, siehe *https://github.com/senchalabs/connect/wiki*
9. *https://github.com/tdebarochez/connect-couchdb*
10. *https://github.com/balor/connect-memcached*
11. *https://github.com/masylum/connect-mongodb*
12. *https://github.com/creationix/nstore-session*
13. *https://github.com/jebas/connect-pg*
14. *https://github.com/visionmedia/connect-redis*

9.4.2   Sonstige Module

Neben der Unterstützung verschiedener Datenquellen für Sessions stehen noch zahlreiche weitere Module für Connect zur Verfügung. Eine ausführliche Liste, die regelmäßig um neue Einträge erweitert wird, findet sich im Wiki von Node.js.[15]

9.5   Das Beispielprojekt

9.5.1   Anforderungen und Einschränkungen

Die bisherige Implementierung von silkveil.js soll in diesem Kapitel erweitert werden. Folgende Anforderungen werden gestellt:

Anforderungen
- Das bisherige redirect-Modul wird derart erweitert, dass es kompatibel zu Connect ist.
- Die Anwendung wird auf die Verwendung von Connect als Middleware umgestellt.

Einschränkungen Die in den vorherigen Kapiteln definierten Einschränkungen gelten auch in diesem Kapitel.

9.5.2   Implementierung

Die Erweiterung des Moduls gestaltet sich ausgesprochen einfach. Zunächst muss die Setup-Funktion derart angepasst werden, dass die Signatur der zurückgegebenen Funktion der von Connect erwarteten entspricht:

```
[...]
return function(req, res, next) {
  var hostHeader = req.headers.host || '';
  [...]
```

Außerdem muss die next-Funktion auch aufgerufen werden, zumindest dann, wenn keine Weiterleitung stattfindet. Dazu wird die bisherige return-Anweisung um den entsprechenden Aufruf ergänzt:

```
[...]
if(hostHeader.indexOf('localhost') === 0 ||
   hostHeader.indexOf(domain) === 0) {
  return next();
}
[...]
```

---

15. *https://github.com/joyent/node/wiki/modules#wiki-middleware-connect*

Alternativ kann zusätzlich zu dem eigentlichen Aufruf von next *Kompatibilität zu Connect* geprüft werden, ob diese Funktion überhaupt zur Verfügung steht: *als Option*

```
[...]
if(hostHeader.indexOf('localhost') === 0 ||
   hostHeader.indexOf(domain) === 0) {
  if (next) next();
  return;
}
[...]
```

Auf diese Art ist das Modul kompatibel zu Connect, kann aber bei Bedarf auch ohne Connect verwendet werden: Da die next-Funktion in diesem Fall nicht übergeben wird, schlägt die if-Anweisung fehl und das Modul kehrt wie gehabt zu dessen Aufrufer zurück.

Aus diesem Grund kann silkveil.js deshalb auch mit geändertem *Connect einbinden* Weiterleitungsmodul ohne jegliche Anpassung weiterhin ausgeführt werden. Trotzdem ist es sinnvoll, Connect einzubinden, unter anderem, um auch andere Module auf einfache Art integrieren zu können.

Dazu muss zunächst außer dem http-Modul auch Connect importiert werden:

```
var http = require('http'),
    connect = require('connect');
[...]
```

Danach muss die bisherige Anwendung als Modul für Connect bereit- *Anwendung als Modul* gestellt werden. Dazu genügt es, mit Hilfe der connect-Funktion eine *bereitstellen* neue Instanz einer Anwendung zu erzeugen und dieser den bisherigen Code der Anwendung als Modul zu übergeben. Außerdem muss das Binden der Anwendung an einen Port nun über die Connect-Anwendung erfolgen:

```
[...]
var actions = require('./actions.js');
var app = connect();
app.use(function (req, res) {
  redirect(req, res);
  [...]
  actions[mapping.action](res, mapping);
});
http.createServer(app).listen(process.env.PORT || 3000);
```

Da die Weiterleitung nun mit Hilfe eines eigenständigen Moduls erfolgen kann, muss zudem die Zeile mit dem bislang erforderlichen expliziten Aufruf

```
redirect(req, res);
```

gelöscht werden. Stattdessen muss lediglich das redirect-Modul registriert werden:

```
[...]
var app = connect();
app.use(redirect);
app.use(function (req, res) {
  var alias = req.url.substring(1);
  [...]
```

Wird silkveil.js nun gestartet, werden das Weiterleitungs- und das eigentliche Anwendungsmodul in der angegebenen Reihenfolge ausgeführt.

9.6   Zusammenfassung

Connect ist eine leistungsfähige Middleware für Node.js, die sich zwischen eingehender Anfrage und deren Verarbeitung einklinkt. Dort stellt sie eine Zuständigkeitskette zur Verfügung, der Module hinzugefügt werden können.

Module können als Filter oder Prozessoren fungieren und sowohl die eingehende Anfrage als auch die ausgehende Antwort verarbeiten. Alternativ können Module auch gezielt der Fehlerbehandlung dienen, die dann nur im Falle eines Fehlers aufgerufen werden.

Um Connect zu verwenden, genügt es, eine Instanz von Connect zu erzeugen und diese der createServer-Funktion des http-Moduls zu übergeben. Die use-Funktion von Connect ermöglicht das Einhängen von Modulen, wobei Module bei Bedarf an eine dedizierte Route gebunden werden können.

Connect enthält von Haus bereits über 20 vorgefertigte Module. Da Connect den Industriestandard einer Middleware für Node.js darstellt, stehen zudem zahlreiche Module von Drittanbietern zur Verfügung.

10 Ein Grundgerüst für jede Webanwendung: Express

Eine Middleware wie Connect ermöglicht die komponentenorientierte Entwicklung und Integration von Infrastrukturcode. Während dies die Implementierung von sekundären Belangen wie Authentifizierung oder Internationalisierung unterstützt, fehlt eine entsprechende Hilfestellung für die primären Belange einer Webanwendung weitestgehend.

Wünschenswert wären beispielsweise unterschiedliche Konfigurationen einer Webanwendung während des Entwicklungs- und des Produktivbetriebs, ein einfach zu konfigurierendes Routing von eingehenden Anfragen auf entsprechende Handler und das dynamische Erzeugen von Webseiten auf Basis von Vorlagen.

Daher stellt Connect zwar eine ausgezeichnete Basis für die Entwicklung von Webanwendungen dar, bedarf jedoch noch einer Ergänzung. Diese bietet das Webframework *Express*[1], das intern auf Connect basiert und die genannten fehlenden Aspekte enthält.

Connect als Grundlage von Express

10.1 Express installieren

10.1.1 Installation

Die Installation von Express erfolgt auf dem üblichen Weg mit Hilfe von npm im lokalen Kontext der Webanwendung:

```
$ npm install express
```

Anschließend kann Express durch einen Aufruf der require-Funktion importiert werden:

Express importieren

```
var express = require('express');
```

---

1. *http://expressjs.com/*

10.1.2   Eine Webanwendung erzeugen

Die Instanziierung einer Webanwendung erfolgt bei Express auf die gleiche Art wie bereits bei Connect:

```
var app = express();
http.createServer(app).listen(3000);
```

Auch bei Express ist es möglich, die erzeugte Anwendung ergänzend oder alternativ einem https-Server zu übergeben.

Eine Route für/registrieren   Damit die neu erzeugte Webanwendung auf eingehende Anfragen registriert, muss ihr eigentlicher Code noch integriert werden. Dies geschieht durch den Aufruf der get-Funktion, die neben einem Callback eine Route entgegennimmt:

```
var app = express();
app.get('*', function (req, res) {
  res.contentType('text/html');
  res.send(200, 'Hallo Welt!');
});
http.createServer(app).listen(3000);
```

Die Route * dient dabei als Platzhalter und bewirkt, dass der angegebene Callback für jede eingehende Anfrage aufgerufen wird.

Vereinfachtes Senden   Die Funktionen contentType und send sind Express-spezifische
von Daten   Erweiterungen des res-Objekts. Sie vereinen die notwendigen Aufrufe von res.writeHead, res.write und res.end.

Der Aufruf der contentType-Funktion könnte in diesem Beispiel streng genommen sogar entfallen, da die Funktion send im Falle einer Zeichenkette als zweitem Parameter standardmäßig den MIME-Type text/html an den Webbrowser sendet.

10.1.3   Express global installieren

Zusätzlich zu der Installation in den lokalen Kontext einer Webanwendung kann Express auch global installiert werden:

```
$ sudo npm install -g express
```

Danach steht die Anwendung express zur Verfügung, die das initiale Rahmenwerk einer Webanwendung erzeugt, so dass dies nicht bei jeder Webanwendung erneut von Hand erledigt werden muss.

Das initiale Rahmenwerk   Die Form dieses Rahmenwerks kann dabei durch die Angabe von
konfigurieren   Parametern konfiguriert werden. So aktiviert beispielsweise der Parameter --session die Unterstützung von Sessions, zudem können verschiedene Komponenten zum dynamischen Erzeugen von Webseiten auf Basis von Vorlagen hinzugefügt werden.

Eine vollständige Liste aller unterstützten Parameter erhält man unter Angabe des Parameters --help:

```
$ express --help

  Usage: express [options]

  Options:

    -h, --help       output usage information
    -V, --version    output the version number
    -s, --sessions   add session support
    -e, --ejs        add ejs engine support (defaults to jade)
    -J, --jshtml     add jshtml engine support (defaults to jade)
    -S, --stylus     add stylus support
    -f, --force      force on non-empty directory
```

Um ein besseres Verständnis für den internen Aufbau einer auf Express basierenden Webanwendung zu erhalten, empfiehlt es sich jedoch für den Anfang, auf das automatisierte Erzeugen des Rahmenwerks zu verzichten und die erforderlichen Schritte stattdessen von Hand durchzuführen.

Das Vorgehen von Hand fördert das Verständnis des internen Aufbaus.

10.2   Webanwendungen konfigurieren

10.2.1   Konfigurationsblöcke verwenden

Da Express auf Connect basiert, kann eine auf Express basierende Webanwendung wiederum um Module ergänzt werden. Dazu dient die bereits aus Connect bekannte use-Funktion, die in Express allerdings in die configure-Funktion gekapselt wird:

```
var app = express();
app.configure(function () {
  app.use(app.router);
});
app.get('*', function (req, res) {
  [...]
```

Das Modul app.router dient dabei dazu, Routen wie * zu binden. Allerdings ist dieser Aufruf optional, da er spätestens bei der ersten Definition einer Route implizit ausgeführt wird.

Interessanter als der Router ist daher die Fähigkeit von Express, sämtliche für Connect entwickelten Module weiterverwenden zu können. Dies schließt insbesondere die in Connect bereits enthaltenen Module ein.

Module von Connect verwenden

Damit für deren Verwendung aber nicht auch noch Connect importiert werden muss, reicht Express diese Module durch. Auf diese

Art können alle in Connect integrierten Module verwendet werden, als ob sie in Express selbst enthalten wären:

```
var app = express(),
app.configure(function () {
  app.use(express.bodyParser());
  app.use(express.methodOverride());
  app.use(app.router);
});
app.get('*', function (req, res) {
  [...]
```

Kontextabhängige
configure-Blöcke

Express bietet die Möglichkeit, weitere `configure`-Blöcke zu definieren, die in Abhängigkeit von der im Betriebssystem gesetzten Umgebungsvariablen `NODE_ENV` aktiviert werden.

Hierfür werden der `configure`-Funktion außer einem Callback ein oder mehrere Bezeichner übergeben. Während des Starts der Webanwendung vergleicht Express diese Bezeichner mit dem Wert der Umgebungsvariablen `NODE_ENV`. Gibt es eine Übereinstimmung, wird der entsprechende `configure`-Block ausgeführt:

```
var app = express(),
app.configure(function () {
  [...]
});
app.configure('development', function () {
  [...]
});
app.configure('production', function () {
  [...]
});
app.configure('development', 'production', function () {
  [...]
});
app.get('*', function (req, res) {
  [...]
```

Von den vier in diesem Beispiel verwendeten `configure`-Blöcken wird der erste stets ausgeführt. Die Ausführung der übrigen drei erfolgt kontextabhängig, wobei der letzte Block auf zwei Werte gebunden wird.

Umgebungsvariable
NODE_ENV setzen

Der Wert der Umgebungsvariablen `NODE_ENV` wird üblicherweise gesetzt, indem der Aufruf von Node.js um die entsprechende Zuweisung ergänzt wird:

```
$ NODE_ENV=production node app.js
```

Diese Art des Aufrufs ist für den Produktivbetrieb einer auf Express basierenden Webanwendung ausgesprochen wichtig, da zahlreiche

Optimierungen von Express nur dann aktiviert werden, wenn die Umgebungsvariable `NODE_ENV` den Wert `production` aufweist.

10.2.2   Konfigurationseinstellungen von Express

Ein `configure`-Block kann jedoch nicht nur verwendet werden, um kontextabhängig verschiedene Module zu laden, sondern auch, um Konfigurationseinstellungen von Express vorzunehmen.

Hierfür dienen die Funktionen `app.set`, `app.enable` und `app.disable`. Die Funktion set-Funktion erwartet zwei Parameter: Einen Schlüssel und einen Wert, auf den der jeweilige Schlüssel gesetzt werden soll. Die beiden anderen Funktionen sind lediglich Abkürzungen für den Aufruf von

app.set, app.enable und app.disable

```
app.set('key', true);
```

beziehungsweise von:

```
app.set('key', false);
```

Prinzipiell können als Schlüssel beliebige Bezeichner übergeben werden, was beispielsweise zur externen Konfiguration von Modulen genutzt werden kann.

Da dies jedoch auch über die entsprechende Setup-Funktion des jeweiligen Moduls gelöst werden kann, ist das häufiger auftretende Szenario, dass Express selbst konfiguriert werden soll.

Express konfigurieren

Hierfür stehen verschiedene Schlüssel zur Verfügung, von denen die wichtigsten im Folgenden erläutert werden:

- `basepath`:
  Dieser Schlüssel dient dazu, den Basispfad der Webanwendung festzulegen, der beispielsweise bei Umleitungen angewendet wird.

- `views`:
  Dieser Schlüssel gibt das Verzeichnis an, in dem Express nach Vorlagen für dynamisch erzeugte Webseiten sucht.

- `view engine`:
  Dieser Schlüssel gibt den Namen der Komponente an, die zum Erzeugen dynamischer Webseiten auf Basis von Vorlagen dient.

- `view caching`:
  Wird dieser Schlüssel auf den Wert `true` gesetzt, aktiviert Express den Cache für Vorlagen.

- `case sensitive routes`:
  Wird dieser Schlüssel auf den Wert `true` gesetzt, unterscheidet Express zwischen Groß- und Kleinschreibung innerhalb von Routendefinitionen.

▒ `strict routing`:

Wird dieser Schlüssel auf den Wert `true` gesetzt, werden abschließende Schrägstriche in Routendefinitionen nicht ignoriert.

Eine vollständige Liste aller verfügbaren Konfigurationseinstellungen findet sich in der Dokumentation von Express.[2]

10.3   Routen verwenden

10.3.1   Routen definieren

Bislang wurde lediglich die Route `*` verwendet, die als Platzhalter auf alle eingehenden Anfragen reagiert. Alternativ können aber auch Pfade verwendet werden, um beispielsweise eine virtuelle Verzeichnisstruktur in Express abzubilden:

```
app.get('/foo', function (req, res) {
    // ...
});
```

Verschiedene Routen für einen Pfad

Bei Bedarf können auch verschiedene Routen für den gleichen Pfad definiert werden. In diesem Fall wird die in der Datei zuerst vorkommende verwendet.

Wird dem Callback der Route wie bei Connect allerdings außer dem req- und dem res-Objekt auch die next-Funktion übergeben, ist es darüber möglich, die Ausführung an die nächste passende Route zu übergeben:

```
app.get('/foo', function (req, res, next) {
    // ...
    next();
});
```

Routen als regulärer Ausdruck

Intern werden Routen als regulärer Ausdruck verarbeitet, so dass anstelle einer Zeichenkette auch direkt ein regulärer Ausdruck übergeben werden kann, um beispielsweise Routen zu erzeugen, die auf ein bestimmtes Format der angeforderten Adresse reagieren:

```
app.get(/^\/foo/, function (req, res) {
    // ...
});
```

Diese Route reagiert aufgrund des verwendeten regulären Ausdrucks `/^\/foo/` auf alle eingehenden Anfragen, deren zugehörige Adresse mit `/foo` beginnt:

---

2.   *http://expressjs.com/guide.html#settings*

▨ /foo
▨ /foobar
▨ /foo/bar
▨ /foo.bar
▨ ...

An dieser Stelle wird deutlich, wozu der bereits erwähnte Aufruf des *Reihenfolge der*
app.router-Moduls dient: Über die Reihenfolge der Moduldefinitionen *Routenkonfiguration*
kann die Verarbeitung der Routen beispielsweise vor oder nach einem *definieren*
statischen Dateiserver stattfinden.

Findet der Aufruf von app.router vor der Integration des statischen
Dateiservers statt, haben die Routen höhere Priorität als potenziell
physisch vorhandene Dateien; findet er danach statt, greifen die Routen
nur, wenn keine Datei des angeforderten Namens physisch existiert.

10.3.2 Parameter verwenden

Routen können darüber hinaus parametrisiert werden, beispielsweise
um einen REST-kompatiblen Endpunkt zu definieren, über den Datensätze anhand ihrer ID geladen werden können:

```
app.get('/foo/:id', function (req, res) {
  // ...
});
```

Ein Parameter wird innerhalb einer Route durch einen Doppelpunkt
eingeleitet, in diesem Fall enthält die Route also einen Parameter, nämlich :id.

Der Zugriff auf Parameter erfolgt innerhalb des Callbacks mit *Zugriff auf Parameter*
Hilfe des Objekts req.params, dem die einzelnen Parameter von Express
hinzugefügt werden:

```
app.get('/foo/:id', function (req, res) {
  console.log('id: ' + req.params.id);
  // ...
});
```

Wird diese Route nun beispielsweise über die Adresse /foo/23 aufgerufen, so enthält req.params.id den Wert 23.

Als Trenner von Parametern dient standardmäßig der Schräg- *Routen mit mehreren*
strich. Der Aufruf der Adresse /foo/23/5 passt daher nicht zu der ange- *Parametern*
gebenen Route, stattdessen wäre die Definition einer gesonderten
Route erforderlich, die zwei Parameter erwartet:

```
app.get('/foo/:id/:subId', function (req, res) {
  console.log('id: ' + req.params.id);
  console.log('subId: ' + req.params.subId);
  // ...
});
```

Optionale Parameter   Bei Bedarf können Parameter als optional gekennzeichnet werden, indem ihnen das Suffix ? angehängt wird. Wird die zuvor genannte Route also als

```
app.get('/foo/:id/:subId?', function (req, res) {
```

definiert, kann sie sowohl mit einem als auch mit zwei Parametern aufgerufen werden. Entfällt der zweite Parameter beim Aufruf, enthält req.params.subId den Wert undefined.[3]

Parameter als Bestandteil   Bemerkenswert ist, dass Parameter nicht nur als eigenständiges
eines Routenfragments   Routenfragment zwischen zwei Schrägstrichen auftreten können, sondern auch als Bestandteil eines Routenfragments.

Auf diese Art kann beispielsweise das Format einer Anfrage wie eine Dateiendung angegeben werden:

```
app.get('/foo.:format', function (req, res) {
```

Diese Route kann nun beispielsweise mit /foo.xml und /foo.json aufgerufen werden. Selbstverständlich kann ein solcher Parameter seinerseits wiederum optional sein:

```
app.get('/foo.:format?', function (req, res) {
```

Diese Route kann nun beispielsweise mit /foo.xml und /foo.json aufgerufen werden – oder auch nur mit /foo, wobei dann der Punkt entfällt, da er lediglich das Trennzeichen zum zweiten, nicht vorhandenen, Parameter darstellt.

10.4 Middleware verwenden

10.4.1   Middleware für Routen

Auf die gleiche Art wie Connect eine Middleware für den Webserver darstellt, kann Express als Middleware für Routen verwendet werden. Damit ist es möglich, generischen Infrastrukturcode in einzelne Routen zu integrieren, um sekundäre Belange wie beispielsweise Datenbankzugriffe zu bündeln.

---

3.   Genau genommen enthält req.params.subId nicht den Wert undefined, sondern die Eigenschaft existiert gar nicht. Da JavaScript beim Zugriff auf eine nicht vorhandene Eigenschaft allerdings den Wert undefined zurückgibt, kann zwischen diesen beiden Fällen nicht unterschieden werden.

Wie bei Connect gilt auch hier, dass solcher Code per definitionem nicht domänenspezifisch ist und im Idealfall als Komponente von der Stange in unterschiedliche Routen eingefügt werden kann. Voraussetzung hierfür sind jedoch wiederum einheitliche Schnittstellen zur Integration.

Die Schnittstellen sind praktischerweise identisch zu denen von Connect, so dass auch Middleware für Routen lediglich eine Funktion mit den Parametern req, res und next darstellt.

Einheitliche Schnittstellen für Middleware für Routen

Um also beispielsweise den Zugriff auf eine Route in der Konsole zu protokollieren, könnte folgendes Modul geschrieben werden:

```
var log = function () {
  return function (req, res, next) {
    req.params.id && console.log('id: ' + req.params.id);
    next();
  };
};
```

Um dieses Modul nun einer Route hinzuzufügen, genügt es, dessen Setup-Funktion zwischen der Routendefinition und dem Callback aufzurufen:

```
app.get('/foo/:id', log(), function (req, res) {
```

Wird die entsprechende Route aufgerufen, wird vor dem Callback nun zunächst das hinzugefügte Modul ausgeführt. Da ein Modul die Objekte req und res beliebig verändern kann, können darüber auch Daten an nachfolgende Module beziehungsweise den Callback übergeben werden.

Bei Bedarf kann einer Route nicht nur ein Modul hinzugefügt werden, sondern auch mehrere: Dazu müssen deren Setup-Funktionen lediglich kommasepariert nacheinander in der gewünschten Reihenfolge aufgerufen werden.

Verschiedene Module hinzufügen

Alternativ kann auch ein Array übergeben werden, das die entsprechenden Aufrufe enthält. Zudem können beide Verfahren beliebig miteinander vermischt werden.

Gelegentlich kann es wünschenswert sein, die Verarbeitung einer Route bereits in einem Modul abzubrechen und die Ausführung mit der nächsten passenden Route fortzusetzen.

Eine Route abbrechen

Ein einfacher Aufruf der next-Funktion genügt in diesem Fall nicht, da dies lediglich die Ausführung an das nächste Modul oder den Callback, jedoch innerhalb derselben Route, übergeben würde. Deshalb muss der next-Funktion in diesem Fall der Parameter 'route' übergeben werden.

10.4.2   Middleware für Parameter

Außer für Routen kann Middleware auch nur für einzelne Parameter einer Route verwendet werden, um beispielsweise eine Validierung des Parameters durchzuführen.

Die Schnittstelle eines solchen Moduls weicht leicht von jener der bisherigen Module ab, da der Wert des betroffenen Parameters als vierter Wert von Express übergeben wird. Die übrige Logik folgt allerdings dem bereits bekannten Schema:

```
var logId = function () {
  return function (req, res, next, id) {
    console.log('id: ' + id);
    next();
  };
};
```

app.param   Die Zuordnung zu einem einzelnen Parameter erfolgt jedoch nicht in der Definition der jeweiligen Routen, sondern einmal global für die gesamte Webanwendung. Hierzu dient die app.param-Funktion, die wie folgt aufgerufen wird:

```
app.param('id', logId());
```

Die Zuordnung zu dem konkreten Parameter einer Route erfolgt dabei ausschließlich anhand des Namens des Parameters, in diesem Fall also id.

10.5   http-Methoden verarbeiten

10.5.1   POST

Die bislang verwendete Funktion app.get erfüllt ihren Zweck, sofern die Route mit dem http-Verb GET aufgerufen wird. Doch nicht alle Aufrufe verwenden GET: So werden vom Benutzer im Webbrowser ausgefüllte Formulare beispielsweise üblicherweise mit dem Verb POST an den Webserver gesendet.

app.post   Um auf derartige Anfragen reagieren zu können, stellt Express die Funktion app.post zur Verfügung, die abgesehen von dem unterschiedlichen http-Verb exakt identisch arbeitet wie die Funktion app.get.

Zugriff auf die übertragenen Daten   Da es bei eingehenden Anfragen, die mit dem Verb POST gesendet werden, in der Regel sinnvoll ist, auf die innerhalb der Anfrage übertragenen Daten zugreifen zu können, müssen diese zunächst in ein verwendbares Format umgewandelt werden, wie beispielsweise JSON.

Dazu dient das bereits im Zusammenhang mit Connect erwähnte Modul bodyParser, das die übertragenen Daten in der Variablen req.body zur Verfügung stellt.

10.5.2 PUT und DELETE

Neben den Funktionen app.get und app.post stehen außerdem die Funktionen app.put und app.del zur Verfügung, die der Verarbeitung der http-Verben PUT und DELETE dienen.

Allerdings besteht nicht immer die Möglichkeit, diese Verben zu senden: So erlauben die gängigen Webbrowser den Versand von Formularen beispielsweise nur per GET oder POST, nicht jedoch per PUT oder DELETE.

Um diese Verben dennoch nutzen zu können, bietet sich die Technik der sogenannten *Faux Methods* an, bei der PUT- und DELETE-Anfragen über POST getunnelt werden.

Faux Methods verwenden

Dazu genügt es auf der Clientseite, das gewünschte Verb in einem versteckten Formularfeld namens _method oder einem Header der Anfrage namens X-http-Method-Override unterzubringen und die eigentliche Anfrage per POST an den Webserver zu senden:

```
<form method="post" action="...">
  <input type="hidden" name="_method" value="put" />
  [...]
</form>
```

Express kann diese Faux Methods mit Hilfe des bereits aus Connect bekannten Moduls methodOverride erkennen und transparent auf die gewünschten Verben umsetzen, so dass die Funktionen app.put und app.delete ohne Einschränkung verwendet werden können.

methodOverride verwenden

10.5.3 Methodenunabhängiger Code

Gelegentlich soll eine Route auf Anfragen unabhängig vom verwendeten http-Verb reagieren. Dazu dient in Express die Funktion app.all.

10.6 Webseiten dynamisch erzeugen

10.6.1 Vorlagen verwenden

Zu guter Letzt bietet Express die Möglichkeit, Webseiten dynamisch auf Basis von Vorlagen zu erzeugen. Dabei werden verschiedene Formate von Vorlagen unterstützt, unter anderem Jade[4], EJS[5] und JsHtml[6].

Damit Vorlagen verwendet werden können, muss prinzipiell lediglich ein geeigneter Parser für die Vorlage vorhanden sein. Ist ein solcher vorhanden, kann die Vorlage mit Hilfe der `res.render`-Funktion verarbeitet und an den Webbrowser gesendet werden:

```
res.render('index.jade');
```

Verzeichnis für Vorlagen definieren Die Vorlage wird dabei im aktuellen Verzeichnis gesucht. Da in der Regel ein eigenes Verzeichnis für Vorlagen existiert, kann dessen Pfad über die Einstellung `views` von Express einmal beim Start der Webanwendung konfiguriert werden:

```
app.set('views', __dirname + '/views');
```

Auf diese Art muss das Verzeichnis nicht bei jedem Aufruf der `res.render`-Funktion explizit angegeben werden.

Parser auswählen Welcher Parser für eine konkrete Vorlage verwendet wird, entscheidet Express auf Basis der Dateinamenserweiterung. Alternativ kann mit Hilfe der Einstellung `view engine` von Express auch ein Standardparser definiert werden:

```
app.set('view engine', 'jade');
```

Nachdem diese Einstellung einmal vorgenommen wurde, kann die Dateinamenserweiterung beim Aufruf der Funktion `res.render` entfallen:

```
res.render('index');
```

Daten und Vorlage verknüpfen Werden Vorlagen verwendet, sollen diese in der Regel mit dynamisch erzeugten Daten verknüpft werden. Dazu wird dem Parser neben dem Dateinamen der Vorlage ein Objekt übergeben, das die entsprechenden Daten enthält:

```
res.render('index', { foo: 'bar' });
```

Das Ergebnis der Verknüpfung wird von Express an den Webclient gesendet und die Verbindung anschließend geschlossen.

---

4. *http://jade-lang.com/*
5. *http://embeddedjs.com/*
6. *https://github.com/elmerbulthuis/jshtml*

10.6.2   Parser integrieren

Neben der Möglichkeit, einen Standardparser mit Hilfe der `view` `engine`-Einstellung zu definieren, ermöglicht Express die Konfiguration weiterer Parser, die mit bestimmten Dateinamenserweiterungen verknüpft werden.

Dazu dient die `app.engine`-Funktion, der neben der Dateinamenserweiterung der Parser übergeben werden muss. Um also beispielsweise alle `.html`-Dateien mit Jade zu parsen, muss die Funktion `app.engine` wie folgt aufgerufen werden:

```
app.engine('html', require('jade'));
```

Die Integration eines Parsers in Express funktioniert auf diesem Weg mit allen Parsern, die eine Funktion namens `__express` mit folgender Signatur exportieren:

Eine einheitliche Schnittstelle für alle Parser

```
function __express(filename, options, callback);
```

Der Callback muss dabei der folgenden Signatur entsprechen:

```
function callback(err, string);
```

Doch auch, wenn ein Parser diese von Express geforderte Schnittstelle nicht erfüllt, kann er integriert werden.

Beliebige Parser integrieren

Der `app.engine`-Funktion kann anstelle des Parsers nämlich auch ein Callback übergeben werden, der die entsprechende Signatur aufweist und die erforderliche Anpassung an den jeweiligen Parser vornimmt:

```
app.engine('extension', function (filename, options, callback) {
  parser([...], function (err, string) {
    callback(err, string);
  });
});
```

Auf diesem Weg ist die Integration nahezu jedes beliebigen Parsers möglich.

10.7   Das Beispielprojekt

10.7.1   Anforderungen und Einschränkungen

Die bisherige Implementierung von silkveil.js soll in diesem Kapitel erweitert werden. Folgende Anforderungen werden gestellt:

Anforderungen
- Die Anwendung wird auf die Verwendung von Express anstelle von Connect umgestellt.
- Jeglicher Code wird, sofern aufgrund von Express möglich, vereinfacht.

Einschränkungen   Die in den vorherigen Kapiteln definierten Einschränkungen gelten auch in diesem Kapitel.

10.7.2   Implementierung

Um Connect durch Express zu ersetzen, besteht der erste Schritt in einer Anpassung der Datei `package.json`. In dieser Datei wird das Modul Connect entfernt und stattdessen Express als Abhängigkeit eingetragen:

```
[...]
"dependencies": {
  "express": "3.0.0",
  "moment": "1.6.2",
  [...]
```

Anschließend kann Connect mit Hilfe von npm deinstalliert und Express kann installiert werden:

```
$ npm rm connect
$ npm install
```

Konfiguration der Webanwendung   Danach kann die eigentliche Webanwendung in der Datei `app.js` angepasst werden. Hierbei gilt es zunächst, alle Referenzen auf Connect durch solche zu Express zu ersetzen und die Verwendung des Weiterleitungsmoduls innerhalb einer `configure`-Funktion vorzunehmen:

```
var http = require('http'),
    express = require('express');
[...]
var actions = require('./actions.js');
var app = express();
app.configure(function () {
  app.use(redirect);
});
[...]
```

Anschließend kann der bisherige Code der eigentlichen Webanwen- *Routen einführen*
dung vereinfacht werden, indem er auf die Route /:alias gebunden
wird, so dass der Alias als Parameter zur Verfügung steht und nicht
von Hand aus der eingehenden Anfrage extrahiert werden muss:

```
app.get('/:alias', function (req, res) {
  var mapping = mappings[req.params.alias] || {
    [...]
  actions[mapping.action](res, mapping);
});
http.createServer(app).listen(process.env.PORT || 3000);
```

Schlussendlich kann der Code der Actions vereinfacht werden. Die *Actions vereinfachen*
Action error reduziert sich auf eine einzige Zeile, da alle erforderlichen
Parameter direkt der res.send-Funktion von Express übergeben wer-
den können:

```
'error': function (res, mapping) {
  res.send(mapping.statusCode,
          mapping.statusCode + ' ' + mapping.data);
},
```

Ebenso verhält es sich mit der Action redirect, deren Code aufgrund
der Verwendung der res.redirect-Funktion von Express deutlich vereinfacht wird:

```
'redirect': function (res, mapping) {
  res.redirect(mapping.type === 'permanent' ? 301 : 307,
              mapping.url);
}
```

Obwohl Express auch über eine res.download-Funktion verfügt, so
dass eine Überarbeitung der Action download naheliegt, scheitert dieses
Vorhaben. Dies liegt daran, dass die res.download-Funktion ausschließlich Dateien aus dem lokalen Dateisystem, nicht jedoch Streams ausliefern kann.

10.8   Zusammenfassung

Express stellt ein leistungsfähiges Framework zur Entwicklung von
Webanwendungen unter Node.js dar. Da es intern auf der Middleware
Connect basiert, ergeben sich zahlreiche Ähnlichkeiten. Zudem sind
für Connect entwickelte Module auch kompatibel mit Express und
können dementsprechend weiterverwendet werden.

   Express bietet die Möglichkeit, verschiedene Konfigurationen
einer Webanwendung zu hinterlegen und diese abhängig vom Ausfüh-
rungskontext zu aktivieren, wobei letztlich die Umgebungsvariable

NODE_ENV ausgewertet wird. Die Konfigurierbarkeit bezieht sich dabei nicht nur auf die zu verwendenden Module, sondern auch auf Einstellungen von Express selbst.

Des Weiteren verfügt Express über ein ausgefeiltes Routing, das es erlaubt, Funktionalität an parametrisierte Routen zu binden. Sowohl für Routen als auch für Parameter besteht die Möglichkeit, sie jeweils um Middleware zu ergänzen. Da mit Hilfe der Module bodyParser und methodOverride sogenannte Faux Methods unterstützt werden, können neben den http-Verben GET und POST auch PUT und DELETE ohne Einschränkung verwendet werden.

Express kann darüber hinaus mit verschiedenen Parsern kombiniert werden, um Webseiten dynamisch auf Basis von Vorlagen zu erzeugen. Vorlagen können dabei mit dynamisch erzeugten Daten verknüpft werden.

11 Vorlagen, HTML und CSS: Jade und Stylus

Im Zusammenhang mit dem Framework Express wurde bereits erwähnt, dass Webseiten in Node.js dynamisch auf Basis von Vorlagen erzeugt werden können. Hierzu wird jedoch ein Parser benötigt, der das Format der verwendeten Vorlage verarbeiten kann.

Aus der Feder des Autors von Express stammen die beiden Parser *Jade*[1] und *Stylus*[2], die den Aufwand zum Schreiben von HTML- beziehungsweise CSS-Dateien deutlich verringern und zudem nahtlos in Express integriert werden können.

Jade für HTML, Stylus für CSS

Da Jade und Stylus während der Verarbeitung der jeweils verwendeten Vorlagen die gleichen Regeln anwenden, fällt der erforderliche Einarbeitungsaufwand geringer aus als bei zwei nicht miteinander verwandten Produkten.

11.1 Jade

11.1.1 Installation und Konfiguration

Die Installation von Jade gestaltet sich sehr einfach, da sie wiederum auf dem gewohnten Weg mit Hilfe von npm in den lokalen Kontext der Webanwendung erfolgt:

```
$ npm install jade
```

Da Express die Zuordnung von Vorlagen zu Parsern ohnehin anhand der Dateinamenserweiterung vornimmt, ist prinzipiell keine weitere Konfiguration erforderlich.

Allerdings empfiehlt es sich, in Express die Einstellungen `views` und `view engine` an Jade anzupassen, so dass der Aufruf der `res.render`-Funktion ohne Pfad und Dateinamenserweiterung erfolgen kann:

Jade in Express konfigurieren

1. *http://jade-lang.com/*
2. *http://learnboost.github.com/stylus/*

```
app.configure(function () {
  app.set('views', __dirname + '/views');
  app.set('view engine', 'jade');
  app.use(app.router);
});
app.get('/', function (req, res) {
  res.render('index');
});
```

Dem Verzeichnis der Webanwendung muss nun ein Unterordner namens views hinzugefügt werden, in dem wiederum eine Textdatei mit dem Dateinamen index.jade erzeugt wird.

11.1.2 Vorlagen definieren

Eine HTML-Datei beginnt üblicherweise mit der Angabe einer Dokumenttypdeklaration, welche die in der Datei verwendete Version von HTML angibt. Diese Deklaration war vor HTML5 ausgesprochen lang und umständlich, wie das folgende Beispiel für XHTML 1.1 zeigt:

```
<!DOCTYPE html PUBLIC "-//W3C//DTD XHTML 1.1//EN"
    "http://www.w3.org/TR/xhtml11/DTD/xhtml11.dtd">
```

Dokumenttypdeklaration angeben

Deshalb vereinfacht Jade die Angabe der Dokumenttypdeklaration, indem zu Beginn einer Vorlage lediglich die Anweisung !!!, gefolgt von der gewünschten Version angegeben werden muss. So lautet die Variante für XHTML 1.1 beispielsweise:

```
!!! 1.1
```

Als zu verwendende Version kann der !!!-Anweisung dabei einer der folgenden Ausdrücke übergeben werden:

Tab. 11–1
Die von Jade unterstützten Dokumenttypdeklarationen

Ausdruck	Dokumenttypdeklaration
5	<!DOCTYPE html>
xml	<?xml version="1.0" encoding="utf-8" ?>
default	<!DOCTYPE html PUBLIC "-//W3C//DTD XHTML 1.0 Transitional//EN" "http://www.w3.org/TR/xhtml1/DTD/xhtml1-transitional.dtd">
transitional	<!DOCTYPE html PUBLIC "-//W3C//DTD XHTML 1.0 Transitional//EN" "http://www.w3.org/TR/xhtml1/DTD/xhtml1-transitional.dtd">
strict	<!DOCTYPE html PUBLIC "-//W3C//DTD XHTML 1.0 Strict//EN" "http://www.w3.org/TR/xhtml1/DTD/xhtml1-strict.dtd">
frameset	<!DOCTYPE html PUBLIC "-//W3C//DTD XHTML 1.0 Frameset//EN" "http://www.w3.org/TR/xhtml1/DTD/xhtml1-frameset.dtd">
1.1	<!DOCTYPE html PUBLIC "-//W3C//DTD XHTML 1.1//EN" "http://www.w3.org/TR/xhtml11/DTD/xhtml11.dtd">

→

Aus- druck	Dokumenttypdeklaration
basic	`<!DOCTYPE html PUBLIC "-//W3C//DTD XHTML Basic 1.1//EN"` `"http://www.w3.org/TR/xhtml-basic/xhtml-basic11.dtd">`
mobile	`<!DOCTYPE html PUBLIC "-//WAPFORUM//DTD XHTML Mobile 1.2//EN"` `"http://www.openmobilealliance.org/tech/DTD/xhtml-mobile12.dtd">`

Elemente werden in Jade durch die Angabe ihres Namens definiert, wobei ausschließlich das öffnende Element angegeben werden muss. Die Verschachtelung von Elementen erfolgt in Jade über die Einrückung des Codes, so dass sich folgende Grundstruktur für eine HTML-Datei ergibt:

Elemente definieren

```
!!! 5
html
    head
    body
```

Enthält ein Element Text, kann dieser direkt hinter dem Element angegeben werden. Sofern mehr als eine Zeile benötigt wird, müssen die einzelnen Zeilen des Textes durch das Zeichen | eingeleitet werden:

Text zu Elementen hinzufügen

```
!!! 5
html
  head
    title Hallo Jade!
  body
    p
      | Lorem ipsum dolor sit amet, consetetur sadipscing elitr,
      | sed diam nonumy eirmod tempor invidunt ut labore et dolore
      | magna aliquyam erat, sed diam voluptua.
```

Alternativ kann dem Element auch ein einzelner Punkt angehängt werden, wobei zwischen dem Element und dem Punkt kein Leerzeichen vorhanden sein darf, da Jade den Punkt ansonsten als auszugebenden Text interpretiert:

```
!!! 5
html
  head
    title Hallo Jade!
  body
    p.
      Lorem ipsum dolor sit amet, consetetur sadipscing elitr, sed
      diam nonumy eirmod tempor invidunt ut labore et dolore magna
      aliquyam erat, sed diam voluptua.
```

Sind innerhalb eines derartigen Textes HTML-Elemente enthalten, werden diese als solche ausgegeben.

Attribute verwenden

Selbstverständlich können Elemente auch um Attribute ergänzt werden. Dies erfolgt, indem einem Element eine kommaseparierte Liste von Schlüssel-Wert-Paaren in runden Klammern übergeben wird:

```
img(src='/images/foo.png', alt='Foo')
```

IDs und Klassen

Auch IDs und Klassen können in Jade verwendet werden, indem diese einem Element hinzugefügt werden. Für IDs dient dabei das #-Zeichen, für Klassen hingegen der Punkt als Präfix. Um beispielsweise ein `div`-Element mit der ID `id_23` und der Klasse `customer` zu versehen, genügt folgende Anweisung:

```
div#id_23.customer
```

Da IDs und Klassen in der Regel in Verbindung mit `div`-Elementen verwendet werden, kann deren Angabe optional entfallen. Die folgende Anweisung ist somit äquivalent zu der vorigen und erzeugt das zugehörige `div`-Element implizit:

```
#id_23.customer
```

Kommentare

Außer Elementen, Attributen und deren Inhalt kann Jade auch Kommentare erzeugen. Ein Kommentar wird dabei zwar stets durch die Angabe von // eingeleitet, wird je nach Kontext allerdings unterschiedlich interpretiert.

Folgt den beiden Schrägstrichen direkt Text, so wird dieser Text als Kommentartext angesehen und entsprechend ausgegeben. Die Anweisung

```
// foo
```

wird von Jade daher in den entsprechenden Kommentar in HTML umgewandelt:

```
<!-- foo -->
```

Wird der Text hingegen nicht hinter den beiden Schrägstrichen, sondern eingerückt in der nachfolgenden Zeile angegeben, interpretiert Jade den Kommentar als Blockkommentar und kommentiert sämtliche untergeordneten Elemente aus. Die Anweisung

```
//
    foo
```

wird von Jade daher in ein Element umgewandelt, das seinerseits in einem Kommentar enthalten ist:

```
<!--<foo></foo>-->
```

Werden die beiden Schrägstriche zusätzlich mit einem Bindestrich als Suffix versehen, wird der jeweilige Kommentar nicht in das erzeugte HTML ausgegeben:

```
//- foo
```

Gelegentlich werden Elemente ineinander verschachtelt, wobei die Verschachtelung über mehrere Ebenen den Überblick erschwert und damit die Lesbarkeit verschlechtert. Ein typisches Beispiel sind Links, die in einer Liste enthalten sind:

Elemente verschachteln

```
ul
  li
    a(href='foo.html') foo
  li
    a(href='bar.html') bar
```

Für solche Szenarien bietet Jade die Möglichkeit, die Verschachtelung in einer einzigen Zeile vorzunehmen. Hierzu muss das erste Element der Verschachtelung mit einem Doppelpunkt als Präfix versehen werden:

```
ul
  li: a(href='foo.html') foo
  li: a(href='bar.html') bar
```

Der Doppelpunkt erfüllt in Jade allerdings noch eine zweite Funktion, da er auch als Präfix für Filter verwendet werden kann. Ein Filter ist dabei eine Funktion, die den nachfolgenden Block interpretiert. Auf diese Art kann beispielsweise die in Wikis gängige und im Vergleich zu HTML deutlich vereinfachte Auszeichnungssprache *Markdown*[3] in eine Webseite eingebettet werden:

Markdown integrieren

```
body
  :markdown
    Unter anderem werden _kursiver_ und **fetter** Text von
    [Markdown](http://daringfireball.net/projects/markdown/syntax)
    unterstützt.
```

Um Markdown interpretieren zu können, muss außer Jade auch ein entsprechendes Modul wie beispielsweise *markdown-js*[4] installiert werden.

Eine Liste aller verfügbaren Filter und der jeweils erforderlichen Module findet sich in der Dokumentation von Jade.[5]

---

3. *http://daringfireball.net/projects/markdown/syntax*
4. *https://github.com/evilstreak/markdown-js*
5. *https://github.com/visionmedia/jade#a1*

11.1.3   Vorlagen und Daten verknüpfen

Außer dem Dateinamen der zu verwendenden Vorlage kann der
res.render-Funktion als zweiter Parameter ein Objekt mit Daten übergeben werden, die in die Vorlage eingefügt werden sollen:

```
app.get('/', function (req, res) {
  res.render('index', {
    name: 'Golo Roden'
  });
});
```

Text an ein Element zuweisen

Um diese Daten einem Element als Inhalt zuzuweisen, wird dem Element in Jade ein Gleichheitszeichen nachgestellt:

```
h1= name
```

Ausgesprochen hilfreich ist, dass in dem auszugebenden Text eventuell
enthaltene Sonderzeichen automatisch von Jade maskiert werden.
Daher ist es auf diesem Weg nicht möglich, HTML- oder Skriptcode in
eine Webseite zu injizieren.

Maskieren von Sonderzeichen deaktivieren

Falls das automatische Maskieren von im Text enthaltenen Sonderzeichen explizit unerwünscht ist, kann dem Gleichheitszeichen
noch ein Ausrufezeichen vorangestellt werden. Dadurch wird das
automatische Maskieren von Sonderzeichen deaktiviert:

```
h1!= name
```

Text in einen Text einfügen

Beide Varianten funktionieren allerdings nur, wenn der auszugebende
Text den gesamten Inhalt des jeweiligen Elements darstellt. Falls der
Text hingegen in einen größeren Text eingefügt werden soll, ist eine
andere Syntax erforderlich:

```
p
  | Angemeldet als #{name}
```

Auch in diesem Fall werden Sonderzeichen standardmäßig maskiert;
auf Wunsch kann dies wiederum durch die Angabe eines Ausrufezei-
chens deaktiviert werden:

```
p
  | Angemeldet als !{name}
```

Falls schließlich tatsächlich der Text #{...} oder !{...} ausgegeben
werden soll, muss diesem ein umgekehrter Schrägstrich vorangestellt
werden, um die Interpretation dieses Ausdrucks zu deaktivieren. Auf
diese Art ergeben sich die beiden folgenden Ausdrücke:

```
\#{...}
\!{...}
```

11.1.4 Vorlagen und Code verknüpfen

Außer mit Daten können Vorlagen bei Bedarf auch mit Code verknüpft werden. Zu diesem Zweck wird dem auszuführenden Code ein Bindestrich als Präfix vorangestellt, wobei zwischen diesen und den tatsächlichen Code zwingend ein Leerzeichen eingefügt werden muss:

```
ul
  - var primes = [ 2, 3, 5, 7, 11, 13, 17, 19 ];
  - for(var i = 0; i < primes.length; i++) {
    li= primes[i]
  - }
```

Für die Ausgabe der Daten gelten die gleichen Regeln, wie zuvor beschrieben. Soll jeder Absatz also außer einer Primzahl auch noch einen umgebenden Text enthalten, so kann das übliche Verfahren von Jade verwendet werden, um Text in Text einzufügen:

```
ul
  - var primes = [ 2, 3, 5, 7, 11, 13, 17, 19 ];
  - for(var i = 0; i < primes.length; i++) {
    li Die #{i + 1}. Primzahl lautet: #{primes[i]}
  - }
```

Nativ integrierte Schleifen

Für einige äußerst häufig benötigte Sprachkonstrukte von JavaScript verfügt Jade über nativ integrierte Varianten, für die der Bindestrich als Präfix entfallen kann. So kann das vorige Beispiel alternativ mit der eingebauten each-Funktion wie folgt formuliert werden:

```
ul
  - var primes = [ 2, 3, 5, 7, 11, 13, 17, 19 ];
  each prime, i in primes
    li Die #{i + 1}. Primzahl lautet: #{prime}
```

Wird nur der Wert, nicht aber der Schlüssel des aktuellen Eintrags benötigt, kann die Angabe der zweiten Variablen innerhalb der each-Funktion entfallen:

```
ul
  - var primes = [ 2, 3, 5, 7, 11, 13, 17, 19 ];
  each prime in primes
    li= prime
```

Zudem kann anstelle des each-Schlüsselwortes auch das Schlüsselwort for verwendet werden.

Nativ integrierte Bedingungen

Außer Schleifen können auch Bedingungen auf die gleiche Art formuliert werden. Dazu kennt Jade einige weitere nativ integrierte Schlüsselwörter, wie beispielsweise if, else if und else.

Ungewöhnlich ist die Existenz des unless-Schlüsselwortes, das die Negation von if darstellt und daher streng genommen überflüssig ist, unter Umständen aber ausgesprochen nützlich sein kann, um die Lesbarkeit und die Semantik des Codes zu verbessern.[6]

11.1.5   Vorlagen verschachteln

Bei komplexen Webseiten besteht häufig der Wunsch, jede einzelne Seite in einen vordefinierten Rahmen einzubetten, um ein seitenübergreifend einheitliches Layout zu erhalten.

Um dies zu erreichen, stehen prinzipiell zwei Varianten zur Auswahl: Zum einen kann eine Webseite aktiv einzelne Seitenfragmente importieren und einbetten, zum anderen kann sie aber auch Seitenfragmente exportieren, die dann in eine umgebende Webseite eingebettet werden. Jade unterstützt beide Varianten.

Seitenfragmente importieren
Um ein Seitenfragment in eine Webseite zu importieren, dient die Anweisung include. Dieser wird der Dateiname des einzubindenden Fragments als Parameter übergeben, wobei die Dateinamenserweiterung entfällt:

```
!!! 5
html
   include head
   body
     [...]
```

Während der Verarbeitung wird nun zusätzlich die Vorlage head.jade aus dem gleichen Verzeichnis geladen. Ihr Inhalt wird importiert und ersetzt die include-Anweisung, so dass sich in der erzeugten HTML-Ausgabe kein Hinweis mehr auf die Verschachtelung der beiden Vorlagen findet.

Dieses Vorgehen entspricht dem Ansatz, eine Webseite von außen nach innen aufzubauen: Da Seitenfragmente stets nur importiert werden können, muss die ursprünglich aufgerufene Datei den Startpunkt der include-Kette darstellen.

Ein typisches Szenario für dieses Vorgehen ist die Definition von serverseitigen Steuerelementen, die als eigenständige Vorlagen zur Verfügung stehen und von der eigentlichen Webseite bei Bedarf importiert und verwendet werden können.

Seitenfragmente exportieren
Anders verhält es sich, wenn die zu verwendenden Steuerelemente seitenübergreifend stets auf die gleiche Art verwendet werden und sich

---

6.   *http://www.heise.de/developer/artikel/Hommage-a-Tim-Toady-1428214.html*

die einzelnen Webseiten nur durch die von den Steuerelementen angezeigten Daten unterscheiden.

In diesem Fall empfiehlt sich der umgekehrte Weg, bei dem Seitenfragmente an eine übergeordnete Webseite exportiert werden. Diese
muss zunächst mit Hilfe des block-Schlüsselwortes Platzhalter definieren, an denen die exportierten Seitenfragmente eingefügt werden sollen.

Jeder Block verfügt über einen Namen, über den er aus einer untergeordneten Datei angesprochen werden kann. Außerdem kann er optional Daten enthalten, die als Standardvorlage verwendet werden:

```
!!! 5
html
  head
    title Foo
    block scripts
      script(src='/scripts/foo.js')
  body
    block content
```

Da diese Vorlage seitenübergreifend verwendet wird, trägt die zugehörige Datei häufig den Namen layout.jade.

Die Datei index.jade muss das Rahmenwerk nun nicht mehr definieren, sondern nur noch die Inhalte für die beiden Platzhalter scripts
und content bereitstellen.

Dies erfolgt, indem zunächst mit Hilfe der extends-Anweisung festgelegt wird, in welche Vorlage exportiert werden soll. Danach werden
über einzelne block-Anweisungen die jeweiligen Seitenfragmente definiert und exportiert:

```
extends layout
block scripts
  script(src='/scripts/bar.js')
block content
  h1 Hallo Welt!
```

Entfällt einer der Blöcke, so wird – falls vorhanden – die in der Datei
layout.jade enthaltene Standardvorlage des entsprechenden Blocks
verwendet.

Unter Umständen soll die Standardvorlage eines Blocks nicht ersetzt, sondern lediglich ergänzt werden. Dies geschieht, indem anstelle
des block-Schlüsselwortes das Schlüsselwort append verwendet wird:

Standardvorlagen
ergänzen

```
extends layout
append scripts
  script(src='/scripts/bar.js')
block content
  h1 Hallo Welt!
```

Das Seitenfragment wird in diesem Fall der Standardvorlage angehängt, so dass von der erzeugten Webseite sowohl /scripts/foo.js als auch /scripts/bar.js referenziert werden.

Alternativ zu append kann auch das Schlüsselwort prepend verwendet werden, das die Einfügereihenfolge von Standardvorlage und Seitenfragment umkehrt: Wird prepend verwendet, wird das Seitenfragment vor der Standardvorlage eingefügt.

11.2 Stylus

11.2.1   Installation und Konfiguration

Die Installation von Stylus erfolgt auf genau dem gleichen Weg wie die von Jade. Auch Stylus wird mit Hilfe von npm in den lokalen Kontext der Webanwendung installiert:

```
$ npm install stylus
```

Stylus in Express konfigurieren Anders als bei Jade muss Stylus jedoch von Hand in Express registriert werden, wozu Stylus ein Modul für Connect zur Verfügung stellt.

Die von Stylus erzeugten CSS-Dateien sind statischer Natur, weshalb eine eigene Route in Express wenig Sinn ergibt. Daher bietet es sich an, das entsprechende Verzeichnis mit Hilfe der static-Middleware für den direkten Zugriff von außen freizugeben:

```
app.configure(function () {
  app.set('views', __dirname + '/views');
  app.set('view engine', 'jade');
  app.use(express.static(__dirname + '/public'));
  app.use(require('stylus').middleware({
    src: __dirname + '/public'
  }));
  app.use(app.router);
});
app.get('/', function (req, res) {
  res.render('index');
});
```

Dem Verzeichnis der Webanwendung muss nun ein Unterordner namens public hinzugefügt werden, in dem wiederum eine Textdatei mit dem Dateinamen style.styl erzeugt wird.

Das Stylesheet referenzieren Für die Referenz auf dieses Stylesheet ist wichtig, dass nicht die tatsächliche Dateinamenserweiterung .styl, sondern das automatisch erzeugte Pendant .css verwendet wird. Außerdem darf der Verzeichnisname /public nicht angegeben werden, da dieser vom static-Modul gekapselt wird.

Innerhalb der Datei `index.jade` ergibt sich daher zum Zugriff auf das Stylesheet die folgende Anweisung:

```
link(rel='stylesheet', type='text/css', href='/style.css')
```

11.2.2 Vorlagen definieren

Die Syntax von Stylus folgt den gleichen Regeln wie die von Jade. Hier wie dort werden Blöcke nicht durch entsprechende Begrenzer markiert, sondern durch Einrückung.

Daher können die in CSS gängigen geschweiften Klammern ebenso entfallen wie die Semikolons an den Enden der einzelnen Zeilen. Auch die Doppelpunkte, die in CSS die Namen der zu definierenden Eigenschaften von ihrem jeweiligen Wert trennen, können entfallen:

```
body
    font-family Sans-Serif
    font-size small
    padding 7px
a
    color #05c
    font-weight bold
    text-decoration none
```

Falls Elemente logisch verschachtelt werden sollen, um beispielsweise nur jene Links innerhalb des `body`-Elements zu gestalten, können die einzelnen Angaben analog zu den Regeln von Jade eingerückt werden:

Elemente verschachteln

```
body
    font-family Sans-Serif
    font-size small
    padding 7px
    a
      color #05c
      font-weight bold
      text-decoration none
```

Gelegentlich sollen Elemente in Abhängigkeit von Pseudoklassen gestaltet werden. Dies wird beispielsweise verwendet, um Links, auf die mit der Maus gezeigt wird, hervorzuheben.

Zugriff auf das Elternelement

Eine einfache Einrückung führt hierbei allerdings nicht zum gewünschten Ergebnis, da Stylus dann davon ausgeht, dass `:hover` ein eigenständiges Element darstellt. Deshalb kann mit dem Zeichen & auf das Elternelement zugegriffen werden. Auf diese Art kann dieses auf einfachem Weg um Pseudoklassen erweitert werden:

```
a
  color #05c
  font-weight bold
  text-decoration none
  &:hover
    text-decoration underline
```

Mehrere Elemente gestalten

Häufig wird die Gestaltung der Pseudoklasse :hover auch auf die Pseudoklasse :focus angewendet. Um die Stilanweisungen nicht duplizieren zu müssen, kann ein Gestaltungsblock mehreren Elementen zugewiesen werden, indem diese jeweils in einer eigenen Zeile angegeben werden:

```
a
  color #05c
  font-weight bold
  text-decoration none
  &:focus
  &:hover
    text-decoration underline
```

Variablen verwenden

Häufig verwendete Werte wie beispielsweise Abstände oder Farbangaben können mit Stylus in Variablen gespeichert werden, auf die aus den einzelnen Gestaltungsanweisungen zugegriffen wird.

Um Bezeichner bereits auf den ersten Blick als Variablen identifizieren zu können, kann das Dollarzeichen als Präfix verwendet werden:

```
$blue = #05c
a
  color $blue
```

Bei Bedarf können Variablen auch inline definiert werden, wenn beispielsweise auf eine andere Eigenschaft des gleichen Elements zugegriffen werden soll:

```
div
  height $height = 300px
  width 2 * $height
```

Alternativ steht mit dem @-Zeichen der Zugriff auf das eigene Element zur Verfügung, so dass die Variable $height des vorigen Beispiels entfallen und der Zugriff auf die Höhe wie folgt vereinfacht werden kann:

```
div
  height 300px
  width 2 * @height
```

11.2.3   Vorlagen mit Code verknüpfen

Wie die bisherigen Beispiele zeigen, kann Stylus gängige arithmetische
Operatoren verarbeiten und Ausdrücke unter Beachtung der korrekten
Einheiten berechnen.

Besonders hilfreich ist die Fähigkeit, Operatoren auch auf Farben *Farben aufhellen und*
anwenden zu können. So können Farben aufgehellt beziehungsweise *abdunkeln*
abgedunkelt werden, indem Prozentwerte addiert beziehungsweise
subtrahiert werden:

```
#05c + 50% // => #66a6ff
```

Werden Farben statt mit Prozentwerten mit Grad verrechnet, kann der *Farbtöne ändern*
Farbton verändert werden. So ergibt beispielsweise eine Rotation von
Rot um 50 Grad ein warmes, kräftiges Gelb:

```
#f00 + 50deg // => #ffd500
```

Darüber hinaus stehen die Funktionen `rgb`, `rgba`, `hsl` und `hsla` zur Ver- *Funktionen verwenden*
fügung, um Farbwerte aus ihren einzelnen Komponenten zusammen-
fügen zu können.

Auch für andere Aufgabenbereiche wie beispielsweise die Um-
wandlung von Maßeinheiten oder arithmetische Berechnungen stellt
Stylus Funktionen zur Verfügung. Eine vollständige Liste aller in Stylus
enthaltenen Funktionen findet sich in der zugehörigen Dokumentation.[7]

Stylus ermöglicht außerdem die Definition eigener Funktionen, die *Eigene Funktionen*
je nach Bedarf nicht nur als Bestandteil von Ausdrücken, sondern auch *definieren*
als eigenständige Anweisungen verwendet werden können.

Eigene Funktionen eignen sich unter anderem dazu, die Handhabung der verschiedenen Herstellerpräfixe von noch nicht vollständig
standardisierten CSS-Eigenschaften wie beispielsweise `-webkit` oder
`-moz` zu vereinfachen:

```
border-radius(n)
  -webkit-border-radius n
  -moz-border-radius n
  border-radius n
div
  border-radius(7px)
```

Falls mehrere Werte an eine Funktion übergeben werden sollen, kann
innerhalb der Funktion die vordefinierte lokale Variable `arguments` verwendet werden. Die Angabe der einzelnen Parameter in der Funktions-
definition entfällt dann.

---

7.   *http://learnboost.github.com/stylus/docs/bifs.html*

Ebenso wie Jade unterstützt auch Stylus nativ integrierte Schleifen und Bedingungen, so dass auch komplexe CSS-Szenarien auf einfache Art abgebildet werden können.

11.3   Das Beispielprojekt

11.3.1   Anforderungen und Einschränkungen

Die bisherige Implementierung von silkveil.js soll in diesem Kapitel erweitert werden. Folgende Anforderungen werden gestellt:

Anforderungen
- Wird silkveil.js ohne Alias aufgerufen, wird eine Liste aller Mappings angezeigt.
- Die Darstellung verwendet das *960 Grid System*-Layout[8] und erfolgt mit Hilfe von Jade und Stylus.

Einschränkungen   Die in den vorherigen Kapiteln definierten Einschränkungen gelten auch in diesem Kapitel.

11.3.2   Implementierung

Zunächst gilt es, die für Jade und Stylus erforderlichen Module zu registrieren. Dazu wird die Datei `package.json` wie folgt ergänzt:

```
[...]
"express": "3.0.0",
"jade": "0.25.0",
"stylus": "0.27.2",
"moment": "1.6.2",
[...]
```

Nun kann npm aufgerufen werden, um die Module und deren Abhängigkeiten herunterzuladen und zu installieren:

```
$ npm install
```

960 Grid System
einbinden   Als Nächstes kann das 960 Grid System heruntergeladen werden. Aus dessen Archiv werden drei CSS-Dateien benötigt:

- `reset.css`:
  Diese Datei basiert auf der gleichnamigen bekannten Datei von Eric Meyer[9] und dient dazu, die vordefinierten CSS-Eigenschaften der verschiedenen Webbrowser zu vereinheitlichen.

---

8. *http://960.gs/*
9. *http://meyerweb.com/eric/thoughts/2007/04/12/reset-styles/*

text.css:
Diese Datei definiert verschiedene CSS-Eigenschaften für die Schriftdarstellung, wie beispielsweise Textgrößen und Zeilenabstände.

960.css:
Diese Datei enthält die eigentlichen CSS-Klassen, die für die Definition eines Grids benötigt werden.

Da diese Dateien statischer Natur sind und nicht von Node.js dynamisch erzeugt werden, können sie mit Hilfe des static-Moduls von Express ausgeliefert werden. Deshalb können innerhalb der Webanwendung ein neues Verzeichnis namens /public/styles angelegt und die genannten Dateien darin gespeichert werden.

Der nächste Schritt besteht darin, das Basislayout der Anwendung zu definieren. Dazu wird ein weiteres neues Verzeichnis namens /views erzeugt, dem die Datei layout.jade hinzugefügt wird. *Das Basislayout definieren*

Die Aufgabe dieser Datei ist, den Titel der Webanwendung zu definieren, die erforderlichen CSS-Dateien einzubinden und einen Block für den eigentlichen Inhalt festzulegen, der dann aus den einzelnen Webseiten als Seitenfragment exportiert werden kann:

```
!!! 5
html
  head
    title silkveil.js
    link(rel='stylesheet', href='/styles/reset.css')
    link(rel='stylesheet', href='/styles/text.css')
    link(rel='stylesheet', href='/styles/960.css')
    link(rel='stylesheet', href='/styles/core.css')
  body
    .container_12
      #header.grid_12
        h1 silkveil.js
        h2 Protect your downloads
      #content
        block content
```

Da die Darstellung der div-Elemente mit den IDs header und content angepasst werden soll, enthält die Datei auch schon eine Referenz auf die Datei core.css, die derzeit noch nicht zur Verfügung steht, sondern erst noch mit Hilfe von Stylus erzeugt werden muss.

Außer der Datei layout.jade wird dem Verzeichnis /views auch noch die Datei index.jade hinzugefügt, die das zunächst noch inhaltslose Seitenfragment für die Startseite von silkveil.js exportiert:

```
extends layout
block content
```

Jade und Stylus Danach müssen zunächst Jade und Stylus in Express integriert und
konfigurieren   konfiguriert werden. Dies erfolgt in der Datei app.js:

```
[...]
app.configure(function () {
  app.set('view engine', 'jade');
  app.set('views', __dirname + '/views');
  app.use(redirect);
  app.use(express.static(__dirname + '/public'));
  app.use(require('stylus').middleware({
    src: __dirname + '/public'
  }));
});
[...]
```

Route definieren Darüber hinaus muss in der Datei app.js auch eine Route für die anzu-
zeigende Webseite definiert werden. Da eine Liste aller Mappings ausgegeben werden soll, muss dem Aufruf der Funktion res.render das
Objekt mappings als Parameter übergeben werden:

```
[...]
    src: __dirname + '/public'
  });
});
app.get('/', function (req, res) {
  res.render('index', {
    mappings: mappings
  });
});
app.get('/:alias', function (req, res) {
[...]
```

Mappings auflisten Als Nächstes kann nun innerhalb der Datei index.jade die Liste der
Mappings ausgegeben werden. Da in der Datei layout.jade bereits ein
Container mit zwölf Spalten definiert wurde, bietet es sich an, jedes
Mapping in einer vier Spalten breiten Box anzuzeigen. Auf diese Art
passen drei Mappings in eine Zeile.

Für jedes Mapping werden standardmäßig der Alias, die URL und
die Action angezeigt:

```
extends layout
block content
  each mapping, alias in mappings
    .mapping.grid_4
      .grid_4.alpha.omega
        h3= alias
      .key.grid_1.alpha URL:
      .grid_3.omega: a(href='#{alias}')= mapping.url
      .key.grid_1.alpha Action:
      .grid_3.omega= mapping.action
```

Abhängig davon, ob es sich bei einem Mapping um einen Download oder eine Umleitung handelt, werden danach zusätzliche Informationen wie beispielsweise der MIME-Type oder der Umleitungstyp angezeigt.

```
[...]
.grid_3.omega= mapping.action
if mapping.action === 'redirect'
  .key.grid_1.alpha Type:
  .grid_3.omega= mapping.type
else if mapping.action === 'download'
  .key.grid_1.alpha File name:
  .grid_3.omega= mapping.fileName
  .key.grid_1.alpha Content type:
  .grid_3.omega= mapping.contentType
  .key.grid_1.alpha Force download:
  .grid_3.omega= mapping.forceDownload
```

Falls ein Mapping über Einschränkungen verfügt, werden auch diese aufgelistet:

```
[...]
  .grid_3.omega= mapping.forceDownload
.grid_4.alpha.omega
  h4 Constraints
if mapping.constraints
  if mapping.constraints.validFrom
    .key.grid_1.alpha Valid from:
    .grid_3.omega= mapping.constraints.validFrom
  if mapping.constraints.validBefore
    .key.grid_1.alpha Valid before:
    .grid_3.omega= mapping.constraints.validBefore
else
  .grid_4.alpha.omega n/a
```

Nun fehlt lediglich noch die Definition der CSS-Eigenschaften. Dazu wird im Verzeichnis /public/styles eine neue Datei namens core.styl erstellt, die nachher von Stylus in CSS übersetzt wird.

CSS definieren

Zunächst gilt es, einige Standardfarben und eine Funktion für die browserübergreifende Definition der Berechnung der Elementgröße zu definieren:

```
$blue = #05c
$gray = #445
$lightgray = #ccd
box-sizing()
  box-sizing arguments
  -moz-box-sizing arguments
```

Danach folgen die Eigenschaften der Webseite an sich sowie die der Links:

```
[...]
-moz-box-sizing arguments
body
  color $gray
  font-family Sans-Serif
  font-size small
  padding 7px
a
  color $blue
  font-weight bold
  text-decoration none
  &:focus
  &:hover
    text-decoration underline
```

Als Nächstes können die Hauptüberschriften definiert werden, die sich innerhalb des div-Elements mit der ID header befinden:

```
[...]
    text-decoration underline
#header
  h1
    font-size 250%
    font-weight bold
    margin 21px 0 0 0
  h2
    font-size 125%
    font-weight bold
    margin 0 0 35px 0
    text-transform lowercase
```

Als Letztes fehlt noch die Definition der CSS-Eigenschaften der einzelnen Mappings:

```
[...]
    text-transform lowercase
#content
  .mapping
    background-color $lightgray
    border solid 1px $gray
    border-radius 7px
    box-sizing(border-box)
    height 235px
    margin 0 7px 7px 0
    padding 7px
    h3
      font-size 150%
      font-weight bold
      margin 0 0 7px 0
```

```
h4
  font-size 110%
  font-style italic
  font-weight bold
  margin 14px 0 7px 0
.key
  font-style italic
div
  margin 0
  overflow hidden
  padding 0
  text-overflow ellipsis
  white-space nowrap
```

Schließlich kann silkveil.js gestartet und die Liste der Mappings im Webbrowser aufgerufen werden (siehe Abb. 11–1).

Aufruf im Webbrowser

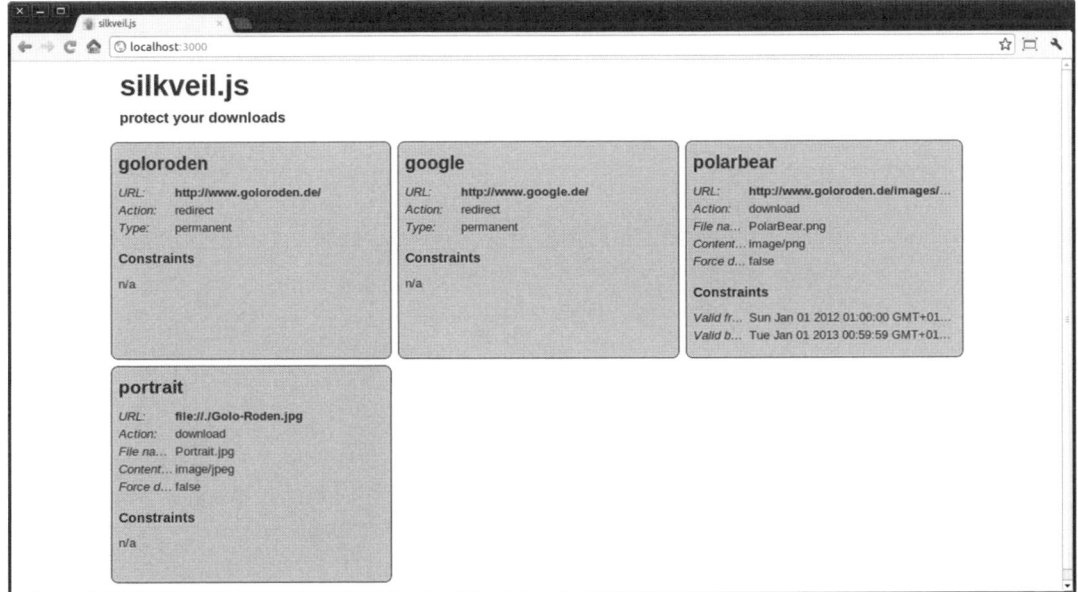

Abb. 11–1 *Die Liste aller in silkveil.js definierten Mappings*

11.4 Zusammenfassung

Jade und Stylus sind zwei Parser, die das Schreiben von HTML- und CSS-Dateien deutlich vereinfachen. Beide folgen den gleichen Syntaxregeln und Konzepten. Am auffälligsten ist dabei die Tatsache, dass die Einrückung eine Semantik besitzt.

Sowohl Jade als auch Stylus integrieren sich nahtlos in Express, Jade sogar ohne gesonderte Konfiguration. Stylus hingegen bedarf des manuellen Imports mit Hilfe der require-Funktion sowie zumindest die Angabe, in welchem Verzeichnis die zu verarbeitenden .styl-Dateien zu finden sind.

Beide Parser ermöglichen die Verknüpfung mit Code, Jade darüber hinaus auch die Verknüpfung mit Daten, so dass .jade-Dateien auf einfache Art als Vorlagen für dynamisch erzeugte Webseiten dienen können.

Vorlagen können in Jade verschachtelt werden, um komplexe Layouts in einzelne Seitenfragmente aufbrechen zu können. Dabei wird sowohl die Definition von Steuerelementen als auch die Definition von Rahmenlayouts unterstützt.

12 Client und Server verbinden: Socket.io und NowJS

Die bislang vorgestellten Technologien zur Entwicklung grafischer Benutzeroberflächen wie Express, Jade und Stylus funktionieren zwar prinzipiell, weisen jedoch einen gravierenden Nachteil auf: Das Verknüpfen von Daten und den entsprechenden Vorlagen erfolgt ausschließlich serverseitig.

Das bedeutet vor allem, dass das Nachladen von Daten eine erneute Anfrage an den Server erfordert, was entsprechend aufwendig ist.[1] Dieses Problem kann durch die Verwendung von AJAX zumindest teilweise entschärft werden, allerdings wird der Client nicht aktiv über das Vorliegen neuer Daten durch den Server benachrichtigt.[2]

Push- statt Pull-Verfahren

Die in HTML5 vorgesehenen *Websockets*[3] lösen dieses Problem, indem eine persistente, bidirektionale, TCP-basierte Verbindung zwischen Client und Server aufgebaut wird, die zur weiteren Datenübertragung verwendet wird.

---

1. Der Vorgang des Clients, eine Anfrage an den Server zu stellen, dessen Antwort aus einer neu zusammengefügten Webseite besteht, wird als *Roundtrip* bezeichnet. Da solche Roundtrips verhältnismäßig langsam sind, in der Regel unnötigen Datenverkehr verursachen und eine vollständige Aktualisierung der Darstellung im Webbrowser erzwingen, gilt es, diese zu vermeiden.
2. Dieses Vorgehen wird als *Push-Verfahren* bezeichnet, erfordert jedoch eine aktive bidirektionale Verbindung zwischen Client und Server. Steht eine solche nicht zur Verfügung, muss auf das sogenannte *Pull-Verfahren* ausgewichen werden, bei dem der Client regelmäßig beim Server anfragt, ob neue Daten vorliegen. Wird die Häufigkeit der Anfragen beim Pull-Verfahren zu niedrig gewählt, hinkt der Client dem Server hinterher; wird sie hingegen zu hoch gewählt, werden zu viele Anfragen verursacht, was die Last im Netzwerk und auf dem Server unnötig in die Höhe treibt.
3. Siehe RFC 6455 (*http://tools.ietf.org/html/rfc6455*) und die Empfehlung der WebSockets API des W3C (*http://www.w3.org/TR/websockets/*)

12.1 Socket.io

12.1.1   Abstraktion von Websockets

Um Websockets in Node.js verwenden zu können, muss prinzipiell lediglich das in RFC 6455 beschriebene Protokoll implementiert werden. Dies erfolgt beispielsweise im Rahmen des Projekts *ws*[4], das eine einfache und sehr performante Implementierung für Node.js bereitstellt.

Socket.io als Abstraktionsschicht

Allerdings müssen Websockets auch clientseitig unterstützt werden, was aufgrund ihres jungen Alters einen entsprechend modernen Webbrowser voraussetzt.[5]

Um Websockets auch in älteren Webbrowsern verwenden zu können, stellt das Projekt *Socket.io*[6] eine Abstraktionsschicht für Websockets zur Verfügung, die im Bedarfsfall auf alternative Kommunikationstechnologien wie beispielsweise Flash Sockets, AJAX oder JSONP Polling ausweicht.

Dies geschieht für den Entwickler vollkommen transparent, so dass dieser sich lediglich einmalig mit der API von Socket.io befassen muss.

12.1.2   Installation und Konfiguration

Da Socket.io server- und clientseitig verwendet wird, muss die Installation für Node.js und innerhalb einer Webseite für den Webbrowser erfolgen. Für Node.js geschieht dies mit Hilfe von npm auf dem üblichen Weg in den lokalen Kontext der Webanwendung:

```
$ npm install socket.io
```

Danach kann Socket.io wie gewohnt über die `require`-Funktion importiert werden:

```
var socketio = require('socket.io');
```

Clientseitige Installation

Die clientseitige Installation erfolgt auf dem für derartige Werkzeuge gängigen Weg: Aus einer Webseite wird die entsprechende `.js`-Datei als Skript referenziert.

---

4. *https://github.com/einaros/ws*
5. Das Websocket-Protokoll gemäß RFC 6455 wird von Chrome ab Version 16, Firefox ab Version 11 und Internet Explorer ab Version 10 unterstützt.
6. *http://socket.io/*

Die Skriptdatei von Socket.io trägt den Namen `socket.io.js` und wird nach der serverseitigen Installation automatisch innerhalb des virtuellen Verzeichnisses `socket.io` zur Verfügung gestellt:

```
<script type='text/javascript' src='/socket.io/socket.io.js'>
</script>
```

Auf diese Weise muss der Webanwendung weder das Verzeichnis noch die Datei physisch hinzugefügt werden.

12.1.3   Client und Server verbinden

Um nun zwischen Client und Server eine Verbindung herstellen zu können, muss zunächst im Rahmen der Webanwendung ein Socket-Server gestartet werden.

Dazu dient die `listen`-Funktion des importierten socketio-Objekts. Diese erwartet als Parameter den http-Server der Webanwendung und gibt den neu erzeugten Socket-Server als Rückgabewert zurück:

Socket-Server erzeugen

```
var http = require('http'),
    socketio = require('socket.io');
var server = http.createServer(function(req, res) {
  res.send('Hallo Socket.io!');
}).listen(3000);
var io = socketio.listen(server);
```

Für den Aufruf der `listen`-Funktion spielt es dabei keine Rolle, ob der übergebene http-Server eine klassische oder eine auf Express basierende Webanwendung ausführt.

Um innerhalb einer Webseite eine Verbindung zu dem neu erzeugten Socket-Server herzustellen, muss die connect-Funktion des globalen io-Objekts aufgerufen werden:

Client verbinden

```
<script type='text/javascript' src='/socket.io/socket.io.js'>
</script>
<script type='text/javascript'>
  var socket = io.connect();
</script>
```

Optional kann der connect-Funktion die Adresse des Socket-Servers als Parameter übergeben werden, wenn beispielsweise dessen Adresse nicht mit der Ursprungsadresse der Webanwendung übereinstimmt.

Wann immer ein Client eine Verbindung zum Socket-Server herstellt, löst dieser das connection-Ereignis aus. Als Parameter enthält dieses Ereignis den Socket, über den mit dem Client kommuniziert werden kann:

Die Ereignisse connection und disconnect

```
io.sockets.on('connection', function (socket) {
  // ...
});
```

Sobald ein Client die Verbindung zum Socket-Server wieder schließt, wird am socket-Objekt dieses Clients das disconnect-Ereignis ausgelöst:

```
io.sockets.on('connection', function (socket) {
  socket.on('disconnect', function () {
    // ...
  });
});
```

12.1.4   Vom Client zum Server

Nachdem eine Verbindung zwischen Client und Server hergestellt wurde, können Daten zwischen beiden ausgetauscht werden. Das Senden von Daten vom Client zum Server ist dabei ausgesprochen einfach.

Ereignisse auslösen   Der Client muss dazu lediglich die emit-Funktion an seinem zugehörigen socket-Objekt aufrufen. Diese Funktion entspricht der gleichnamigen Funktion des EventEmitter-Objekts aus dem events-Modul von Node.js und verwendet daher die gleiche Signatur:

```
var socket = io.connect();
socket.emit('news', { foo: 'bar' });
```

Ereignisse verarbeiten   Auch die serverseitige Verarbeitung von Ereignissen entspricht dem aus dem events-Modul bekannten Vorgehen, wobei hier wie dort die on-Funktion verwendet wird:

```
io.sockets.on('connection', function (socket) {
  socket.on('news', function (data) {
    console.log(data.foo);
  });
});
```

Clientspezifische Daten speichern   Unter Umständen kann es erforderlich sein, auf dem Server für die Dauer einer Verbindung temporäre, clientspezifische Daten zu speichern. Dazu dient die set-Funktion am jeweiligen socket-Objekt, der ein Schlüssel und ein Wert übergeben werden:

```
io.sockets.on('connection', function (socket) {
  socket.set('foo', socket.id);
});
```

Um die auf diese Art gespeicherten Daten wieder abzurufen, dient die get-Funktion:

```
io.sockets.on('connection', function (socket) {
  socket.set('foo', socket.id, function () {
    // ...
    socket.get('foo', function (err, id) {
      console.log(id);
    });
  });
});
```

Wie dieses Beispiel zeigt, wird die set-Funktion asynchron ausgeführt. *Asynchrone Ausführung*
Um sicherzustellen, dass die gespeicherten Daten erst dann ausgelesen
werden, nachdem sie gespeichert wurden, muss der Aufruf der get-
Funktion in einen Callback gekapselt werden.

12.1.5   Vom Server zum Client

Die Übertragung von Daten vom Server zum Client erfolgt prinzipiell
analog, lediglich die Rollen von Sender und Empfänger sind vertauscht: Der Server ruft emit auf, der Client verarbeitet eingehende
Ereignisse mit on.

Allerdings kann es vorkommen, dass der Server ein Ereignis nicht *Ein Ereignis an alle*
gezielt für einen Client auslösen soll, sondern für alle. In diesem Fall *Clients senden*
darf die emit-Funktion nicht an einem spezifischen socket-Objekt aufgerufen werden, sondern muss an io.sockets aufgerufen werden, was
alle Clients repräsentiert:

```
io.sockets.emit('news', { foo: 'bar' });
```

Auf diese Art wird das Ereignis an alle Clients ausgeliefert. Falls dies *Ereignisse an alle bis auf*
als Reaktion auf ein von einem Client ausgelöstes Ereignis geschieht, *einen Client senden*
soll dieser jedoch eventuell von der Verteilung ausgenommen werden.

So könnte es bei einem Chat beispielsweise wünschenswert sein,
eine Nachricht an alle Teilnehmer außer an den ursprünglichen Verfas-
ser zu senden.

Zu diesem Zweck verfügt jedes socket-Objekt über die Eigenschaft
broadcast, die ihrerseits wiederum über eine emit-Funktion verfügt.
Wird diese anstelle der Funktion io.sockets.emit verwendet, wird das
Ereignis an alle Clients bis auf jenen gesendet, zu dem das socket-
Objekt gehört:

```
io.sockets.on('connection', function (socket) {
  socket.on('message', function (data) {
    socket.broadcast.emit('message', data);
  });
});
```

12.1.6   Ereignisse bestätigen

Unter Umständen kann es erforderlich sein, dem Sender die erfolgreiche Verarbeitung eines Ereignisses zu bestätigen. Hierzu kann der `emit`-Funktion als letzter Parameter eine weitere Funktion als Callback übergeben werden, die nach der erfolgreichen Verarbeitung aufgerufen wird:

```
socket.emit('news', { foo: 'bar' }, function (data) {
  console.log(data);
});
```

Verarbeitung bestätigen Damit diese Funktion tatsächlich ausgelöst wird, muss sie vom Empfänger in dessen on-Funktion aufgerufen werden:

```
socket.on('news', function (data, callback) {
  // ...
  callback('done');
});
```

12.1.7   Socket.io und Firewalls

Standardmäßig verwendet Socket.io den Port 4000, um eine Verbindung über Websockets herzustellen. Unter Umständen wird dieser Port jedoch von einer Firewall blockiert.

Für diesen Fall kann Socket.io auf alternative Ports ausweichen, wobei in der Regel einer der beiden Ports 80 und 843 verwendet wird. Port 843 ist der standardmäßig für Flash Sockets genutzte Port und wird daher von den meisten Firewalls nicht für eingehende Anfragen blockiert.

Details zum Verhalten von Socket.io in speziellen Kombinationen von Webbrowser und Firewall finden sich in der Dokumentation von Socket.io.[7]

12.1.8   Socket.io und Hosting

Während die Verwendung von Websockets mit Node.js kein Problem darstellt, funktioniert dies nicht in allen gehosteten Umgebungen einwandfrei.

Nginx Nginx unterstützt als Reverse-Proxy vor der Version 1.1 keine Websockets. Weibin Yao hat allerdings ein entsprechendes Modul für Nginx entwickelt, das die Unterstützung auch für ältere Versionen zur Verfügung stellt.[8]

---

7. *https://github.com/LearnBoost/socket.io/wiki/Socket.IO-and-firewall-software*
8. *https://github.com/yaoweibin/nginx_tcp_proxy_module*

Um dieses verwenden zu können, muss Nginx allerdings von Hand kompiliert und das Modul während der Übersetzung integriert werden. Eine detaillierte Anleitung hierzu findet sich im Blog von Jonathan Leppert.[9]

Wird Node.js hingegen in Verbindung mit dem IIS betrieben, stehen Websockets bis einschließlich Version 7.5 nicht zur Verfügung. Erst Version 8, die als Bestandteil von Windows 8 ausgeliefert wird, enthält Unterstützung für Websockets. *IIS*

Falls das Hosting der Webanwendung ausgelagert wird, sinkt der erforderliche Aufwand je nach Anbieter unter Umständen gewaltig. Heroku unterstützt Websockets derzeit allerdings nicht, stattdessen muss hier Socket.io derart konfiguriert werden, dass standardmäßig eine alternative Kommunikationstechnologie wie beispielsweise AJAX Long Polling verwendet wird: *Heroku*

```
io.configure(function () {
  io.set('transports', [ 'xhr-polling' ]);
  io.set('polling duration', 10);
});
```

Unter Windows Azure hängt die Unterstützung von Websockets davon ab, ob die Webanwendung als WebRole oder WorkerRole betrieben wird und – im Falle einer WebRole – auf Basis welchen zugrunde liegenden Betriebssystems. *Windows Azure*

Im Falle einer WebRole stehen Websockets aufgrund der bereits genannten Einschränkungen des IIS nur dann zur Verfügung, wenn der IIS mindestens in Version 8 verwendet wird. Für ältere Versionen des IIS gilt der gleiche Ausweg wie bei Heroku.

Im Falle einer WorkerRole werden Websockets von Windows Azure ohne jegliche Einschränkungen unterstützt.

12.2 NowJS

12.2.1 Abstraktion von Socket.io

Prinzipiell löst Socket.io das Problem der Push-Kommunikation zwischen Client und Server auf elegante Weise.

Allerdings bedarf es einiger stets gleicher Codezeilen, um beispielsweise initial eine Verbindung herzustellen. Auch die Zuordnung von Ereignissen auf auszuführende Funktionen gestaltet sich aufwendiger als theoretisch erforderlich.

---

9.   *http://www.letseehere.com/reverse-proxy-web-sockets*

NowJS als Das Projekt *NowJS*[10] bietet daher eine weitere Abstraktionsschicht
Abstraktionsschicht für Websockets, die intern allerdings bereits auf Socket.io basiert. Auf
diese Art stehen alle Funktionen von Socket.io auch in NowJS zur Ver-
fügung, die Verwendung gestaltet sich aber deutlich einfacher.

Die NowJS zugrunde liegende Idee ist, einen Namensraum zur
Verfügung zu stellen, der gleichermaßen von Client und Server verwendet und automatisch zwischen beiden synchronisiert wird: Funktionsaufrufe und Zuweisungen, die am Client ausgeführt werden, werden automatisch auch am Server ausgeführt und umgekehrt.

12.2.2 Installation und Konfiguration

Die Installation von NowJS gestaltet sich sehr ähnlich zu der von
Socket.io. Auch NowJS muss zunächst mit Hilfe von npm in den lokalen Kontext der Webanwendung installiert werden:

```
$ npm install now
```

Danach kann die require-Funktion auf dem bereits bekannten Weg
verwendet werden, um NowJS zu importieren:

```
var nowjs = require('now');
```

Clientseitige Installation Clientseitig muss wiederum innerhalb einer Webseite eine Skriptdatei
referenziert werden, die wie auch bei Socket.io dynamisch von NowJS
zur Laufzeit erzeugt wird und daher rein virtueller Natur ist. Lediglich
der Ordner- und der Dateiname weichen von Socket.io geringfügig ab:

```
<script type='text/javascript' src='/nowjs/now.js'>
</script>
```

12.2.3 Client und Server verbinden

Wie bei Socket.io muss auch im Rahmen von NowJS zunächst ein
Socket-Server gestartet werden.

Socket-Server erzeugen Dies geschieht bei NowJS prinzipiell auf dem gleichen Weg wie bei
Socket.io, indem die initialize-Funktion aufgerufen wird. Diese
erwartet den http-Server der Webanwendung als Parameter und gibt
den neu erzeugten Socket-Server als Rückgabewert zurück:

```
var http = require('http'),
    nowjs = require('now');
var server = http.createServer(function(req, res) {
  res.send('Hallo NowJS!');
}).listen(3000);
var everyone = nowjs.initialize(server);
```

10. *http://nowjs.com/*

Clientseitig sind im Gegensatz zu Socket.io keine weiteren Maßnah- *Client verbinden*
men erforderlich: Die Verbindung zum Server wird automatisch hergestellt, sobald die Skriptdatei now.js referenziert wird.

Allerdings empfiehlt es sich, jeglichen clientseitigen Code in einem
Callback zu kapseln, welcher der Funktion ready des now-Objekts übergeben wird. Auf diese Weise ist sichergestellt, dass die Verbindung hergestellt wurde, bevor versucht wird, auf diese zuzugreifen:

```
<script type='text/javascript' src='/nowjs/now.js'>
</script>
<script type='text/javascript'>
  now.ready(function () {
    // ...
  });
</script>
```

12.2.4   Vom Client zum Server

Die Übertragung von Daten vom Client zum Server erfolgt in NowJS
mit Hilfe von Funktionen. Damit ein Client eine serverseitige Funktion
aufrufen kann, muss diese zunächst am everyone-Objekt des Servers
definiert werden:

```
everyone.now.foo = function () {
  // ...
};
```

Da diese Funktion automatisch zum Client synchronisiert wird, kann
sie dort nun aufgerufen werden:

```
now.ready(function () {
  now.foo();
});
```

Bemerkenswert hierbei ist, dass der Aufruf der Funktion an sich zwar
am Client erfolgt, die Ausführung der Funktion jedoch serverseitig
geschieht.

Wenn Daten vom Client an den Server gesendet werden sollen, *Daten an den Server*
müssen diese der Funktion als Parameter übergeben werden. Dabei *senden*
können beliebige Datentypen einschließlich Funktionen verwendet
werden:

```
everyone.now.foo = function (data, callback) {
  // ...
  callback('done');
};
```

Auch diese Funktion wird automatisch zum Client synchronisiert, weshalb sie dort aufgerufen werden kann:

```
now.ready(function () {
  now.foo({ ... }, function (data) {
    // ...
  });
});
```

Variablen synchronisieren

Die Synchronisation ist jedoch nicht nur für Funktionen möglich. NowJS ermöglicht nämlich auch die Synchronisation von Variablen, die clientseitig als Eigenschaft am now-Objekt definiert werden:

```
now.ready(function () {
  now.data = 'bar';
});
```

Der serverseitige Zugriff auf diese Eigenschaften ist jedoch nicht ganz so einfach wie der Aufruf von Funktionen, da die Eigenschaft data nun für jeden Client existiert und daher, je nach Client, einen anderen Wert enthält.

Deshalb ist der serverseitige Zugriff auf Eigenschaften des now-Objekts nur innerhalb einer vom Client aufgerufenen Funktion möglich. Dazu dient innerhalb der serverseitigen Funktionen das Objekt this.now, das den Zugriff auf das now-Objekt des jeweiligen Clients ermöglicht:

```
everyone.now.foo = function () {
  console.log(this.now.data); // => 'bar'
};
```

12.2.5   Vom Server zum Client

Der umgekehrte Weg vom Server zum Client erfolgt prinzipiell auf die gleiche Art, lediglich die Rollen von Sender und Empfänger sind vertauscht.

Wird also am Client eine Funktion an dessen now-Objekt definiert, kann der Server diese für alle Clients mit Hilfe von everyone.now aufrufen:

```
everyone.now.foo();
```

Funktion eines bestimmten Clients aufrufen

Soll der Funktionsaufruf nicht für alle Clients, sondern nur gezielt für einen genutzt werden, kann dies wiederum über das this.now-Objekt erfolgen.

Clients gezielt ansprechen

Dieser Weg funktioniert allerdings nur im Rahmen einer serverseitigen Funktion, die von einem Client aufgerufen wurde. Wenn der Server von sich aus einen Client gezielt ansprechen soll, kann er die Verbindung zu diesem mit Hilfe der `getClient`-Funktion erhalten, wobei allerdings die ID des Clients bekannt sein muss:

```
nowjs.getClient(clientId, function () {
  // ...
});
```

Innerhalb des Callbacks kann dann wiederum das `this.now`-Objekt verwendet werden, um gezielt auf den gewünschten Client zuzugreifen.

Auch das Synchronisieren von Variablen vom Server zum Client ist möglich, wobei der Wert der Variablen gleichermaßen an alle Clients gesendet wird:

Variablen synchronisieren

```
everyone.now.data = 'baz';
```

Ebenso wie beim Aufruf von clientseitigen Funktionen kann natürlich auch für den Zugriff auf Variablen die `getClient`-Funktion verwendet werden, um einen Client gezielt anzusprechen.

12.2.6 Verbindungen verwalten

Wie Socket.io stellt auch NowJS zwei Ereignisse zur Verfügung, um auf das An- und Abmelden eines Clients reagieren zu können. Wie auch die `getClient`-Funktion sind diese beiden Ereignisse direkt am `nowjs`-Objekt implementiert:

```
nowjs.on('connect', function () {
  // ...
});
nowjs.on('disconnect', function () {
  // ...
});
```

Wenn auf den jeweiligen Client zugegriffen werden soll, kann im Falle des `connect`-Ereignisses wiederum das Objekt `this.now` verwendet werden.

12.3 Das Beispielprojekt

12.3.1 Anforderungen und Einschränkungen

Die bisherige Implementierung von silkveil.js soll in diesem Kapitel erweitert werden. Folgende Anforderungen werden gestellt:

- Das Hinzufügen und Entfernen von Mappings wird unterstützt.
- Die Kommunikation zwischen Client und Server erfolgt mit Hilfe des Push-Verfahrens, wobei NowJS verwendet wird.

Anforderungen

Einschränkungen   Die in den vorherigen Kapiteln definierten Einschränkungen gelten auch in diesem Kapitel.

12.3.2 Implementierung

Als Erstes wird NowJS als Abhängigkeit für silkveil.js registriert, indem die Datei `package.json` um den entsprechenden Eintrag ergänzt wird:

```
[...]
"node-force-domain": "0.0.4",
"now": "0.8.1"
},
[...]
```

Danach kann die tatsächliche Installation von NowJS durchgeführt werden. Dazu muss npm mit dem Parameter `install` aufgerufen werden:

```
$ npm install
```

Socket-Server erzeugen   Als Nächstes wird NowJS in der Datei `app.js` importiert, um einen Socket-Server erzeugen zu können. Dazu muss zunächst die `require`-Funktion aufgerufen werden:

```
var http = require('http'),
    nowjs = require('now'),
    express = require('express');
[...]
```

Außerdem muss die `initialize`-Funktion von NowJS aufgerufen werden:

```
[...]
actions[mapping.action](res, mapping);
});
var server =
  http.createServer(app).listen(process.env.PORT || 3000);
var everyone = nowjs.initialize(server);
```

Danach ist NowJS einsatzbereit, weshalb die virtuelle Datei `/nowjs/now.js` bereits erfolgreich von Hand im Webbrowser abgerufen werden kann.

Damit dies auch automatisch innerhalb der Webanwendung von silkveil.js geschieht, wird die Datei `/views/layout.jade` derart ergänzt, dass die Skriptdatei referenziert und daher bei jedem Seitenaufruf geladen wird:

```
[...]
link(rel='stylesheet', type='text/css', href='/styles/core.css')
script(type='text/javascript', src='/nowjs/now.js')
body
  [...]
```

Als Nächstes wird der Inhalt der Datei `views/index.jade` ersetzt, so
dass eine Funktion `now.initialize` bereitgestellt wird, die beim Laden
der Webanwendung einmalig vom Server ausgeführt wird und der
Anzeige alle Mappings hinzufügt:

Liste der Mappings laden

```
extends layout
block content
  script(type='type/javascript').
    now.initialize = function (mappings) {
      $('.mapping').remove();
      for(var i = 0, len = mappings.length; i < len; i++) {
        // ...
      }
    };
```

Um das HTML zum Hinzufügen eines Mappings nicht von Hand
zusammenfügen zu müssen, bietet es sich an, eine Vorlage zu definieren, die clientseitig verarbeitet wird. Dies erfolgt, indem Jade auch clientseitig eingebunden und in Verbindung mit jQuery verwendet wird:

```
extends layout
block content
  script(type='text/jade')#mappingTemplate.
    .mapping.grid_4
      .grid_4.alpha.omega
        h3= alias
      .key.grid_1.alpha URL:
      .grid_3.omega: a(href='\#{alias}')= url
      .key.grid_1.alpha Action:
      .grid_3.omega= action
      if action === 'redirect'
        .key.grid_1.alpha Type:
        .grid_3.omega= type
      else if action === 'download'
        .key.grid_1.alpha File name:
        .grid_3.omega= fileName
        .key.grid_1.alpha Content type:
        .grid_3.omega= contentType
        .key.grid_1.alpha Force download:
        .grid_3.omega= forceDownload
      .grid_4.alpha.omega
        h4 Constraints
      if typeof constraints !== 'undefined'
        if typeof constraints.validFrom !== 'undefined'
          .key.grid_1.alpha Valid from:
          .grid_3.omega= constraints.validFrom
        if typeof constraints.validBefore !== 'undefined'
          .key.grid_1.alpha Valid before:
          .grid_3.omega= constraints.validBefore
```

```
        else
          .grid_4.alpha.omega n/a
      script(type='text/javascript').
        var template = jade.compile($('#mappingsTemplate').text());
        now.initialize = function (mappings) {
          $('.mapping').remove();
          for(var i = 0, len = mappings.length; i < len; i++) {
            $('#content').append(template(mappings[i]));
          }
        };
```

Auf diese Art ist es möglich, die Vorlage ebenfalls in Jade zu formulieren, obwohl sie nicht im Rahmen von Node.js, sondern im Webbrowser verarbeitet wird. Allerdings gilt es dabei, zwei Besonderheiten zu beachten:

▓ Zum einen funktioniert die Prüfung einer Variablen auf undefined nicht wie gewohnt mit Hilfe einer einfachen if-Abfrage. Stattdessen muss der Typ der Variablen überprüft werden.

▓ Zum anderen muss einer in der Vorlage verwendeten Variablen in der Form #{...} ein umgekehrter Schrägstrich vorangestellt werden, da Jade ansonsten einen Fehler meldet: \#{...}

Jade und jQuery einbinden

Damit die Aufrufe von Jade und jQuery clientseitig funktionieren, müssen die beiden entsprechenden Skriptdateien jade.min.js[11] und jquery-1.7.2.min.js[12] heruntergeladen und dem Verzeichnis /public/ scripts hinzugefügt werden. Außerdem müssen sie in der Datei /views/layout.jade wie folgt referenziert werden:

```
      [...]
      link(rel='stylesheet', type='text/css', href='/styles/core.css')
      script(type='text/javascript', src='/nowjs/now.js')
      script(type='text/javascript',
            src='/scripts/jquery-1.7.2.min.js')
      script(type='text/javascript', src='/scripts/jade.min.js')
      body
      [...]
```

Zugriff auf Mappings überarbeiten

Wie sich nun herausstellt, funktioniert die Funktion now.initialize innerhalb der Datei /views/index.jade noch nicht wie gewünscht, da der Alias der einzelnen Mappings nicht zugreifbar ist. Der Grund hierfür ist, dass die Mappings als Objekt und nicht als Arrays in der Datei mappings.js gespeichert werden.

Es liegt nahe, dies zu ändern und eine entsprechende Schnittstelle für den kontrollierten Zugriff auf dieses Array einzuführen, wobei

---

11. *https://raw.github.com/visionmedia/jade/master/jade.min.js*
12. *http://code.jquery.com/jquery-1.7.2.min.js*

zunächst die beiden Funktionen find und findOne zum Abrufen aller beziehungsweise eines einzelnen Mappings anhand seines Alias implementiert werden.

Bei dieser Gelegenheit kann zudem das interne Format der Datumswerte der Einschränkungen derart überarbeitet werden, dass es nicht mehr abhängig von Moment.js ist:

```
var moment = require('moment');
var mappings = [
  {
    alias: 'goloroden',
    action: 'redirect',
    [...]
  }, {
    alias: 'google',
    action: 'redirect',
    [...]
  }, {
    alias: 'polarbear',
    action: 'download',
    [...]
    constraints: {
      validFrom: [moment.utc([2012, 0, 1]).toDate()],
      validBefore: [moment.utc([2012, 0, 1, 23, 59, 59]).toDate()]
    }
  }, {
    alias: 'portrait',
    action: 'download',
    [...]
  }
];
var store = {
  find: function () {
    return mappings;
  },
  findOne: function (alias) {
    for(var i = 0, len = mappings.length; i++) {
      if(mappings[i].alias === alias) {
        return mappings[i];
      }
    }
    return undefined;
  }
};
module.exports = store;
```

Da der Zugriff auf die Mappings innerhalb der Datei app.js nun nicht mehr direkt erfolgen kann, müssen die entsprechenden Aufrufe überarbeitet werden:

Schnittstelle zu den Mappings verwenden

```
[...]
});
app.get('/', function (req, res) {
  res.render('index');
});
app.get('/:alias', function (req, res) {
  var mapping = mappings.findOne(req.params.alias) || {
    [...]
```

Liste aller Mappings beim Verbinden übertragen

Zu guter Letzt muss beim Verbinden eines neuen Clients noch die Liste aller Mappings übertragen werden. Dies erfolgt ebenfalls in der Datei app.js, indem auf das connect-Ereignis des nowjs-Objekts reagiert wird:

```
[...]
var everyone = nowjs.initialize(server);
nowjs.on('connect', function () {
  this.now.initialize(mappings.find());
});
```

Wird silkveil.js nun im Webbrowser aufgerufen, so wird zunächst nur die Startseite mit dem Rahmengerüst geladen. Wenn danach die Verbindung zum Socket-Server hergestellt wurde, wird die Liste aller Mappings vom Server zum Client gesendet und dort dargestellt.

Mappings löschen

Nachdem die Kommunikation zwischen Client und Server nun erfolgreich auf Basis von NowJS ausgeführt wird, können die beiden verbleibenden Aufgaben implementiert werden: das Löschen und das Hinzufügen von Mappings.

Um ein Mapping zu löschen, wird ein geeigneter Link in die Vorlage in der Datei /views/index.jade eingefügt, der die serverseitige Funktion now.deleteMapping aufruft:

```
[...]
.grid_4.alpha.omega
  h3
    | \#{alias}
    a(href="javascript:void now.deleteMapping('\#{alias}');") X
  .key.grid_1.alpha URL:
  [...]
```

Die Funktion deleteMapping muss anschließend in der Datei app.js serverseitig implementiert werden. Zunächst muss diese Funktion das zu löschende Mapping aus der Liste aller Mappings entfernen. Danach benachrichtigt sie alle Clients über den Aufruf der Funktion everyone. now.mappingDeleted, dass das entsprechende Mapping entfernt wurde:

```
[...]
this.now.initialize(mappings.find());
});
everyone.now.deleteMapping = function (alias) {
  mappings.delete(alias);
  everyone.now.mappingDeleted(alias);
};
```

Um ein Mapping aus der Liste aller Mappings löschen zu können, muss in der Datei mappings.js die Funktion delete wie folgt implementiert werden:

```
[...]
return undefined;
},
delete: function (alias) {
  for(var i = 0, len = mappings.length; i < len; i++) {
    if(mappings[i].alias === alias) {
      mappings.splice(i, 1);
      return;
    }
  }
}
[...]
```

Schlussendlich muss in der Datei /views/index.jade noch die Funktion now.mappingDeleted implementiert werden. Die Aufgabe dieser Funktion besteht lediglich darin, das gelöschte Mapping aus der Darstellung zu entfernen.

Um diese Aufgabe erfüllen zu können, muss ein einzelnes Mapping allerdings in der Darstellung überhaupt identifizierbar sein. Deshalb wird zunächst die Vorlage derart erweitert, dass jedem Mapping dynamisch eine ID zugewiesen wird:

```
[...]
script(type='text/jade')#mappingTemplate.
  .mapping.grid_4(id='mapping_\#{alias}')
    .grid_4.alpha.omega
      [...]
```

Der Umweg über die Zeichenkette des Attributs id ist an dieser Stelle erforderlich, da Jade von Haus aus IDs nicht dynamisch zusammenfügen kann.

Nun kann die Funktion now.mappingDeleted wie folgt implementiert werden:

```
  [...]
  $('#content').append(template(mappings[i]));
  }
};
now.mappingDeleted = function (alias) {
  $('#mapping_' + alias).remove();
};
```

Wird silkveil.js nun in verschiedenen Webbrowsern gleichzeitig geöffnet, kann die Echtzeitkommunikation anschaulich nachvollzogen werden: Sobald ein Mapping in einem Webbrowser von Hand gelöscht wird, wird es in allen Webbrowsern aus der Darstellung entfernt.

Mappings hinzufügen   Das Hinzufügen neuer Mappings erfolgt prinzipiell nach dem gleichen Schema wie das Löschen. Zunächst muss hierfür eine neue Funktion in der Datei mappings.js ergänzt werden, deren einzige Aufgabe darin besteht, das der Funktion als Parameter übergebene Mapping der Liste aller Mappings hinzuzufügen:

```
  [...]
  return undefined;
},
create: function (mapping) {
  mappings.push(mapping);
},
delete: function (alias) {
  [...]
```

Diese Funktion wird aus der Datei app.js heraus aufgerufen, weshalb dort die Funktion createMapping hinzugefügt werden muss. Die createMapping-Funktion kann anschließend von Clients aufgerufen werden, um neue Mappings hinzuzufügen.

Dazu müssen zunächst die einzelnen Auflagen, falls vorhanden, mit Hilfe von Moment.js in Datumsobjekte konvertiert und diese anschließend in Arrays verpackt werden, damit die Struktur des Mappings der in der Datei mappings.js verwendeten entspricht:

```
  this.now.initialize(mappings.find());
});
everyone.now.createMapping = function (mapping) {
  if(mapping.constraints) {
    mapping.constraints.validFrom &&
    (mapping.constraints.validFrom = [
      moment.utc(mapping.constraints.validFrom).toDate()
    ]);
    mapping.constraints.validBefore &&
    (mapping.constraints.validBefore = [
      moment.utc(mapping.constraints.validBefore).toDate()
    ]);
  }
```

```
    mapping.create(mapping);
    everyone.now.mappingCreated(mapping);
}
everyone.now.deleteMapping = function (alias) {
    [...]
```

Die letzte Zeile der neu hinzugefügten Funktion dient schließlich dazu,
allen verbundenen Clients das neue Mapping bekannt zu machen, so
dass diese es in ihrer jeweiligen Benutzeroberfläche anzeigen können.

Zu diesem Zweck muss die Funktion `mappingCreated` in der Datei
`index.jade` hinzugefügt werden, welche die Aktualisierung der Benutzeroberfläche vornimmt:

```
    [...]
    $('#content').append(template(mappings[i]));
    }
};
now.mappingCreated = function (mapping) {
  $('#content').append(template(mapping));
};
now.mappingDeleted = function (alias) {
    [...]
```

Zusätzlich muss der Datei `index.jade` ein Formular hinzugefügt werden, mit dessen Hilfe der Benutzer ein neues Mapping erstellen kann:

```
[...]
block content
  .newMapping.grid_4
    .grid_4.alpha.omega
      h3
        | New
        a(href='#', id='createMapping') +
    .key.grid_1.alpha.omega
      label(for='alias') Alias:
    .grid_3.alpha.omega
      input(type='text', id='alias')
    .key.grid_1.alpha.omega
      label(for='url') URL:
    .grid_3.alpha.omega
      input(type='text', id='url')
    .key.grid_1.alpha.omega
      label(for='action') Action:
    .grid_3.alpha.omega
      select(id='action')
        option(value='download') download
        option(value='redirect') redirect
    .key.grid_1.alpha.omega.redirectOption
      label(for='type') Type:
```

```
      .grid_3.alpha.omega.redirectOption
        select(id='type')
          option(value='permanent') permanent
          option(value='temporary') temporary
      .key.grid_1.alpha.omega.downloadOption
        label(for='fileName') File name:
      .grid_3.alpha.omega.downloadOption
        input(type='text', id='fileName')
      .key.grid_1.alpha.omega.downloadOption
        label(for='contentType') Content type:
      .grid_3.alpha.omega.downloadOption
        input(type='text', id='contentType')
      .key.grid_1.alpha.omega.downloadOption
        label(for='forceDownload') Force download:
      .grid_3.alpha.omega.downloadOption
        select(id='forceDownload')
          option(value='false') false
          option(value='true') true
      .key.grid_1.alpha.omega
        label(for='validFrom') Valid from:
      .grid_3.alpha.omega
        input(type='datetime', id='validFrom')
      .key.grid_1.alpha.omega
        label(for='validBefore') Valid before:
      .grid_3.alpha.omega
        input(type='datetime', id='validBefore')
  script(type='text/jade')#mappingTemplate.
    [...]
```

Da nicht alle Felder für Downloads beziehungsweise Redirects relevant sind, sollen die jeweils nicht benötigten Felder ausgeblendet werden.

Dazu dient die Funktion toggleOptions, die den vom Benutzer gewählten Wert aus dem Auswahlfeld action ausliest und entsprechend alle Elemente mit der CSS-Klasse .downloadOption oder .redirectOption ausblendet.

Damit das Formular stets die für die jeweilige Situation erforderlichen Felder anzeigt, wird die Funktion jedes Mal aufgerufen, sobald sich der Wert des Feldes action ändert. Außerdem muss die Funktion am Ende des Skripts beim Laden einmal aufgerufen werden, um den initialen Zustand herzustellen:

```
[...]
var template = jade.compile($('#mappingTemplate').text());
function toggleOptions() {
  if($('#action').val() === 'redirect') {
    $('.downloadOption').hide();
    $('.redirectOption').show();
  } else {
    $('.downloadOption').show();
    $('.redirectOption').hide();
  }
```

```
  }
$('#action').change(toggleOptions);
[...]
    $('#mapping_' + alias).remove();
};
toggleOptions();
```

Zu guter Letzt fehlt nun noch die Funktion, die auf das Anklicken des
+-Links reagiert, das Mapping-Objekt aus den einzelnen Eingaben
erstellt und dieses anschließend an den Server sendet:

```
[...]
$('#action').change(toggleOptions);
$('#createMapping').click(function () {
  var mapping = {
    alias: $('#alias').val(),
    url: $('#url').val(),
    action: $('#action').val()
  };
  if(mapping.action === 'redirect') {
    $.extend(mapping, {
      type: $('#type').val()
    });
  } else {
    $.extend(mapping, {
      fileName: $('#fileName').val(),
      contentType: $('#contentType').val(),
      forceDownload: $('#forceDownload').val() === 'true'
    });
  }
  $.each(['validFrom', 'validBefore'], function (index, id) {
    var value = $('#' + id).val();
    if(value) {
      !mapping.constraints && (mapping.constraints = {});
      mapping.constraints[id] = value;
    }
  });
  now.createMapping(mapping);
  $.each(
    [
      'alias', 'url', 'type', 'fileName', 'contentType',
      'validFrom', 'validBefore'
    ],
    function (index, id) {
      $('#' + id).val('');
    }
  );
});
now.initialize = function (mappings) {
  [...]
```

Da einige Funktionen nun bereits beim Laden ausgeführt werden und auf Elemente der Webseite zugreifen, empfiehlt es sich, sämtlichen JavaScript-Code in die ready-Funktion von jQuery zu kapseln. Auf diese Weise ist sichergestellt, dass die Webseite vollständig geladen und initialisiert wurde, bevor der Skriptcode ausgeführt wird:

```
[...]
script(type='text/javascript').
  $(function() {
    var template = jade.compile($('#mappingTemplate').text());
    [...]
    toggleOptions();
  });
```

Damit die neue Funktion zum Hinzufügen von Mappings auch grafisch ansprechend angezeigt wird, muss abschließend die Datei core.styl um einige Angaben wie folgt ergänzt werden:

```
[...]
#content
  .mapping
  .newMapping
    background-color $lightgray
    [...]
    .key
      font-style italic
    input
    select
      width 100%
    div
      [...]
```

Aufruf im Webbrowser   Anschließend kann silkveil.js gestartet und im Webbrowser aufgerufen werden, wo nun das Hinzufügen neuer und das Entfernen bestehender Mappings möglich ist (siehe Abb. 12–1).

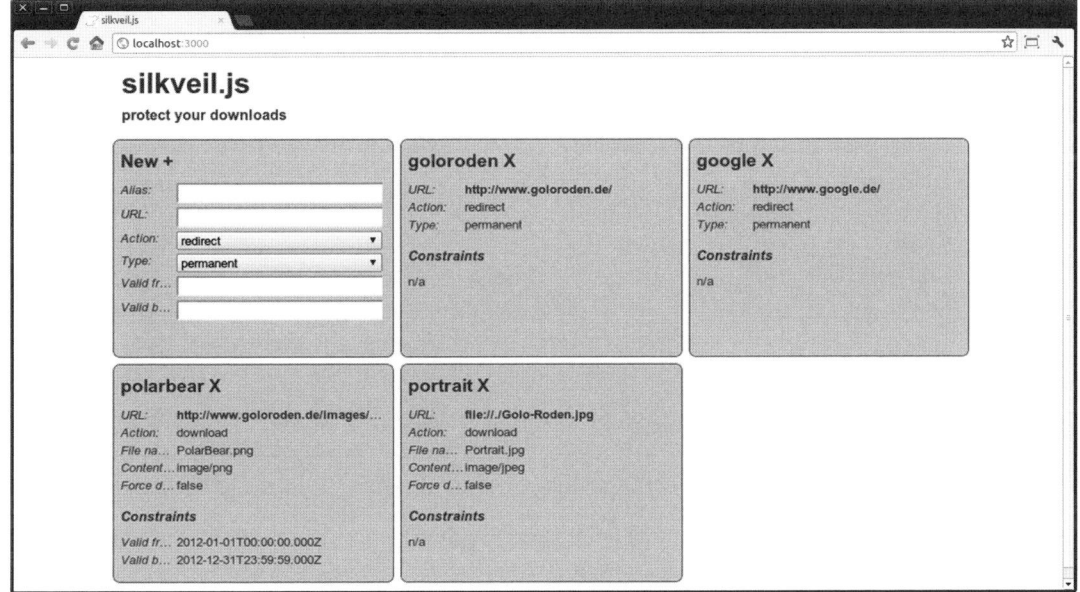

Abb. 12–1

silkveil.js unterstützt das Hinzufügen und Entfernen von Mappings.

12.4   Zusammenfassung

In der modernen Webentwicklung sind Websockets das Mittel der Wahl, um Daten in Echtzeit zwischen Client und Server bidirektional auszutauschen und Push-Verfahren zwischen beiden zu implementieren.

Das Projekt Socket.io stellt eine Abstraktionsschicht für Websockets zur Verfügung, das im Falle älterer Webbrowser auf alternative Technologien wie beispielsweise Flash Sockets, AJAX oder JSONP Polling ausweicht, wobei dies für den Entwickler vollkommen transparent erfolgt.

Socket.io stellt außerdem die Basis für das Projekt NowJS zur Verfügung, das einen von Client und Server geteilten Namensraum now zur Verfügung stellt, über den Daten auf einfachem Weg ausgetauscht und synchronisiert werden können.

13 Datenbanken ansprechen: Redis, MongoDB und PostgreSQL

Kaum eine moderne Webanwendung kann heutzutage auf Datenpersistenz in irgendeiner Form verzichten. In der Regel wird daher entweder das lokale Dateisystem oder eine Datenbank verwendet, um Daten dauerhaft abzulegen.

Das *CAP-Theorem*[1] (*Consistency, Availability, Partition Tolerance*), das sich auf verteilte Systeme bezieht, besagt, dass ein System nicht zugleich konsistent, verfügbar und ausfallsicher sein kann. Da Persistenzlösungen ab einer gewissen Größe verteilt aufgebaut werden, gilt die Aussage des CAP-Theorems auch für diese.

CAP-Theorem

Klassische, zumeist relationale Datenbanken folgen dem *ACID-Prinzip*[2] (*Atomicity, Consistency, Isolation, Durability*) und fokussieren vor allem auf den Aspekt der Konsistenz.

ACID versus BASE

Allerdings sind nicht alle Daten per se relational, eine Erkenntnis, der die *NoSQL*-Bewegung[3] mit dem *BASE-Prinzip*[4] (*Basically Available, Soft State, Eventually Consistent*) Rechnung trägt: Stete Konsistenz wird zugunsten einer besseren Verfügbarkeit geopfert.

Da viele NoSQL-Datenbanken einfacher zu verwalten und zu verwenden sind als ihre relationale Verwandten und sie darüber hinaus häufig mit JavaScript-fähigen Schnittstellen ausgestattet sind, die nativ JSON sprechen, liegt die Verwendung derartiger Datenbanken in Verbindung mit Node.js ausgesprochen nahe.

NoSQL und Node.js

13.1 Redis

13.1.1 Datenbanktypen

Unter den NoSQL-Datenbanken herrscht eine deutlich umfangreichere Diversifizierung für verschiedene Einsatzszenarien vor als bei

---

1. *http://www.julianbrowne.com/article/viewer/brewers-cap-theorem*
2. *http://de.wikipedia.org/wiki/ACID*
3. *http://nosql-database.org/*
4. *http://queue.acm.org/detail.cfm?id=1394128*

den klassischen, relationalen Datenbanken. Dennoch können einige Grundtypen identifiziert werden, denen man häufig begegnet:

Key-Value-Datenbanken

Key-Value-Datenbanken:
Key-Value-Datenbanken stellen den einfachsten Typ einer NoSQL-Datenbank dar. Sie bieten lediglich die Möglichkeit, einen Wert unter Verwendung eines einzigen, eindeutigen Schlüssels abzulegen und diesen Wert zu einem späteren Zeitpunkt anhand dieses Schlüssels wieder zu laden. Im Grunde handelt es sich bei dieser Art von Datenbanken um nichts anderes als eine Hashtabelle, die persistiert und über verschiedene Server verteilt wird. Der gespeicherte Wert ist unstrukturiert und stellt daher lediglich eine Zeichenkette oder ein binäres Datenfeld dar, so dass im Prinzip beliebige Daten gespeichert werden können.

Dokumentenorientierte Datenbanken

Dokumentenorientierte Datenbanken:
Im Gegensatz zu den Key-Value-Datenbanken verarbeiten dokumentenorientierte Datenbanken strukturierte Daten und ermöglichen damit komplexe Abfragen. Gespeichert werden sogenannte Dokumente, wobei ein Dokument in der Regel nichts anderes als ein Objekt beziehungsweise ein Objektbaum ist, häufig sogar in JSON-Notation. Anders als für herkömmliche, relationale Datenbanken ist für diesen Typ von Datenbank jedoch kein festes Tabellenschema erforderlich. Stattdessen können beliebig strukturierte Dokumente in einer gemeinsamen Auflistung vermischt werden.

Wide-Column-Datenbanken

Wide-Column-Datenbanken:
Wide-Column-Datenbanken speichern jedes Attribut in einer eigenen Tabelle, das heißt, die einzelnen Datensätze werden tabellenübergreifend spaltenorientiert abgelegt und nicht zeilenorientiert in einer einzigen Tabelle wie bei relationalen Modellen. Die physische Anordnung der Daten ist daher anders organisiert als bei den klassischen, relationalen Datenbanken. Besonders gut eignen sich Wide-Column-Datenbanken daher für die Analyse und Aggregation von umfangreichen Datenmengen, da jeweils eine Datenspalte in einer eigenen dedizierten Tabelle vorliegt.

Graph-Datenbanken

Graph-Datenbanken:
Im Gegensatz zu den zuvor genannten Datenbanken stellen Graph-Datenbanken einen Spezialfall dar: Sie dienen nämlich primär nicht dazu, die eigentlichen Daten zu speichern, sondern die Beziehungen zwischen diesen. Aus diesem Grund werden Graph-Datenbanken insbesondere in sozialen Netzwerken und ähnlichen Systemen eingesetzt. Allerdings ist ihre Verbreitung aufgrund ihres speziellen Charakters deutlich niedriger als die der anderen drei Typen von NoSQL-Datenbanken.

13.1.2 Was ist Redis?

Redis[5] ist eine Key-Value-Datenbank, die als Open Source und daher kostenlos zur Verfügung steht. Da Redis einer BSD-Lizenz unterliegt, darf sie in privaten wie auch kommerziellen Projekten eingesetzt werden.

Ursprünglich war Redis nativ nur unter unixoiden Betriebssystemen lauffähig, Microsoft Open Technologies[6] arbeitet jedoch an einer nativen Portierung für Windows[7].

Redis läuft nativ unter Linux, Mac OS X und Windows.

Besonders interessant an Redis sind zwei Aspekte, die es von anderen Key-Value-Datenbanken abhebt:

- *Datentypen*:
  Als Wert eines Key-Value-Paares können verschiedene Datentypen dienen, nicht ausschließlich Zeichenketten beziehungsweise binäre Datenfelder. Neben Zeichenketten werden auch Hashwerte, Listen, Mengen und sortierte Mengen unterstützt.

- *Geschwindigkeit*:
  Obwohl Redis seine Daten persistent speichert, finden sämtliche Lese- und Schreiboperationen primär im Arbeitsspeicher statt, so dass jegliche Zugriffe extrem schnell durchgeführt werden.

13.1.3 Installation und Konfiguration

Die Installation von Redis gestaltet sich verhältnismäßig einfach, wobei je nach verwendetem Betriebssystem ein unterschiedliches Vorgehen erforderlich ist.

Die Installation unter Linux erfolgt entweder mit Hilfe der Paketverwaltung der zugrunde liegenden Distribution oder von Hand. So genügt unter Ubuntu beispielsweise der folgende Aufruf, um Redis einschließlich aller Abhängigkeiten zu installieren:

Linux

```
$ sudo apt-get install redis-server
```

Alternativ kann der Quellcode von Redis heruntergeladen und von Hand übersetzt werden:

```
$ wget http://redis.googlecode.com/files/redis-2.4.15.tar.gz
$ tar xzf redis-2.4.15.tar.gz
$ cd redis-2.4.15
$ make
```

---

5. *http://redis.io*
6. *http://blogs.msdn.com/b/interoperability/archive/2012/04/12/announcing-one-more-way-microsoft-will-engage-with-the-open-source-and-standards-communities.aspx*
7. *https://github.com/MSOpenTech/redis*

Die übersetzte und lauffähige Anwendung befindet sich danach im Unterverzeichnis src und kann mit Hilfe der Anweisung

```
$ src/redis-server
```

gestartet werden.

Mac OS X Unter Mac OS X gestaltet sich die Installation ähnlich. Auch hier stehen zwei Varianten zur Auswahl. Sofern die Paketverwaltung *Homebrew* installiert ist, genügt der folgende Aufruf auf der Konsole:

```
$ brew install redis
```

Alternativ kann auch unter Mac OS X der Quellcode von Hand übersetzt werden. Das Vorgehen entspricht hierbei dem unter Linux erforderlichen.

Windows Unter Windows stehen derzeit keine vorkompilierten Installationspakete zur Verfügung, so dass der Quellcode in jedem Fall von Hand übersetzt werden muss. Der Quellcode findet sich samt einer Installationsanleitung im entsprechenden GitHub-Repository.[8]

13.1.4   Verbinden

Um eine Verbindung mit Redis herzustellen, wird zunächst ein entsprechendes Modul für Node.js benötigt. Eine Liste aller verfügbaren Module befindet sich im Wiki[9] von Node.js.

Diese Liste enthält unter anderem das Modul *node_redis*[10], das auch die Basis für das früher bereits erwähnte Modul connect-redis darstellt, das Redis als Datenquelle für Sessions in Connect verwendet.

node_redis installieren Die Installation von node_redis erfolgt mit Hilfe von npm auf dem üblichen Weg in den lokalen Kontext der Webanwendung:

```
$ npm install redis
```

Bei Bedarf kann zusätzlich das Modul *hiredis*[11] installiert werden, das den JavaScript-Parser von node_redis durch einen in C geschriebenen nativen ersetzt.

Anschließend kann node_redis wie gewohnt mit Hilfe der require-Funktion importiert werden. Sofern hiredis ebenfalls installiert wurde, wird es automatisch geladen:

```
var redis = require('redis');
```

---

8.   *https://github.com/MSOpenTech/redis*
9.   *https://github.com/joyent/node/wiki/modules#wiki-db-nosql-redis*
10. *https://github.com/mranney/node_redis*
11. *https://github.com/antirez/hiredis*

Um eine Verbindung zu Redis herzustellen, muss die Funktion create-Client aufgerufen werden. Sofern Redis auf der lokalen Maschine unter dem Standardport 6379 ausgeführt wird, erfordert die create-Client-Funktion keine weiteren Parameter: *Verbindung herstellen*

```
var client = redis.createClient();
```

Wird Redis hingegen auf einem anderen Port oder gar einem anderen Server ausgeführt, müssen der Port und gegebenenfalls der Hostname beziehungsweise die IP-Adresse des Servers als Parameter übergeben werden:

```
var client = redis.createClient(5000, '192.168.0.1');
```

Sobald die Verbindung hergestellt wurde und Redis bereit ist, um Anfragen entgegenzunehmen, löst node_redis das ready-Ereignis aus. Werden bereits vor dem Auslösen dieses Ereignisses Anfragen an Redis gesendet, puffert node_redis diese und führt sie aus, sobald die Verbindung bereit ist.

Sofern Redis eine Authentifizierung erfordert, muss direkt nach dem Herstellen der Verbindung die Funktion auth aufgerufen werden, der das Kennwort übergeben wird. Da Redis keine Benutzer unterstützt, entfällt die gesonderte Angabe eines Benutzernamens. *Authentifizieren*

Außer dem Kennwort wird zusätzlich ein Callback übergeben, der nach der Authentifizierung aufgerufen wird:

```
client.auth('secret', function () {
  // ...
});
```

Wird die Verbindung zu Redis unterbrochen, versucht node_redis automatisch, eine neue Verbindung herzustellen. Die in diesem Fall erneute Authentifizierung erfolgt ebenfalls automatisch, so dass der gesamte Vorgang für den Entwickler transparent geschieht.

Wichtig ist, dass der Aufruf der auth-Funktion vor und nicht innerhalb des ready-Callbacks stattfindet. Andernfalls meldet node_redis den folgenden Fehler:

```
Error: Ready check failed: ERR operation not permitted
```

Um eine bestehende Verbindung abschließend wieder zu trennen, verfügt node_redis über zwei Funktionen: quit und end. Während die quit-Funktion alle noch ausstehenden Anfragen abwartet, bevor sie die Verbindung trennt, kappt end diese sofort und verwirft daher die noch ausstehenden Anfragen. *Verbindung trennen*

Im Normalfall sollte daher die quit-Funktion verwendet und auf end nur dann ausgewichen werden, wenn das Trennen der Verbindung zeitkritisch ist oder beispielsweise bei einer hängenden Verbindung erzwungen werden soll:

```
client.quit();
```

13.1.5   Anweisungen ausführen

node_redis unterstützt alle Anweisungen von Redis[12], wobei die Anweisungen in Groß- und Kleinschreibung zur Verfügung stehen. Um also beispielsweise das Objekt { foo: 'bar' } unter dem Schlüssel 23 zu speichern, genügt der Aufruf der folgenden Zeile:

```
client.set('23', { foo: 'bar' });
```

Optionaler Callback   Für jede Anweisung kann als letzter Parameter ein optionaler Callback übergeben werden, der die Signatur

```
function (err, res)
```

erfüllt. node_redis stellt die zu dieser Signatur kompatible Funktion redis.print zur Verfügung, die während der Entwicklung zu Protokollzwecken verwendet werden kann und interne Informationen von Redis und node_redis auf der Konsole ausgibt.

13.1.6   Datentypen

Der Basisdatentyp für Werte in Redis ist eine Zeichenkette, wobei diese »binary safe« sind. Das bedeutet, dass eine solche Zeichenkette prinzipiell beliebige Text- und Binärdaten aufnehmen kann, sofern die interne Größenbeschränkung von 512 MByte je Zeichenkette nicht überschritten wird.

Zeichenketten   Zeichenketten können nicht nur ausgelesen und geschrieben, sondern auch auf verschiedenen Wegen modifiziert werden. So stehen beispielsweise die Anweisungen INCR[13] und DECR[14] zur Verfügung, die Zeichenketten atomar in- beziehungsweise dekrementieren können:

```
redis> SET foo "23"
OK
redis> INCR foo
(integer) 24
redis> GET foo
"24"
```

---

12. *http://redis.io/commands*
13. *http://redis.io/commands/incr*
14. *http://redis.io/commands/decr*

Besonders nützlich ist die Möglichkeit, gezielt auf Substrings beziehungsweise einzelne Bits eines Strings zugreifen zu können, wodurch eine sehr kompakte und effiziente Möglichkeit besteht, Daten zu codieren. Ein Überblick über alle Anweisungen zur Verarbeitung von Zeichenketten findet sich auf der Webseite von Redis[15].

Während Zeichenketten in Redis der allgemeinen Vorstellung von Zeichenketten entsprechen, gilt dies für Hashwerte nicht: Diese stellen nämlich keine Hashwerte im kryptographischen Sinne dar, sondern eher ein Konstrukt wie eine Reihe von Werten. *Hashwerte*

Hashwerte eignen sich damit besonders, um Objekte mit zahlreichen Eigenschaften zu speichern, auf die einzeln zugegriffen werden können soll, was mit Hilfe der Anweisungen HMSET[16], HSET[17] und HGET-ALL[18] geschieht:

```
redis> HMSET user:1000 login Golo password secret age 33
OK
redis> HGETALL user:1000
1) "login"
2) "Golo"
3) "password"
4) "secret"
5) "age"
6) "33"
redis> HSET user:1000 password newSecret
(integer) 0
redis> HGETALL user:1000
1) "login"
2) "Golo"
3) "password"
4) "newSecret"
5) "age"
6) "33"
```

Eine Liste aller für Hashwerte gültigen Anweisungen findet sich ebenfalls auf der Webseite.[19]

Neben Zeichenketten und Hashwerten werden auch Listen unterstützt, die jeweils bis zu 2^{32}-1, also 4.294.967.295, Elemente enthalten können. *Listen*

Mit den Anweisungen LPUSH[20] und RPUSH[21] können neue Elemente am Anfang beziehungsweise am Ende der Liste hinzugefügt werden,

---

15. *http://redis.io/commands/#string*
16. *http://redis.io/commands/hmset*
17. *http://redis.io/commands/hset*
18. *http://redis.io/commands/hgetall*
19. *http://redis.io/commands#hash*
20. *http://redis.io/commands/lpush*

analog dazu können die Listenelemente mit LPOP[22] und RPOP[23] wieder abgerufen werden. Mit der Anweisung LTRIM[24] können Listen zudem in ihrer Länge begrenzt werden, so dass auf einfache Art eine Queue oder ein Stack fester Größe implementiert werden können:

```
redis> RPUSH mylist "one"
(integer) 1
redis> RPUSH mylist "two"
(integer) 2
redis> RPUSH mylist "three"
(integer) 3
redis> LTRIM mylist 1 -1
OK
redis> LRANGE mylist 0 -1
1) "two"
2) "three"
```

Mengen Schließlich gibt es noch Mengen: Prinzipiell ist eine Menge eine unsortierte Ansammlung von Zeichenketten, zu der Werte hinzugefügt oder von der Werte entfernt werden können.

Im Unterschied zu einer Liste kann jeder Wert in einer Menge nur ein einziges Mal enthalten sein. Wird versucht, ihn ein weiteres Mal hinzuzufügen, so ist der Wert dennoch nur ein einziges Mal enthalten.

Außerdem sind typische Mengenoperationen wie beispielsweise die Schnittmenge oder die Vereinigung bereits als serverseitige Operationen implementiert. Auch Mengen können wiederum maximal 2^{32}-1 Elemente enthalten.

Sortierte Mengen unterscheiden sich von den normalen Mengen lediglich dadurch, dass ihre Elemente nicht unsortiert, sondern nach einem numerischen Kriterium geordnet sind. Sämtliche Anweisungen zur Verarbeitung von Mengen und sortierten Mengen finden sich auf der Webseite von Redis[25].

13.1.7   Performance

Prinzipiell führt Redis sämtliche Lese- und Schreiboperationen im Arbeitsspeicher aus, weshalb Redis eine ausgesprochen hohe Performance aufweist.

Allerdings besteht in Redis zusätzlich die Möglichkeit, die Daten zu persistieren, wobei jedoch kein merklicher Geschwindigkeitsverlust

---

21. *http://redis.io/commands/rpush*
22. *http://redis.io/commands/lpop*
23. *http://redis.io/commands/rpop*
24. *http://redis.io/commands/ltrim*
25. *http://redis.io/commands#set* und *http://redis.io/commands#sorted_set*

entsteht. Je nach Version von Redis stehen dafür zwei verschiedene Verfahren zur Verfügung.

Vor Version 1.1 bestand die einzige Möglichkeit, Daten zu persistieren, in der Verwendung sogenannter *Snapshots*. Ein Snapshot stellt dabei eine Kopie des gesamten Datenbestandes zu einem bestimmten Zeitpunkt dar.

Snapshots verwenden

Per Konfigurationsoption kann Redis angewiesen werden, alle x Sekunden einen Snapshot des Datenbestandes anzufertigen, sofern seit dem letzten Snapshot y Änderungen aufgetreten sind: So könnte beispielsweise alle 60 Sekunden ein Snapshot angefertigt werden, sofern sich innerhalb der vergangenen 60 Sekunden mindestens 1.000 Schlüssel geändert haben.

Obwohl dieses Verfahren prinzipiell funktioniert, ist es nicht sonderlich verlässlich: Wird die Ausführung von Redis unterbrochen, beispielsweise durch einen Servercrash, gehen die zuletzt geschriebenen Daten unwiderruflich verloren.

Seit Version 1.1 bietet Redis mit dem sogenannten *Append-Only File* (AOF) eine deutlich verlässlichere Alternative zur Persistenz des Datenbestandes an. Um AOF zu aktivieren, muss der Konfigurationsdatei von Redis der Eintrag appendonly yes hinzugefügt werden.

Append-Only File (AOF) verwenden

Allerdings gilt dies nur, wenn diese Einstellung vor der ersten Verwendung der Datenbank vorgenommen wird. Sobald Redis einmal begonnen hat, Snapshots zu erzeugen, ist der Prozess zur Aktivierung von AOF etwas aufwendiger und hängt von der eingesetzten Version von Redis ab.

In Redis ab Version 2.2 genügt es dazu, folgende Anweisungen auf der Konsole auszuführen:

```
$ redis-cli config set appendonly yes
$ redis-cli config set save ""
```

Vor Redis in der Version 2.2 war es zunächst notwendig, alle Schreibvorgänge gegen die Datenbank anzuhalten. Anschließend muss das AOF-Protokoll per Hand auf der Konsole durch die Anweisung

```
$ redis-cli bgrewriteaof
```

erzeugt werden. Sobald Redis diesen Vorgang abgeschlossen hat, muss der Server beendet werden. Im Anschluss kann AOF in der Konfigurationsdatei wie oben beschrieben per Hand aktiviert und Redis neu gestartet werden.

Sobald AOF aktiviert wurde, schreibt Redis jede Veränderung der Daten in ein Protokoll. Im Fall eines Neustarts von Redis wird dieses Protokoll erneut abgespielt, so dass sich der zuletzt gültige Datenbestand wieder ergibt.

Synchronisation von Redis mit dem Datenträger

Es liegt auf der Hand, dass das AOF-Verfahren dem Erzeugen von Snapshots vorzuziehen ist. Allerdings stellt sich auch hierbei die Frage nach der Datensicherheit.

Diese hängt letztlich davon ab, wie häufig das AOF-Protokoll auf einen Datenträger synchronisiert wird. Prinzipiell gibt es hierfür in Redis drei Einstellungsmöglichkeiten:

- *Synchronisation nach jeder Änderung*:
  Dies ist die sicherste, aber zugleich auch die langsamste Option.

- *Synchronisation jede Sekunde*:
  Dies ist die Standardeinstellung, die für die meisten Szenarien ausreichend schnell ist. Ein potenzieller Datenverlust bezieht sich hierbei auf höchstens eine Sekunde.

- *Keine Synchronisation*:
  Redis kümmert sich nicht um die Synchronisation des AOF-Protokolls, sondern überlässt dies dem Betriebssystem. Dies ist die schnellste, aber zugleich auch die unsicherste Option.

Insgesamt gilt, dass bei sachgemäßer Einstellung der Synchronisation kein Geschwindigkeitsverlust gegenüber einer rein aus dem Arbeitsspeicher bedienten Datenbank zu bemerken ist.

Protokoll reorganisieren

Um einem unendlich anwachsenden Protokoll vorzubeugen, kennt Redis die Anweisung BGREWRITEAOF[26], die dazu dient, das Protokoll zu reorganisieren: Hierbei wird die für jedes Key-Value-Paar kürzeste Sequenz von Anweisungen ermittelt, die den aktuellen Stand ergeben. Alle Anweisungen, die in dieser Sequenz nicht enthalten sind, werden aus dem Protokoll entfernt.

Da Redis die BGREWRITEAOF-Anweisung nicht automatisch ausführt, muss dies von Zeit zu Zeit per Hand aufgerufen werden.

13.1.8   Replikation

Die Replikation in Redis ist ausgesprochen einfach zu konfigurieren, wobei folgende Aspekte zu beachten sind:

- *Vollständige Kopien*:
  Jeder Slave ist stets eine vollständige Kopie seines Masters.

- *Mehrfache Slaves*:
  Ein Master kann mehrere Slaves bedienen.

- *Slave und Master gleichzeitig*:
  Slaves können ihrerseits Master für weitere Slaves sein.

---

26. *http://redis.io/commands/bgrewriteaof*

▪ *Nichthierarchische Strukturen*:
Master-Slave-Strukturen müssen nicht zwingend hierarchisch aufgebaut sein. Stattdessen können zwei Slaves auch gegenseitig der jeweilige Master sein, so dass Graphstrukturen möglich sind.

▪ *Blockieren vermeiden*:
Während einer Replikation wird der Slave blockiert, nicht der Master.

▪ *Leistung steigern*:
Replikation kann genutzt werden, um die Leistung des Masters zu steigern, indem dieser nicht mehr persistiert, sondern sämtliche Schreibvorgänge an seine Slaves weiterleitet.

Um die Replikation für Redis zu aktivieren, genügt es, der Konfigurationsdatei eines Slaves die Zeile

```
slaveof 192.168.0.1 6379
```

hinzuzufügen, wobei Adresse und Port des Masters natürlich den individuellen Gegebenheiten angepasst werden müssen.

13.2 MongoDB

13.2.1 Was ist MongoDB?

MongoDB[27] ist wie Redis eine als Open Source kostenlos verfügbare NoSQL-Datenbank, allerdings handelt es sich hierbei um eine dokumentenorientierte Datenbank, nicht um eine Key-Value-Datenbank.

Zwar steht die Datenbank selbst unter der sehr restriktiven AGPL 3.0-Lizenz[28], die Treiber fallen in der Regel jedoch unter die Apache-Lizenz[29], so dass der Verwendung von MongoDB auch im kommerziellen Umfeld prinzipiell nichts im Wege steht. Anders als Redis steht MongoDB nativ nicht nur für unixoide Betriebssysteme, sondern auch für Windows zur Verfügung.[30]

Allerdings birgt der Einsatz von MongoDB unter Windows einige Probleme, da MongoDB die Datenbank mit Hilfe von Memory-Mapped-Files abbildet und diese unter Windows nicht in ihrer Größe begrenzbar sind.

MongoDB unter Windows

27. *http://www.mongodb.org/*
28. *http://de.wikipedia.org/wiki/GNU_Affero_General_Public_License*
29. *http://de.wikipedia.org/wiki/Apache-Lizenz*
30. *http://www.mongodb.org/downloads*

Während dies auf einem dedizierten Datenbankserver nicht weiter ins Gewicht fällt, kann es auf einem Server, der noch andere Aufgaben erledigen soll, durchaus kritisch sein.

Um diesem Problem zu begegnen, muss MongoDB unter Windows entweder innerhalb einer virtualisierten Umgebung ausgeführt werden, oder es muss der *Windows System Resource Manager*[31] (WSRM) genutzt werden.

Da zudem der MongoDB-Dienst unter Windows dazu neigt, Sperren zwar zu setzen, aber nicht wieder freizugeben, ist der Einsatz von MongoDB unter Windows zumindest derzeit insgesamt nur bedingt empfehlenswert.

Besonderheiten von MongoDB

Abgesehen davon weist MongoDB jedoch einige ausgesprochen interessante Besonderheiten auf:

- *Schemafreiheit*:
  Die in MongoDB abgelegten Dokumente können von beliebiger Struktur sein und auch beliebig untereinander gemischt werden. Zudem können Dokumente atomar aktualisiert werden.

- *Indizierung*:
  MongoDB ermöglicht die Indizierung von Dokumenten auf sämtlichen Attributen.

- *Replikation*:
  Zur Verteilung der Last beziehungsweise Ausfallsicherheit werden verschiedene Arten von Replikation unterstützt, allen voran die sogenannten *Replica Sets*.

- *Sharding*:
  MongoDB unterstützt das automatische *Sharding* von Daten, so dass der Anwender sich darüber keine Gedanken mehr machen muss.

- *Map/Reduce*:
  Map/Reduce-Anfragen werden nativ von MongoDB unterstützt.

- *GridFS*:
  Auf Basis von MongoDB kann ein eigenes verteiltes Dateisystem aufgebaut werden, das in der Lage ist, beliebig große Dateien zu speichern.

Dokumente

Ein Dokument in MongoDB ist synonym zu einem JSON-Objekt: Somit kann prinzipiell jedes Objekt beziehungsweise jeder Objektbaum gespeichert werden, sofern sich diese als JSON abbilden lassen.

---

31. *http://www.captaincodeman.com/2011/02/27/limit-mongodb-memory-use-windows/*

Um Dokumente in logische Container zusammenzufassen, gibt es in MongoDB sogenannte *Collections*. Diese entsprechen sinngemäß etwa den Tabellen von klassischen, relationalen Datenbanken. Im Unterschied dazu bedürfen Collections jedoch keines Schemas: Innerhalb einer Collection können Dokumente beliebig vermischt werden.

Collections

Dennoch empfiehlt es sich nicht, alle Dokumente einer Webanwendung in eine einzige Collection zu packen, auch wenn dies rein technisch möglich wäre.

Der Grund hierfür ist simpel: Da Abfragen über eine Gruppe von Dokumenten nur über jene Attribute möglich sind, die dieser Gruppe von Dokumenten gemein ist, sind Abfrage nur dann effektiv und effizient möglich, wenn sich die Dokumente einer Collection zumindest im Hinblick auf die häufig abgefragten Attribute ähneln.

Mehrere Collections wiederum werden in MongoDB zu einer sogenannten Datenbank zusammengefasst. Von diesen können ihrerseits verschiedene auf einer Instanz von MongoDB, sprich auf einem MongoDB-Server, gemeinsam ausgeführt werden.

Datenbanken

Interessant an MongoDB ist, dass weder Datenbanken noch Collections explizit erzeugt werden müssen. Sie können einfach verwendet werden. Beim ersten schreibenden Zugriff werden sie von MongoDB automatisch im Hintergrund erzeugt, was beispielsweise das Aufsetzen einer neuen MongoDB-Instanz drastisch vereinfacht.

Datenstrukturen entstehen im laufenden Betrieb.

Die zugehörige Webanwendung kann daher nämlich direkt damit beginnen, MongoDB zu verwenden, ohne dass zuvor noch ein dediziertes Setup ausgeführt werden müsste.

13.2.2 Installation und Konfiguration

Die Installation von MongoDB gestaltet sich ausgesprochen einfach. Abhängig vom verwendeten Betriebssystem muss zunächst das geeignete Paket von der Webseite von MongoDB heruntergeladen werden.[32]

Danach muss das jeweilige Paket in ein leeres Verzeichnis entpackt werden, woraufhin MongoDB prinzipiell auch schon einsatzbereit ist.

Der einzige Schritt, der vor dem Start der Datenbank noch vorgenommen werden muss, ist das Anlegen eines Datenverzeichnisses. Dieses sucht MongoDB in der Standardkonfiguration unter /data/db, so dass dieses lediglich angelegt und mit den geeigneten Rechten versehen werden muss:

Datenverzeichnis anlegen

```
$ sudo mkdir -p /data/db
$ sudo chown 'id -u' /data/db
```

---

32. *http://www.mongodb.org/downloads*

Danach kann MongoDB durch die Eingabe der Anweisung mongod gestartet werden:

```
$ mongod
```

13.2.3   Verbinden

Auch für die Verbindung zu MongoDB wird zunächst ein entsprechendes Modul für Node.js benötigt. Eine Liste aller verfügbaren Module findet sich im Wiki[33] von Node.js.

node-mongodb-native und Ergänzungen

Obwohl die Auswahl auf den ersten Blick ausgesprochen umfangreich ist, stellen viele Module lediglich Erweiterungen und Ergänzungen für den vom Hersteller von MongoDB bereitgestellten Treiber namens *node-mongodb-native*[34] dar:

▪ *node-mongoskin*:
  Das Modul *node-mongoskin*[35] vereinfacht die Schnittstelle von node-mongodb-native, indem zahlreiche Callbacks durch *Futures*[36] ersetzt wurden. Daher fühlt sich die Verwendung von node-mongoskin wesentlich leichtgewichtiger an als die von node-mongodb-native.

▪ *GridFS*:
  Das Modul *GridFS*[37] ermöglicht den Zugriff auf das in MongoDB implementierte verteilte Dateisystem, mit dessen Hilfe Dateien beliebiger Größe gespeichert werden können.

▪ *Mongoose*:
  Das Modul *Mongoose*[38] ist eines der wenigen, die nicht auf node-mongodb-native aufbauen. Dennoch ist Mongoose erwähnenswert, da es einen objektrelationalen Mapper einschließlich einer anpass- und erweiterbaren Middleware zur Verfügung stellt.

Welches Modul nachher tatsächlich verwendet wird, ist letztlich eine Frage des persönlichen Geschmacks.

node-mongoskin installieren

Da node-mongoskin nah mit node-mongodb-native verwandt ist und sich an der nativen Schnittstelle von MongoDB orientiert, zugleich aber ausgesprochen einfach zu verwenden ist, werden die folgenden Beispiele anhand dieses Moduls gezeigt.

---

33. *https://github.com/joyent/node/wiki/modules#wiki-db-nosql-mongo*
34. *https://github.com/mongodb/node-mongodb-native*
35. *https://github.com/kissjs/node-mongoskin*
36. *http://en.wikipedia.org/wiki/Future_%28programming%29*
37. *https://github.com/siddMahen/GridFS*
38. *http://mongoosejs.com/*

Die Installation von node_mongoskin erfolgt mit Hilfe von npm auf dem üblichen Weg in den lokalen Kontext der Webanwendung:

```
$ npm install mongoskin
```

Danach kann das Modul auf dem gewohnten Weg mit Hilfe der require-Funktion in die Webanwendung importiert werden:

```
var mongo = require('mongoskin');
```

Zum Herstellen einer Verbindung dient die Funktion db, der eine Verbindungszeichenfolge übergeben wird, die neben der Adresse und dem Port des zu verwendenden Servers auch den Namen der Datenbank enthält. Wird der Standardport von MongoDB, 27017, verwendet, kann die Angabe der Portnummer entfallen: *Verbindung herstellen*

```
mongo://192.168.0.1:5000/mydb
```

Wird innerhalb der Verbindungszeichenfolge zusätzlich der Parameter auto_reconnect angegeben und auf den Wert true gesetzt, kümmert sich node_mongoskin im Falle eines Verbindungsabbruchs automatisch um das Wiederherstellen der Verbindung:

```
mongo://192.168.0.1:5000/mydb?auto_reconnect=true
```

Das Ergebnis eines Aufrufs der db-Funktion ist ein Objekt, über das alle weiteren Anfragen an die Datenbank ausgeführt werden können:

```
var db = mongo.db('mongo://192.168.0.1:5000/mydb');
```

Falls MongoDB eine Authentifizierung erfordert, können der Benutzername und das zugehörige Kennwort ebenfalls im Rahmen der Verbindungszeichenfolge übergeben werden, indem die beiden Werte dem Host vorangestellt und durch einen Doppelpunkt voneinander getrennt werden: *Authentifizieren*

```
var db = mongo.db('mongo://user:secret@192.168.0.1:5000/mydb');
```

Um eine bestehende Verbindung nach ihrer Verwendung wieder zu schließen, stellt node_mongoskin die close-Funktion zur Verfügung, die optional einen Callback als Parameter entgegennimmt: *Verbindung trennen*

```
db.close(function () {
  // ...
});
```

13.2.4 Zugriff auf Collections

Für den Zugriff auf Collections stellt node-mongoskin die Funktion collection zur Verfügung, die den Namen der zu verwendenden Collection als Parameter erwartet:

```
var persons = db.collection('persons');
```

Collections binden Prinzipiell funktioniert diese Schreibweise zwar, allerdings verursacht sie unnötigen Aufwand und weicht zudem von der nativen Schnittstelle von MongoDB ab, bei der ein Aufruf von

```
db.persons
```

genügt. Um diese Syntax auch in node-mongoskin nutzen zu können, dient die Funktion bind. Diese muss initial mit dem Namen der zu bindenden Collections aufgerufen werden und stellt diese anschließend als Eigenschaften am db-Objekt zur Verfügung:

```
db.bind('persons');
var persons = db.persons;
```

Eigene Funktionalität Darüber hinaus ermöglicht die bind-Funktion, einer Collection eigene
hinzufügen Funktionalität hinzuzufügen, indem als zweiter Parameter ein Objekt übergeben wird, dessen Funktionen an die jeweilige Collection gebunden werden und daher direkt an dieser aufgerufen werden können:

```
db.bind('persons', {
  foo: function (...) {
    // ...
  }
});
db.persons.foo(...);
```

Innerhalb der gebundenen Funktionen verweist this auf die jeweilige Collection.

13.2.5   Zugriff auf Dokumente

Sobald der Zugriff auf eine Collection besteht, können Dokumente auf einfache Art gespeichert werden, indem die save-Funktion aufgerufen und das zu speichernde Objekt übergeben wird:

```
db.persons.save({
  login: "Golo",
  password: "secret",
  age: 33
});
```

Dabei wird im Hintergrund automatisch ein ID-Feld mit der Bezeichnung _id hinzugefügt, dem eine zufällig erzeugte hexadezimale ID als Wert zugewiesen wird, so dass jedes neu gespeicherte Dokument über eine eindeutige ID verfügt.

Dokumente laden Um anschließend alle in der Collection persons enthaltenen Dokumente wieder auszulesen, dient die Funktion find, die auf zwei verschiedenen Wegen verwendet werden kann:

- Wird dem Aufruf von `find` als letzter Paramater ein Callback übergeben, wird dieser nach der erfolgreichen Ausführung der Abfrage
  aufgerufen und erhält einen Cursor, über den iterativ auf die
  eigentlichen Daten zugegriffen werden kann.
- Wird hingegen kein Callback übergeben, so gibt die `find`-Funktion
  einen Cursor als Future zurück, der zum Beispiel mit Hilfe der
  Funktion `toArray` in ein Array umgewandelt und verarbeitet werden kann.

Während die erste Variante dem Vorgehen von node-mongodb-native
entspricht, reizt die zweite die Fähigkeiten von node-mongoskin besser
aus:

```
db.persons.find().toArray(function (err, persons) {
  // ...
});
```

Der explizite Aufruf von `toArray` kann vermieden werden, indem *findItems und findEach*
anstelle der `find`-Funktion die Funktion `findItems` verwendet wird, die
diesen Aufruf implizit durchführt:

```
db.persons.findItems(function (err, persons) {
  // ...
});
```

Alternativ kann die Funktion `findEach` verwendet werden. Der einzige
Unterschied zu `findItems` besteht darin, dass der übergebene Callback
nicht für alle Dokumente gemeinsam, sondern für jedes einzeln aufgerufen wird:

```
db.persons.findEach(function (err, person) {
  // ...
});
```

In der Regel sollen nicht alle Datensätze geladen werden, sondern nur *Filtern*
solche, die einem bestimmten Kriterium entsprechen. Dieses Suchkrite-
rium wird bei MongoDB als Objekt formuliert und der `find`-Funktion
als Parameter übergeben:

```
db.persons.find({
  login: "Golo"
}).toArray(function (err, persons) {
  // ...
});
```

Auf die gleiche Art sind Abfragen mit Operatoren möglich, indem für
jeden Operator ein weiteres Objekt erzeugt wird. So sucht die folgende
Anweisung beispielsweise alle Personen, die älter als 18 Jahre sind:

```
db.persons.find({
  age: { "$gt": 18 }
}).toArray(function (err, persons) {
  // ...
});
```

Neben dem Operator $gt gibt es noch einige weitere, die in Abfragen verwendet werden können:

Tab. 13–1

Die Operatoren

von MongoDB

Operator	Übersetzung	Bedeutung
$lt	less than	<
$lte	less than or equal	<=
$gte	greater than or equal	>=
$ne	not equal	!==
$in	is in array	[].contains()
$nin	is not in array	!([].contains())

Dokumente aktualisieren Zum Aktualisieren von Dokumenten kennt node-mongoskin zwei Funktionen: save und update.

Die Funktion save ersetzt das vorhandene Dokument schlichtweg durch das neue, falls die ID der beiden übereinstimmt. Wird hingegen kein bereits bestehendes Dokument mit der zu aktualisierenden ID gefunden, wird das Dokument der Collection neu hinzugefügt. Die save-Funktion entspricht daher eher einem UPSERT als einem INSERT oder UPDATE.

Mit der update-Funktion ist es hingegen möglich, auch nur einzelne Felder eines Dokuments zu aktualisieren oder zu ergänzen. Dazu erwartet diese Funktion als ersten Parameter ein Suchobjekt und als zweiten Parameter ein Objekt mit den zu ändernden beziehungsweise zu ergänzenden Feldern.

Dokumente löschen Um Dokumente schließlich aus MongoDB zu löschen, stellt node-mongoskin die Funktion remove zur Verfügung, der wie find ein Suchobjekt übergeben wird.

13.2.6 Indizierung von Dokumenten

In MongoDB einen Index zu erzeugen, ist ausgesprochen leicht. Es genügt, auf der entsprechenden Collection die Funktion ensureIndex aufzurufen und die zu indizierenden Attribute als Eigenschaften eines Objekts anzugeben:

```
db.persons.ensureIndex({
  age: 1
});
```

Sofern der Index noch nicht existiert, wird ein neuer Index aufgebaut, so dass zukünftige Anfragen auf dem angegebenen Attribut deutlich schneller verarbeitet werden können.

Für das automatisch erzeugte Attribut _id legt MongoDB übrigens automatisch einen entsprechenden Index an, so dass dies nicht von Hand erfolgen muss.

Indizes müssen dabei nicht zwingend auf ein einzelnes Attribut beschränkt sein. MongoDB erlaubt auch sogenannte zusammengesetzte Indizes.

Indizes über mehrere Felder

Bei deren Definition werden anstelle eines Attributes schlichtweg mehrere angegeben. Je nachdem, ob als Parameter für das Attribut der Wert 1 oder -1 angegeben wird, wird der Index auf- oder absteigend sortiert:

```
db.persons.ensureIndex({
    login: 1
    age: -1,
});
```

Als Besonderheit bei zusammengesetzten Indizes gilt, dass sie nicht ausschließlich für jene Kombination von Attributen gelten, die bei der Definition angegeben wurden, sondern auch für jede von links beginnende Untermenge: Der soeben erzeugte Index wäre also ebenfalls für Abfragen gültig, die sich ausschließlich auf das Attribut login beziehen.

13.2.7 Replikation und Sharding

Wie auch Redis unterstützt MongoDB das Konzept der Replikation, um Lastverteilung beziehungsweise Ausfallsicherheit zu erreichen. In MongoDB gibt es allerdings drei verschiedene Wege, wie Replikation erreicht werden kann:

- *Master-Slave*:
  Zum einen werden klassische Master-Slave-Beziehungen unterstützt. Deren Einsatz wird jedoch inzwischen nicht mehr empfohlen, da der Master unveränderlich ist. Fällt er aus, wird kein neuer Master bestimmt.

- *Replica-Paare*:
  Aus diesem Grund hat MongoDB ursprünglich die sogenannten *Replica-Paare* eingeführt, bei denen jeweils zwei Server zusammen agieren und dynamisch bestimmen, welcher von beiden als Master fungieren soll. Fällt der Master aus, übernimmt der jeweils andere dessen Rolle. Da dieses Konzept jedoch auf zwei Server beschränkt ist, wurde es in MongoDB 1.9.0 entfernt.

■ *Replica-Sets*:
Replica-Sets sind die Nachfolger der Replica-Paare und entsprechen diesen von der prinzipiellen Vorgehensweise, ermöglichen jedoch mehr als zwei Server. Replica-Sets sind der von den Entwicklern von MongoDB empfohlene Weg, um Replikation umzusetzen.

Sämtliche Informationen, wie Replica-Sets aufgesetzt und konfiguriert werden können, finden sich in der Dokumentation von MongoDB.[39]

Sharding   Replikation ermöglicht jedoch lediglich, die Redundanz eines einzelnen Servers zu erhöhen, um dessen Performance zu steigern oder Ausfallsicherheit zu bieten.

Häufig werden Datenbanken jedoch schnell dermaßen groß, dass ein Server alleine nicht genügt, um alle Daten vorhalten zu können. Als Lösung für dieses Problem werden die Daten üblicherweise in unabhängige Partitionen unterteilt, von denen jeweils eine auf einem eigenen Server vorgehalten wird.

So könnten beispielsweise Kundendatensätze anhand des Anfangsbuchstabens des Kundennamens auf verschiedene Server verteilt werden.

Dieses Vorgehen wird in der Praxis als *Sharding* bezeichnet und muss in vielen Datenbanken per Hand erledigt werden. MongoDB hingegen bietet automatisches Sharding, lediglich der für die Partitionierung zu verwendende Schlüssel muss noch per Hand festgelegt werden.[40]

Der Rest geschieht vollautomatisch: In Konsequenz erhält man ein Cluster von MongoDB-Instanzen, das lastverteilt arbeitet und leicht auf Hunderte oder Tausende von Servern ausgeweitet werden kann.

Replikation + Sharding   Besonders effizient sind Replikation und Sharding in Kombination, da es dann keinen einzelnen Knoten mehr gibt, dessen Ausfall kritisch für das Gesamtsystem wäre, und zudem die Last verteilt wird, die Leistung steigt und Ausfälle automatisch kompensiert werden können.

13.2.8   GridFS

Von Haus aus verfügt MongoDB über eine Größenbeschränkung für die zu speichernden Dokumente: Vor der Version 1.7 waren Dokumente auf 4 MByte, seit der Version 1.7 sind Dokumente auf 16 MByte beschränkt.

Dennoch kann es unter Umständen vorkommen, dass größere Dokumente gespeichert werden sollen, beispielsweise wenn Audio- oder Videodaten enthalten sind. Zu diesem Zweck ermöglicht MongoDB,

---

39. *http://www.mongodb.org/display/DOCS/Replica+Sets*
40. *http://www.mongodb.org/display/DOCS/Sharding*

auf Basis der Datenbank ein verteiltes Dateisystem aufzusetzen: GridFS.

Ein verteiltes Dateisystem in der Datenbank

Die Idee hinter GridFS ist einfach: Wenn ein Dokument größer als 16 MByte ist, wird es in entsprechende Blöcke von 16 MByte aufgespalten, die intern verkettet werden.

Durch diesen Ansatz wird außerdem ein effizienter wahlfreier Zugriff ermöglicht, was beispielsweise für das Streaming von Videos aus der Datenbank heraus interessant sein kann. Im Gegensatz zu klassischen Dateisystemen vermeidet GridFS eine Reihe von Nachteilen:

- *Vereinfachter Zugriff*:
  Innerhalb der Anwendung muss ausschließlich auf MongoDB zugegriffen werden, zusätzlicher Code für das Ansteuern eines Dateisystems entfällt.

- *Replikation und Sharding*:
  GridFS nutzt die bereits konfigurierte Replikation und das vorhandene Sharding, so dass auch für das Dateisystem Ausfallsicherheit und eine ausgesprochen gute Skalierbarkeit gelten.

- *Physische Dateisysteme*:
  Einige der Nachteile von physischen Dateisystemen werden vermieden. GridFS hat beispielsweise keine Probleme mit einer extrem hohen Anzahl von Dateien innerhalb eines Ordners.

Der größte Vorteil von GridFS ist, dass in administrativer Hinsicht kein zusätzlicher Aufwand getrieben werden muss, um es nutzen zu können: Der ohnehin verwendete MongoDB-Server genügt vollkommen.

Integration von Dateisystem und Datenbank

Daher wird lediglich ein entsprechendes Modul für Node.js benötigt, wie beispielsweise das bereits erwähnte GridFS[41]. Die Installation von GridFS erfolgt wie gewohnt mit Hilfe von npm in den lokalen Kontext der Webanwendung:

GridFS installieren

```
$ npm install GridFS
```

Danach kann GridFS importiert werden, wobei zwei verschiedene Nutzungsvarianten zur Verfügung stehen: Die erste, die mit Hilfe der Zeile

```
var GridFS = require('GridFS').GridFS;
```

importiert wird, orientiert sich in ihrer Handhabung eher an einem klassischen Dateisystem. Die zweite, die mit Hilfe der Zeile

```
var GridStream = require('GridFS').GridStream;
```

41. *https://github.com/siddMahen/GridFS*

importiert wird, verfolgt hingegen einen Stream-basierten Ansatz. Die ausführliche Dokumentation beider Varianten findet sich auf der Projektseite von GridFS[42], im Folgenden wird die erste Variante in einem Überblick vorgestellt.

Dateisystem initialisieren   Bevor das Dateisystem verwendet werden kann, muss es zunächst initialisiert werden. Hierzu dient der importierte Konstruktor GridFS, der als ersten Parameter den Namen der zu verwendenden Datenbank erwartet.

Der zweite Parameter ist optional und gibt den Namen der Collection an, die für das Dateisystem verwendet werden soll. Wird dieser Parameter nicht angegeben, wird der Bezeichner fs als Standardwert gewählt:

```
var myfs = new GridFS('mydb');
```

Dateien speichern   Nachdem das Dateisystem initialisiert wurde, können Dateien darin gespeichert werden. Dazu dient die Funktion put:

```
var text = new Buffer('Hello world!');
myfs.put(text, 'first.txt', 'w', function (err) {
  // ...
});
```

Sie erwartet außer einem Puffer, der die zu speichernden Daten enthält, den Namen der Datei und die Angabe eines Schreibmodus: Wird der Wert w übergeben, wird eine bereits bestehende Datei gleichen Namens überschrieben. Der Wert w+ hingegen bewirkt ein Anhängen der neuen Daten an die bestehende Datei.

Außerdem kann bei Bedarf ein Parameterobjekt übergeben werden. Es enthält Informationen wie den MIME-Type, die zu verwendende Größe für Chunks und beliebige Metadaten:

```
var options = {
  content_type: 'text/plain',
  chunk_size: 1024 * 4,
  metadata: {
    // ...
  }
};
```

Dateien laden   Das Gegenstück zur put-Funktion ist die Funktion get, die eine vormals gespeicherte Datei wieder lädt. In ihrer einfachsten Variante erfordert sie lediglich die Angabe des Dateinamens und eines Callbacks, der nach dem Laden der Datei ausgelöst wird:

---

42. *http://siddmahen.github.com/GridFS/*

```
myfs.get('first.txt', function (err, data) {
  // ...
});
```

Falls nicht die gesamte Datei, sondern nur ein Ausschnitt geladen werden soll, können nach dem Dateinamen zusätzlich eine Länge und ein Offset übergeben werden:

```
myfs.get('first.txt', 5, 0, function (err, data) {
  // ...
});
```

Zu guter Letzt können Dateien auch wieder gelöscht werden. Hierzu dient die Funktion delete, die den Namen der zu löschenden Datei und optional einen Callback erwartet, der nach dem erfolgreichen Löschen ausgeführt wird:

Dateien löschen

```
myfs.delete('first.txt');
```

13.3 PostgreSQL

13.3.1 NoSQL versus SQL

Selbstverständlich sind NoSQL-Datenbanken nicht die einzigen Datenbanken, die mit Node.js angesprochen werden können. Auch der Einsatz klassischer, zumeist relationaler Datenbanken wie beispielsweise SQL Server, MySQL und PostgreSQL ist ohne Weiteres möglich.

Allerdings verfügen diese in der Regel nicht über eine native Java-Script-basierte Schnittstelle und verarbeiten dementsprechend eher XML als JSON.

Dennoch haben sie fraglos ihre Existenzberechtigung. Sobald nämlich tatsächlich relationale Daten gespeichert, verarbeitet und ausgewertet werden müssen, können sie ihre Stärken ausspielen. Wie häufig gilt es also, das geeignete Werkzeug für das individuelle Problem auszuwählen: NoSQL-Datenbanken für nichtrelationale Daten und relationale Datenbanken für relationale Daten.

*Relationale Datenbanken
für relationale Daten*

Ob eine relationale Datenbank im konkreten Fall mit Node.js angesprochen werden kann, steht und fällt mit der Verfügbarkeit eines entsprechenden Moduls. Eine Liste aller Module findet sich im Wiki von Node.js.[43] Allerdings gilt, dass allein die Existenz eines Moduls noch nichts über dessen Qualität oder die unterstützten Fähigkeiten einer Datenbank aussagt.

---

43. *https://github.com/joyent/node/wiki/modules#wiki-database*

Im Zweifelsfall gilt es also, verschiedene Module zu evaluieren und anhand der individuellen Anforderungen zu entscheiden, welches Modul diese am besten erfüllt.

13.3.2   Installation und Konfiguration

Die Installation und Konfiguration von PostgreSQL ist im Vergleich zu der von Redis und MongoDB aufwendiger. Dies liegt unter anderem an der Notwendigkeit, dass explizit eine Datenbank und ein geeignetes Schema erzeugt werden müssen.

Da eine ausführliche Beschreibung des erforderlichen Vorgehens den Umfang dieses Buches weitaus übersteigen würde, sei an dieser Stelle auf die Downloadseite und die ausführliche Dokumentation verwiesen, die sich auf der Webseite von PostgreSQL findet.[44]

13.3.3   Verbinden

Im Folgenden wird die Integration von PostgreSQL[45] und Node.js anhand des Moduls *node-postgres*[46] erläutert. Das Vorgehen ähnelt dem für andere relationale Datenbanken, so dass es als exemplarisch gelten kann.[47]

node-postgres installieren   Zunächst muss das Modul node-postgres in den lokalen Kontext der Webanwendung installiert werden, was auf dem gewohnten Weg mit Hilfe von npm erfolgt:

```
$ npm install pg
```

Danach kann das Modul importiert werden, indem wie üblich die require-Funktion verwendet wird:

```
var pg = require('pg');
```

Verbindung herstellen   Um eine Verbindung zu PostgreSQL herzustellen, verfügt node-postgres über die Funktion connect, die als Parameter eine Verbindungszeichenfolge und einen Callback erwartet:

```
pg.connect(
  'tcp://localhost/mydb',
  function (err, client) {
    // ...
  }
);
```

44. *http://www.postgresql.org/download/ und http://www.postgresql.org/docs/*
45. *http://www.postgresql.org/*
46. *https://github.com/brianc/node-postgres*
47. Einen nach dem gleichen Prinzip arbeitenden Treiber für MySQL stellt das Modul *node-mysql* zur Verfügung, siehe *https://github.com/felixge/node-mysql*.

Sofern PostgreSQL eine Authentifizierung erfordert, können Benutzername und Kennwort innerhalb der Verbindungszeichenfolge übergeben werden, wobei beide Werte durch einen Doppelpunkt voneinander getrennt werden:

Authentifizieren

```
tcp://user:secret@localhost/mydb
```

Um eine bereits bestehende Verbindung wieder zu trennen, stellt nodepostgres die end-Funktion zur Verfügung:

Verbindung trennen

```
client.end();
```

13.3.4 Abfragen ausführen

Das Ausführen von Abfragen gestaltet sich ausgesprochen leicht, da hierfür nur eine einzige Funktion namens query zur Verfügung steht. Diese erwartet als Parameter die auszuführende SQL-Anweisung und einen Callback, über den gegebenenfalls Daten zurückgegeben werden können:

```
client.query('SELECT NOW() as when', function (err, result) {
  console.log(result.rows.length + ' rows returned.');
  console.log(result.rows[0].when);
});
```

13.4 Das Beispielprojekt

13.4.1 Anforderungen und Einschränkungen

Die bisherige Implementierung von silkveil.js soll in diesem Kapitel erweitert werden. Folgende Anforderungen werden gestellt:

▧ Die Mappings werden nicht mehr im Arbeitsspeicher, sondern in einer Datenbank persistent abgelegt.
▧ Als Datenbank kommt MongoDB zum Einsatz.

Anforderungen

Die in den vorherigen Kapiteln definierten Einschränkungen gelten auch in diesem Kapitel.

Einschränkungen

13.4.2 Implementierung

Da als Datenbank MongoDB genutzt werden soll, muss als Erstes ein entsprechendes Modul wie beispielsweise node-mongoskin installiert werden. Dies erfolgt, indem die für silkveil.js hinterlegten Abhängigkeiten in der Datei package.json wie folgt ergänzt werden:

```
[...]
"now": "0.8.1",
"mongoskin": "0.3.7"
},
[...]
```

MongoDB verbinden　Danach muss die Datei mappings.js überarbeitet werden, um die bisherige Variante, sämtliche Daten in einem Array im Arbeitsspeicher abzulegen, durch den Zugriff auf die Datenbank zu ersetzen. Da hierbei kaum ein Stein auf dem anderen bleibt, wird die Datei mappings.js vollständig durch eine neue Version ersetzt.

Zunächst muss node-mongoskin importiert und eine Verbindung zur Datenbank hergestellt werden. Außerdem empfiehlt es sich, die gewünschte Collection für einen einfacheren und schnellen Zugriff zu binden und anhand des Attributs alias in aufsteigender Reihenfolge zu indizieren:

```
var mongo = require('mongoskin'),
    db = mongo.db(
            'mongo://localhost/silkveiljs?auto_reconnect=true');
db.bind('mappings');
db.mappings.ensureIndex({ alias: 1 });
```

Schnittstelle definieren　Außerdem wird, wie bereits bei der ursprünglichen Variante, ein Objekt benötigt, das die einzelnen Funktionen zum Zugriff nach außen verfügbar macht. Da die Funktionen find und findOne das jeweilige Ergebnis über einen Callback zurückgeben, muss die Schnittstelle entsprechend angepasst werden:

```
[...]
db.mappings.ensureIndex({ alias: 1 });
var store = {
  find: function (callback) {
  },
  findOne: function (alias, callback) {
  },
  create: function (mapping) {
  },
  delete: function (alias) {
  }
};
module.exports = store;
```

Zugriff auf die Datenbank　Abschließend muss in den einzelnen Funktionen auf die Collection mappings der zugrunde liegenden Datenbank zugegriffen werden, was jeweils mit einer einzigen Zeile erledigt werden kann:

```
[...]
var store = {
  find: function (callback) {
    db.mappings.findItems(callback);
  },
  findOne: function (alias, callback) {
    db.mappings.findOne({ alias: alias }, callback);
  },
  create: function (mapping) {
    db.mappings.save(mapping);
  },
  delete: function (alias) {
    db.mappings.remove({ alias: alias });
  }
};
[...]
```

Abschließend müssen die Aufrufe der Funktionen find und findOne in der Datei app.js noch angepasst werden, indem diese auf die Verwendung eines Callbacks umgestellt werden.

Aufrufe anpassen

Die Umstellung des Aufrufs der Funktion find fällt ausgesprochen leicht, da lediglich das an den Callback übergebene Ergebnis an die initialize-Funktion von NowJS weitergereicht werden muss. Die einzige Stolperfalle an dieser Stelle ist die Verwendung von this im Callback:

```
[...]
nowjs.on('connect', function () {
  var that = this;
  mappings.find(function (err, result) {
    that.now.initialize(result);
  });
});
[...]
```

Die Anpassung des Aufrufs von findOne gestaltet sich ähnlich, wenn an dieser Stelle auch einige Zeilen Code mehr betroffen sind:

```
[...]
app.get('/:alias', function (req, res) {
  mappings.findOne(req.params.alias, function (err, result) {
    var mapping = result || {
      [...]
    actions[mapping.action](res, mapping);
  });
});
[...]
```

Danach kann silkveil.js wie gewohnt im Webbrowser aufgerufen werden, arbeitet allerdings mit MongoDB als Datenbank und persistiert die Daten entsprechend.

13.5 Zusammenfassung

NoSQL-Datenbanken sind wie für Node.js gemacht: Durch die Verwendung JavaScript-basierter Schnittstellen und die native Unterstützung von JSON ermöglichen sie einen einfachen, natürlichen Umgang mit Daten ohne lästige, komplexe und fehleranfällige Konvertierung.

Je nach Anwendungsfall stehen dabei verschiedene NoSQL-Datenbanken zur Auswahl, allen voran Key-Value- und dokumentenorientierte Datenbanken wie Redis und MongoDB, die ausgesprochen einfach aufgesetzt und integriert werden können, zugleich aber eine ausgezeichnete Skalierbarkeit ermöglichen.

Auch der Einsatz von klassischen, in der Regel relationalen Datenbanken ist unter Node.js möglich. Allerdings ist der Umgang mit diesen zumeist umständlicher, weshalb sie in Bezug auf Node.js häufig eher die zweite Wahl darstellen.

Schließlich gilt jedoch, dass stets das für den konkreten Anwendungsfall geeignete Werkzeug ausgewählt werden sollte, also eine NoSQL-Datenbank für nichtrelationale Daten und eine relationale Datenbank für relationale Daten.

14 Verteilte Webanwendungen: Kue

In einigen Webanwendungen wird bereits durch eine verhältnismäßig kleine Anzahl von Anfragen eine ausgesprochen hohe Last auf dem Server erzeugt.

Ein gutes Beispiel hierfür sind Videoplattformen wie beispielsweise Vimeo[1] oder YouTube[2]: Das Hochladen eines einzelnen Videos dauert für den Anwender nur wenige Minuten, das Konvertieren in die geeigneten Zielformate ist hingegen weitaus umfangreicher.

Wann immer ein derartiges Szenario gegeben ist, empfiehlt es sich, die Interaktion mit dem Anwender von der eigentlichen Arbeit zu trennen, um auf diese Weise die Reaktivität und Skalierbarkeit des Systems sicherzustellen.

Häufig spricht man in diesem Zusammenhang von *Web-* und *Worker-Rollen* beziehungsweise von *Producern* und *Consumern*: Während Erstere Aufträge erzeugen, arbeiten Letztere diese ab. Die Kommunikation zwischen beiden erfolgt dabei über eine zentrale Warteschlange, eine sogenannte *Queue*.

14.1 Installation und Konfiguration

14.1.1 Kue installieren

Das Projekt *Kue*[3] stellt eine derartige Queue zur Verfügung, die vollständig in Node.js entwickelt wurde und Redis als Datenquelle für die Verwaltung der einzelnen Aufträge verwendet.

Die Installation von Kue erfolgt mit Hilfe von npm auf dem gewohnten Weg in den lokalen Kontext der Anwendung:

Installation

```
$ npm install kue
```

1. *http://vimeo.com/*
2. *http://www.youtube.com/*
3. *http://learnboost.github.com/kue/*

Die Datenbank Redis wird durch diesen Vorgang nicht installiert, sie wird von Kue als bereits vorhanden vorausgesetzt. Dementsprechend sucht Kue nach Redis auf localhost unter Verwendung des Standardports von Redis, 6389.

Kue importieren   Anschließend kann Kue mit Hilfe der require-Funktion in die Webanwendung importiert werden:

```
var kue = require('kue');
```

14.1.2   Redis konfigurieren

Falls eine alternative Installation von Redis verwendet werden soll oder die Datenbank eine Authentifizierung erfordert, muss ein eigener Client für Redis erzeugt und an Kue übergeben werden.

Dazu ist es zunächst erforderlich, das Modul node-redis wie im vergangenen Kapitel beschrieben zu installieren und einzubinden:

```
var redis = require('redis');
```

Client erzeugen und an   Anschließend kann mit den gewohnten Funktionen aus diesem Modul
Kue übergeben   ein Client erzeugt und an Kue übergeben werden:

```
kue.redis.createClient = function () {
  var client = redis.createClient(5000, '192.168.0.1');
  client.auth('secret');
  return client;
};
```

14.2 Aufträge vergeben

14.2.1   Queue erzeugen

Damit Aufträge vergeben werden können, muss zunächst eine Queue erzeugt werden. Dies erfolgt mit Hilfe der Funktion createQueue:

```
var jobs = kue.createQueue();
```

Wichtig dabei ist, darauf zu achten, dass das Erzeugen der Queue erst nach dem Konfigurieren von Redis erfolgt. Ansonsten versucht Kue, auf die falsche Datenbank zuzugreifen.

14.2.2 Aufträge vergeben

Nachdem die Queue erzeugt wurde, können Aufträge vergeben werden. Dies erfolgt in zwei Schritten: Zunächst muss ein Auftrag erzeugt und initialisiert werden. Dazu dient die Funktion create, der außer dem Typ des Auftrags auch die eigentlichen Auftragsdaten übergeben werden:

```
var job = jobs.create('sendMail', {
  title: 'Send mail to webmaster@goloroden.de',
  to: 'webmaster@goloroden.de',
  subject: '...',
  body: '...'
});
```

Die Auftragsdaten können dabei aus beliebigen Daten bestehen, einzig der title-Eigenschaft fällt eine Sonderrolle zu: Sie dient der Identifikation des Auftrags, zum Beispiel bei der Anzeige innerhalb einer grafischen Benutzeroberfläche.

Danach kann der Auftrag vergeben werden, indem er der Queue hinzugefügt wird. Hierzu dient die Funktion save, die bei Bedarf einen Callback entgegennimmt, der potenzielle Fehler übermittelt:

Den Auftrag der Queue hinzufügen

```
job.save(function (err) {
  // ...
});
```

Darüber hinaus erlaubt Kue dem Entwickler, beide Anweisungen zu verketten, so dass die Zwischenvariable job entfallen kann:

```
jobs.create('sendMail', {
  title: 'Send mail to webmaster@goloroden.de',
  to: 'webmaster@goloroden.de',
  subject: '...',
  body: '...'
}).save();
```

14.2.3 Prioritäten setzen

Aufträge können auf Wunsch mit einer Priorität versehen werden, um einige Aufträge beispielsweise bevorzugt zu behandeln. Dazu dient die Funktion priority, die vor dem Aufruf von save angegeben werden muss:

```
job.priority('high').save();
```

Als Parameter nimmt die priority-Funktion entweder einen vordefinierten Wert oder einen beliebigen numerischen Wert entgegen, wobei beide wie folgt zusammenhängen:

Tab. 14–1

Von Kue unterstützte
Prioritätswerte

Priorität	Numerischer Wert
low	10
normal	0
medium	-5
high	-10
critical	-15

14.2.4   Wiederholen im Fehlerfall

Schlägt die Verarbeitung eines Auftrags fehl, wird dieser standardmäßig nicht wiederholt. Dies kann mit Hilfe der Funktion attempts geändert werden, wobei auch diese vor der save-Funktion aufgerufen werden muss. Als Parameter erwartet sie die Anzahl der Versuche, die Kue
zur Verarbeitung des Auftrags unternehmen soll:

```
job.attempts(5).save();
```

14.2.5   Verzögertes Ausführen

Auf Wunsch kann die Verarbeitung eines Auftrags verzögert werden.
Hierzu dient die Funktion delay, die wiederum vor der save-Funktion
aufgerufen werden muss und die Anzahl der Millisekunden erwartet,
um welche die Verarbeitung verzögert werden soll:

```
job.delay(1000).save();
```

Intervall verändern   Kue prüft intern standardmäßig alle fünf Sekunden, ob verzögerte
Aufträge für die Verarbeitung anstehen. Dieser Wert kann mit Hilfe
der promote-Funktion der Queue geändert werden, wobei auch diese
das Intervall in Angabe von Millisekunden erwartet:

```
jobs.promote(3000);
```

14.2.6   Aufträge überwachen

Um die Verarbeitung eines Auftrags zu überwachen, löst das job-
Objekt verschiedene Ereignisse aus, auf die entsprechend reagiert werden kann:

▦ `complete`:
Das `complete`-Ereignis wird ausgelöst, wenn ein Auftrag erfolgreich verarbeitet wurde.

▦ `failed`:
Das `failed`-Ereignis wird ausgelöst, wenn die Verarbeitung eines Auftrags fehlgeschlagen ist.

▦ `promotion`:
Das `promotion`-Ereignis wird ausgelöst, wenn die Verarbeitung eines vormals verzögerten Auftrags begonnen wurde.

▦ `progress`:
Das `progress`-Ereignis wird ausgelöst, wenn ein in der Verarbeitung befindlicher Auftrag einen Fortschritt gemeldet hat.

Doch nicht nur einzelne Aufträge, auch die Queue verfügt über Ereignisse. Auf diese Weise ist es nicht erforderlich, jeden Auftrag einzeln zu überwachen.

Ereignisse der Queue

Prinzipiell verfügt die Queue über die exakt gleichen Ereignisse, allerdings führen alle Ereignisse das Präfix `job` mit anschließendem Leerzeichen im Namen.

14.2.7 Aufträge grafisch verwalten

Kue enthält einen integrierten Webserver, der eine einfache grafische Benutzeroberfläche zur Verwaltung der Aufträge ermöglicht. Um diesen zu starten, muss die Anweisung

```
kue.app.listen(3000);
```

aufgerufen werden, wobei ein beliebiger Port verwendet werden kann (siehe Abb. 14–1).

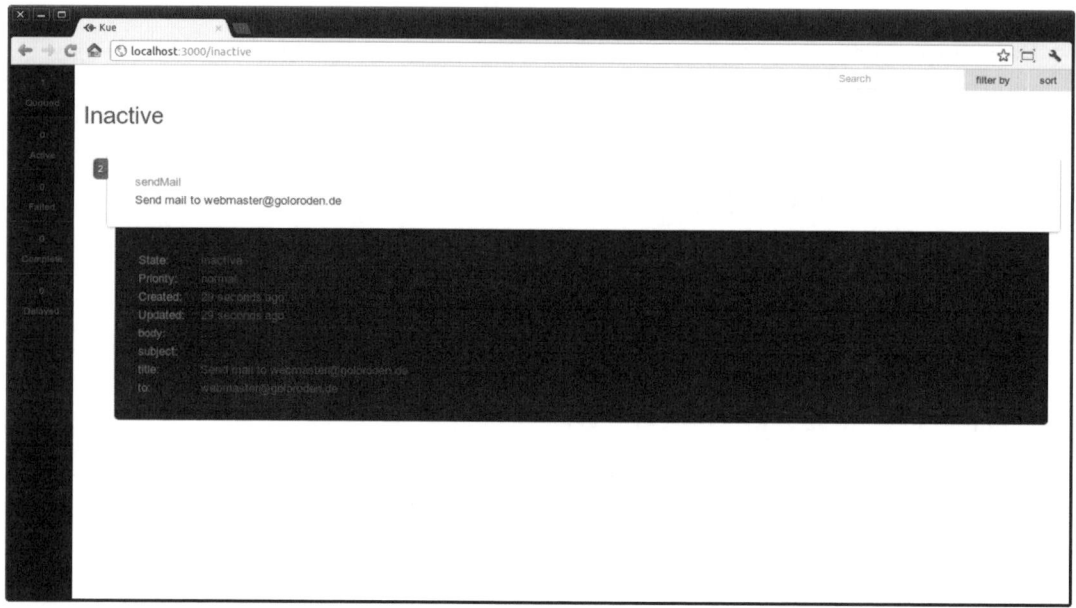

Abb. 14–1   *Die grafische Benutzeroberfläche von Kue ermöglicht das komfortable Verwalten von Aufträgen.*

Titel der Webanwendung festlegen

Zudem ist es möglich, den Titel der Webanwendung an den der eigenen Anwendung anzupassen, indem die folgende Zeile aufgerufen wird:

```
kue.app.set('title', 'My Application');
```

Zugriff begrenzen

Um den Zugriff auf die grafische Benutzeroberfläche von Kue zu begrenzen, kann die Kue-Anwendung auch als Middleware für Express verwendet werden. Auf diesem Weg können dann sämtliche Authentifizierungsmechanismen von Express wie beispielsweise die http-Basic-Authentifizierung verwendet werden:

```
app.use(express.basicAuth('user', 'password'));
app.use(kue.app);
```

14.2.8   Aufträge per REST verwalten

Ergänzend zu der grafischen Benutzeroberfläche bietet Kue auch eine REST-Schnittstelle an, die Informationen über die vorliegenden Aufträge als JSON-Pakete zur Verfügung stellt.

Eine Liste aller unterstützten Adressen sowie des jeweils verwendeten Datenformats findet sich auf der Webseite von Kue.[4]

---

4.   *https://github.com/learnboost/kue#json-api*

14.3 Aufträge verarbeiten

14.3.1 Queue erzeugen

Um Aufträge zu verarbeiten, muss zunächst eine Verbindung zur
Queue hergestellt werden. Dies erfolgt auf dem gleichen Weg wie beim
Vergeben von Aufträgen:

```
var jobs = kue.createQueue();
```

14.3.2 Aufträge verarbeiten

Sobald Zugriff auf die Queue besteht, können Aufträge angenommen
und verarbeitet werden. Dies erfolgt mit Hilfe der process-Funktion,
die als ersten Parameter den Typ des zu verarbeitenden Auftrags
erwartet und als zweiten Parameter einen Callback zur eigentlichen
Verarbeitung:

```
jobs.process('sendMail', function (job, done) {
  // ...
});
```

Innerhalb des Callbacks besteht über die Variable job Zugriff auf den
Auftrag. Die dem Auftrag mitgegebenen Daten können dabei über die
Eigenschaft data abgerufen werden.

Auf die Auftragsdaten zugreifen

```
jobs.process('sendMail', function (job, done) {
  var data = job.data;
  // ...
});
```

Nach der erfolgreichen Verarbeitung des Auftrags muss die Funktion
done aufgerufen werden, um Kue mitzuteilen, dass der Auftrag als erledigt markiert werden kann:

Auftrag als erledigt markieren

```
jobs.process('sendMail', function (job, done) {
  [...]
  done();
});
```

Im Falle eines Fehlers kann der done-Funktion ein Fehlerobjekt als
Parameter übergeben werden. Kue markiert den Auftrag dann als fehlgeschlagen und plant ihn gegebenenfalls für einen weiteren Verarbei-
tungsversuch ein.

14.3.3   Aktivität anzeigen

Während der Verarbeitung eines Auftrags bestehen zwei Möglichkeiten, um Aktivität anzuzeigen: Zum einen können Protokollmeldungen über die Funktion log geschrieben werden. Diese sind dann beispielsweise in der grafischen Benutzeroberfläche von Kue einsehbar:

```
job.log('...');
```

Prozentualen Fortschritt anzeigen

Zum anderen kann die Funktion progress aufgerufen werden, die einen prozentualen Fortschritt anzeigt. Sie erwartet dazu zwei numerische Werte als Parameter, wobei der erste den aktuellen Status und der zweite den Gesamtumfang repräsentiert:

```
job.progress(57, 100);
```

Dieser Wert wird ebenfalls in der grafischen Benutzeroberfläche anhand eines prozentualen Markers dargestellt.

14.3.4   Aufträge parallel verarbeiten

Werden verschiedene Worker-Rollen parallel gestartet, verteilt Kue die anstehenden Aufträge eigenständig auf diese.

Durch gezieltes Hinzufügen und Entfernen von Worker-Rollen kann daher auf einfache Weise der aktuell vorliegenden Auftragslage begegnet werden, ohne dauerhaft eine unnötig hohe Anzahl von Worker-Rollen betreiben zu müssen.

Mehrere Aufträge parallel verarbeiten

Alternativ kann eine einzige Worker-Rolle auch mehrere Aufträge parallel verarbeiten. Dazu muss der process-Funktion als zweiter Parameter die gewünschte Anzahl an abzurufenden Aufträgen übergeben werden:

```
jobs.process('sendMail', 5, function (job, done) {
  // ...
});
```

Der Callback der process-Funktion wird nun für jeden einzelnen Auftrag einmal aufgerufen, so dass die Verarbeitung parallel erfolgen kann.

14.4   Das Beispielprojekt

14.4.1   Anforderungen und Einschränkungen

Die bisherige Implementierung von silkveil.js soll in diesem Kapitel erweitert werden. Folgende Anforderungen werden gestellt:

- Beim Hinzufügen einer neuen Umleitung wird ein Bildschirmfoto der Webseite erzeugt, auf welche die Umleitung verweist. *Anforderungen*
- Das Erzeugen der Bildschirmfotos findet in einer Worker-Rolle statt, so dass die Ausführung der Webanwendung an sich nicht verzögert wird.
- Sobald ein Bildschirmfoto erfolgreich aufgenommen wurde, wird es im Dateisystem abgelegt. Außerdem wird die Webanwendung darüber informiert, dass die Darstellung der jeweiligen Umleitung aktualisiert werden kann.

Die in den vorherigen Kapiteln definierten Einschränkungen gelten auch in diesem Kapitel. *Einschränkungen*

14.4.2   Implementierung

Die erste Aufgabe besteht im Erzeugen eines Bildschirmfotos. Um das Rad nicht neu zu erfinden, empfiehlt sich die Verwendung eines Webbrowsers, der eine JavaScript-basierte Schnittstelle anbietet und darüber ferngesteuert werden kann.

Das Projekt *PhantomJS*[5] stellt einen solchen Webbrowser zur Verfügung: Wie auch Google Chrome und Apple Safari basiert PhantomJS auf WebKit, verzichtet allerdings auf eine grafische Benutzeroberfläche und eignet sich daher ausgezeichnet für den programmatischen Zugriff auf Webseiten.

Zunächst gilt es also, PhantomJS herunterzuladen und zu installieren. Je nach verwendetem Betriebssystem muss hierzu ein anderes Installationspaket von der Projektseite von PhantomJS heruntergeladen werden[6], die Installation erfolgt jedoch stets nach dem gleichen Schema: *PhantomJS installieren*

- Als Erstes muss das jeweilige Archiv entpackt werden.
- Anschließend findet sich im Unterverzeichnis `bin` eine bereits übersetzte, ausführbare Datei namens `phantomjs` beziehungsweise `phantomjs.exe`.
- Diese muss über den Pfad verfügbar gemacht werden, so dass sie von überall aufgerufen werden kann.

---

5.   *http://phantomjs.org/*
6.   *http://code.google.com/p/phantomjs/downloads/list*

Nähere Informationen zu der Installation und Konfiguration von PhantomJS finden sich in dessen Wiki.[7]

phantomjs-node installieren

Um direkt aus Node.js auf PhantomJS zugreifen zu können, muss zusätzlich das Modul *phantomjs-node*[8] installiert werden. Dazu genügt es, das Modul als Abhängigkeit in der Datei package.json einzutragen.

Da die Worker-Rolle im weiteren Verlauf über Kue angesprochen werden soll, kann auch diese Abhängigkeit bereits eingetragen werden:

```
[...]
"mongoskin": "0.3.7",
"phantom": "0.3.5",
"kue": "0.4.0"
},
[...]
```

Worker-Rolle implementieren

Die Implementierung der Worker-Rolle gestaltet sich danach äußerst geradlinig. Zunächst wird eine neue Datei namens worker.js angelegt. In diese kann danach das folgende Grundgerüst eingefügt werden, das Aufträge mit Hilfe von Kue entgegennimmt und die grafische Oberfläche zur Verwaltung von Kue aktiviert:

```
var kue = require('kue'),
    phantom = require('phantom');
var jobs = kue.createQueue();
jobs.process('createSnapshot', function (job, done) {
  // ...
});
kue.app.listen(5000);
```

Nun fehlt innerhalb der Worker-Rolle lediglich noch die Implementierung zum tatsächlichen Aufnehmen eines Bildschirmfotos. Dies folgt dem Standardschema von PhantomJS und besteht aus folgenden Schritten:

- Zunächst wird eine neue Instanz von PhantomJS erzeugt, die ihrerseits eine neue Seiteninstanz erstellt.
- Danach werden einige Parameter der Seite festgelegt, wie die Größe des zu verwendenden Fensters und der zu fotografierende Ausschnitt dieses Fensters.
- Nun kann die eigentliche Webseite aufgerufen werden.
- Da PhantomJS den Hintergrund einer Webseite standardmäßig transparent darstellt, wird der initiale Seitenhintergrund weiß eingefärbt.

---

7.   *http://code.google.com/p/phantomjs/wiki/Installation*
8.   *https://github.com/sgentle/phantomjs-node*

▨ Nach einer Verzögerung von 200 Millisekunden, die dazu dient, sicherzustellen, dass alle auf der Webseite verwendeten Addins aktiviert und gestartet wurden, wird ein Bildschirmfoto angefertigt.

▨ Abschließend wird die Instanz von PhantomJS beendet, der Auftrag als erledigt markiert und ein neuer Auftrag erzeugt, der darüber informiert, dass ein Bildschirmfoto erfolgreich aufgenommen wurde.

Der Code führt diese Schritte der Reihe nach aus und stellt sich wie folgt dar:

```
[...]
jobs.process('createSnapshot', function (job, done) {
  var snapshot = job.data;
  phantom.create(function (ph) {
    ph.createPage(function (page) {
      page.set('viewportSize', {
        width: snapshot.width, height: snapshot.height
      });
      page.set('clipRect', {
        top: 0, left: 0,
        width: snapshot.width, height: snapshot.height
      });
      page.open(snapshot.url, function (status) {
        page.evaluate(function () {
          document.body.bgColor = 'white';
        });
        setTimeout(function () {
          page.render(
            'public/snapshots/' + snapshot.fileName + '.png',
            function () {
              ph.exit();
              done();
              jobs.create('snapshotCreated', {
                title: snapshot.title,
                fileName: snapshot.fileName
              });
            }
          );
        }, 200);
      });
    });
  });
});
[...]
```

Aufnahme des
Bildschirmfotos auslösen
Die Worker-Rolle ist damit bereits fertiggestellt und kann nun unab-
hängig von der eigentlichen Webanwendung gestartet werden. Als
Nächstes gilt es, die Aufnahme eines Bildschirmfotos immer dann aus-
zulösen, wenn eine neue Umleitung hinzugefügt wird.

Dazu muss Kue zunächst in der Datei app.js importiert und dort
ebenfalls eine Queue erzeugt werden:

```
[...]
moment = require('moment'),
kue = require('kue');
[...]
var app = express();
var jobs = kue.createQueue();
app.configure(function () {
  [...]
```

Als Nächstes muss die Funktion createMapping um das Anlegen eines
neuen Auftrags ergänzt werden. Dies gilt jedoch nur, wenn es sich bei
dem neu hinzugefügten Mapping um eine Umleitung handelt:

```
[...]
mappings.create(mapping);
if(mapping.action === 'redirect') {
  jobs.create('createSnapshot', {
    title: mapping.url,
    url: mapping.url,
    width: 1366,
    height: 768,
    filename: mapping.alias
  }).save();
}
everyone.now.mappingCreated(mapping);
[...]
```

Sobald das Bildschirmfoto aufgenommen wurde, legt die Worker-
Rolle einen neuen Auftrag vom Typ snapshotCreated an. Auf diesen
reagiert die Datei app.js, indem sie das neue Bildschirmfoto allen verbundenen Clients bekannt macht:

```
[...]
var everyone = nowjs.initialize(server);
jobs.process('snapshotCreated', function (job, done) {
  everyone.now.snapshotCreated(job.data.fileName);
  done();
});
nowjs.on('connect', function () {
  [...]
```

Damit das Bildschirmfoto angezeigt wird, muss in die Vorlage für *Bildschirmfoto anzeigen*
Mappings innerhalb der Datei index.jade ein entsprechendes img-Ele-
ment eingebunden werden:

```
[...]
h3
  if action === 'redirect'
    img.snapshot(src='/snapshots/\#{alias}.png', width='53',
                 height='30')
    | \#{alias}
  else
    | \#{alias}
    a(href="javascript:void now.deleteMapping('\#{alias}');") X
[...]
```

Außerdem muss die Funktion now.snapshotCreated implementiert werden, die das angezeigte Bild aktualisiert, sobald ein Bildschirmfoto zur
Verfügung steht:

```
  [...]
};
now.snapshotCreated = function (alias) {
  $('#mapping_' + alias + ' .snapshot').attr(
    'src', '/snapshots/' + alias + '.png');
};
toggleOptions();
[...]
```

Wird nun eine neue Umleitung hinzugefügt, nimmt die Worker-Rolle
ein Bildschirmfoto auf und aktualisiert anschließend die Webseite.
Obwohl das Vorgehen an sich bereits funktioniert, enthält es noch
einen kleinen Schönheitsfehler: Bis zu dem Zeitpunkt, zu dem das Bildschirmfoto verfügbar ist, kann kein passendes Bild gefunden werden.

Aus diesem Grund wird eine Platzhaltergrafik erzeugt, wofür ein *Platzhaltergrafik*
Bild im .png-Format, das aus einem einzigen Pixel in der gewünschten *ausliefern*
Farbe besteht, genügt. Da es ein leeres Bildschirmfoto repräsentiert,
wird die Datei empty.png benannt.

Außerdem wird die Webanwendung in der Datei app.js derart
angepasst, dass dieses Bild ausgeliefert wird, falls ein Bildschirmfoto
angefragt wird, das noch nicht vorliegt. Dies kann auf einfachem Weg
mit Hilfe eines Moduls für die Middleware von Connect beziehungsweise Express realisiert werden:

```
[...]
app.use(express.static(__dirname + '/public'));
app.use(deliverDefaultImage());
app.use(require('stylus').middleware({
  [...]
}));
function deliverDefaultImage() {
  return function (req, res, next) {
    if(req.url.indexOf('/snapshots/') !== 0) {
      return next();
    }
    res.sendfile('empty.png');
  };
}
app.get('/', function (req, res) {
  [...]
```

Cache des Webbrowsers
austricksen

Für einige Webbrowser wie beispielsweise Google Chrome genügt dieses Vorgehen. Mozilla Firefox hingegen erkennt innerhalb der Funktion snapshotCreated nicht zwingend, dass sich das Bild verändert hat, und lädt es daher nicht neu, sondern greift auf die im Cache des Webbrowsers vorliegende Version zurück.

Um dieses Problem zu umgehen, genügt es, dem zu ladenden Bild einen individuellen Zeitstempel als Parameter mitzugeben, so dass der Webbrowser davon ausgehen muss, dass es sich um eine neue Version der Datei handelt:

```
[...]
now.snapshotCreated = function (alias) {
  $('#mapping_' + alias + ' .snapshot').attr(
    'src', '/snapshots/' + alias + '.png?timestamp=' + $.now());
};
[...]
```

silkveil.js starten

Nun können sowohl die Web- als auch die Worker-Rolle von silkveil.js gestartet werden:

```
$ node app.js
$ node worker.js
```

Wird im Webbrowser eine neue Umleitung hinzugefügt, zeigt silkveil.js diese sofort in der Webanwendung an. Nach einigen Sekunden wird das zum Ziel der Umleitung gehörige Bildschirmfoto nachgeladen und ebenfalls angezeigt (siehe Abb. 14–2).

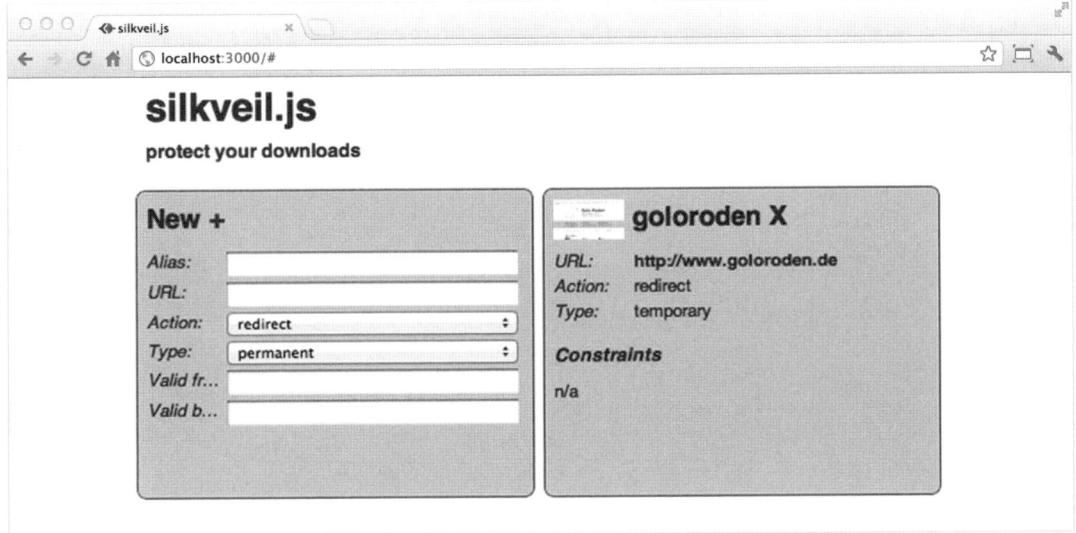

Abb. 14–2   *silkveil.js zeigt zu jeder Umleitung ein Bildschirmfoto des jeweiligen Ziels an.*

Abhängig von der verfügbaren Internetverbindung können sich diese Verzögerungen im Sekundenbereich bei vielen gleichzeitig neu hinzugefügten Umleitungen aufaddieren, so dass die Worker-Rolle die eingehenden Aufträge nicht mehr ausreichend schnell verarbeiten kann.

Lastverteilung

In diesem Fall können weitere Worker-Rollen gestartet werden, so dass die Last auf mehrere Instanzen verteilt wird.

Da sämtliche Aufträge zudem in Redis gespeichert werden, gehen selbst dann keine Aufträge verloren, wenn alle Worker-Rollen abstürzen sollten: Die Web-Rolle fügt dann neue Aufträge im Voraus hinzu. Diese werden verarbeitet, sobald wieder eine oder mehrere Worker-Rollen verfügbar sind.

Ausfallsicherheit

14.5   Zusammenfassung

Kue ermöglicht das Aufteilen einer Webanwendung in Web- und Worker-Rollen. Während Web-Rollen der Interaktion mit dem Anwender dienen, verarbeiten Worker-Rollen aufwendige und komplexe Aufträge. Damit die Web-Rollen nicht blockieren, geschieht diese Verarbeitung asynchron.

Die Verwaltung von Aufträgen erfolgt mit Hilfe einer Schnittstelle, die im Hintergrund auf Redis als persistente Datenquelle zurückgreift. Außerdem stellt Kue eine grafische Benutzeroberfläche und eine REST-Schnittstelle zur Verfügung, mit denen Aufträge überwacht und verwaltet werden können.

Aufträge können mit einer Priorität versehen, im Fehlerfall wiederholt und verzögert ausgeführt werden. Außerdem kann eine einzelne Worker-Rolle mehrere Aufträge zur parallelen Verarbeitung entgegennehmen.

15 Infrastruktur verwenden: Amanda, Lingua und Passport

Der Grund, warum Software überhaupt entwickelt wird, ist der Wunsch, zu einem gegebenen Problem eine passende Lösung zu finden. Das bedeutet, dass eine für den Anwender nützliche Software primär dessen Ziele verfolgt und die funktionalen Anforderungen erfüllt.

Dies allein genügt jedoch in der Regel nicht, da zumeist auch eine Reihe von sekundären, nichtfunktionalen Bedürfnissen bestehen, die ebenfalls erfüllt werden müssen.

Hierzu zählen die sogenannten Querschnittsbelange, wie beispielsweise Korrektheit, Internationalisierung und Sicherheit. Keine auf den Anwender ausgerichtete Software wird aus diesen Gründen entwickelt. Gleichermaßen kann aber auch keine derartige Software diese Aspekte ignorieren.

Anwendungs- und Querschnittsbelange

Wann immer es daher um diese sekundären Belange geht, wird nichtfachlicher Infrastrukturcode geschaffen. *Amanda*, *Lingua* und *Passport* sind äußerst hilfreiche Module für Node.js, die den Entwickler bei der Umsetzung dieser Aufgaben unterstützen.

Querschnittsbelange verursachen Infrastrukturcode.

15.1 Amanda

15.1.1 Was ist Amanda?

Amanda[1] ist ein Modul für Node.js und zugleich auch den Webbrowser, das der Validierung von Objekten dient. Derzeit können Objekte ausschließlich gegen ein in JSON formuliertes Schema validiert werden, zukünftig sollen jedoch auch andere Formate wie beispielsweise *Relax NG*[2] oder *Orderly*[3] unterstützt werden.

---

1. *https://github.com/Baggz/Amanda*
2. *http://relaxng.org/*
3. *http://orderly-json.org/*

Da Amanda keinerlei Abhängigkeiten aufweist, ist es sehr leichtgewichtig. Zudem kann es auf einfache Art um eigene Validierungsattribute erweitert werden.

15.1.2   Installation und Konfiguration

Die Installation von Amanda erfolgt mit Hilfe von npm auf dem üblichen Weg in den lokalen Kontext der Webanwendung:

```
$ npm install amanda
```

Danach kann Amanda wie gewohnt mit Hilfe der require-Funktion importiert werden:

```
var amanda = require('amanda');
```

Integration in den
Webbrowser

Für die Verwendung innerhalb des Webbrowsers genügt es, die gewünschte Skriptdatei herunterzuladen[4] und diese anschließend in der jeweiligen Webseite zu referenzieren:

```
<script type="text/javascript" src="amanda.js"></script>
```

15.1.3   Schema definieren

Bevor ein Objekt validiert werden kann, muss zunächst ein Schema definiert werden, das die Form eines gültigen Objekts beschreibt. Dies erfolgt in Amanda durch die Definition eines weiteren Objekts, das mit speziellen Eigenschaften versehen wird. Das einfachste Schema weist dabei die folgende Struktur auf:

```
var schema = {};
```

Dieses Schema funktioniert zwar, ist allerdings wenig hilfreich, da jedes beliebige Objekt als gültig angesehen wird.

Typ validieren

Das einfachste und zugleich sinnvolle Schema, das in Amanda verwendet werden kann, beschreibt daher zumindest den Typ des zu validierenden Objekts. Zu diesem Zweck kann dem Schema eine Eigenschaft namens type hinzugefügt werden, die einen der folgenden Werte enthalten kann:

- `number`
- `integer`
- `string`
- `array`
- `object`
- `boolean`
- `function`

---

4.   *https://github.com/Baggz/Amanda/tree/master/releases/latest*

Alle Typen außer `boolean` und `function` können von Amanda mit Hilfe spezieller Eigenschaften auch nach inhaltlichen Kriterien untersucht werden.

Auffällig ist, dass es zwei Typen zum Validieren von Zahlen gibt: Der Unterschied zwischen `number` und `integer` liegt darin, dass `number` beliebige Zahlen, `integer` hingegen nur Ganzzahlen zulässt.

Zahlen validieren

Sowohl für beliebige Zahlen als auch für Ganzzahlen kann Amanda prüfen, ob ein bestimmtes Minimum unter- beziehungsweise ein Maximum überschritten wird. Hierzu dienen die beiden Eigenschaften `minimum` und `maximum`, die unabhängig voneinander, aber auch gemeinsam verwendet werden können:

```
var schema = {
  type: 'number',
  minimum: 0,
  maximum: 100
};
```

In beiden Fällen gilt, dass der angegebene Grenzwert jeweils eingeschlossen ist. In dem genannten Beispiel wäre die Zahl 100 also noch in dem angegebenen Intervall enthalten.

Alternativ können die Grenzwerte auch explizit ausgeschlossen werden. Dies erfolgt durch Angabe der Eigenschaft `exclusiveMinimum` beziehungsweise `exclusiveMaximum`, deren Wert jeweils auf `true` gesetzt werden muss:

```
var schema = {
  type: 'integer',
  minimum: 0,
  exclusiveMinimum: true
};
```

Darüber hinaus kann zusätzlich geprüft werden, ob eine Zahl restlos durch eine andere teilbar ist. Hierzu verfügt Amanda über die `divisibleBy`-Eigenschaft. Diese funktioniert prinzipiell nicht nur für Ganzzahlen, sondern für beliebige Zahlen. Allerdings muss das Ergebnis ganzzahlig sein:

```
var schema = {
  type: 'number',
  divisibleBy: 2
};
```

Zum Validieren von Zeichenketten bietet Amanda ebenfalls verschiedene Eigenschaften an. Drei davon, nämlich `length`, `minLength` und `maxLength`, beziehen sich auf die Länge der Zeichenkette. Während `length` auf eine exakte Übereinstimmung mit einer vorgegebenen Länge prüft,

Zeichenketten validieren

vergleichen `minLength` und `maxLength` mit entsprechenden Unter- beziehungsweise Obergrenzen:

```
var schema = {
  type: 'string',
  minLength: 1,
  maxLength: 10
};
```

Außerdem können Zeichenketten auf eine Reihe von vorgegebenen Werten geprüft werden. Hierzu dient die enum-Eigenschaft, die ein Array mit potenziellen Werten entgegennimmt:

```
var schema = {
  type: 'string',
  enum: [ 'female', 'male' ]
};
```

Das Gegenstück zur enum-Eigenschaft stellt die Eigenschaft except dar, die ein Array mit auszuschließenden Werten entgegennimmt:

```
var schema = {
  type: 'string',
  except: [ 'guest', 'anonymous' ]
};
```

Eine aufwendigere inhaltliche Prüfung ermöglicht Amanda mit Hilfe der format-Eigenschaft. Diese nimmt einen Wert aus einer Reihe von vordefinierten Formaten entgegen, um beispielsweise zu überprüfen, ob die Struktur einer Zeichenkette der einer E-Mail-Adresse entspricht:

```
var schema = {
  type: 'string',
  format: 'email'
};
```

Die format-Eigenschaft kann dabei einen der folgenden Werte enthalten, von denen die meisten im *JSON Schema Internet Draft*[5] enthalten und dort auch näher beschrieben sind:

- `alpha`
- `alphanumeric`
- `color`
- `date`
- `date-time`
- `decimal`
- `email`
- `host-name`

---

5.   *http://tools.ietf.org/html/draft-zyp-json-schema-03#section-5.23*

- ip-address
- ipv6
- percentage
- phone
- port
- regex
- style
- time
- uri
- utc-milisec

Falls das gewünschte Format nicht in dieser Liste enthalten ist, ermöglicht Amanda mit Hilfe der `pattern`-Eigenschaft die Definition eigener Formate. Das gewünschte Format muss in diesem Fall als regulärer Ausdruck angegeben werden:

```
var schema = {
  type: 'string',
  pattern: /^[a-z]{2,4}$/
};
```

Außer Zahlen und Zeichenketten können auch Arrays validiert werden. *Arrays validieren* Hierzu dienen die Eigenschaften `minItems`, `maxItems` und `uniqueItems`.

Während `minItems` und `maxItems` lediglich die minimale beziehungsweise maximale Anzahl von Elementen innerhalb eines Arrays vorgeben, beschreibt `uniqueItems`, dass kein Element doppelt enthalten sein darf:

```
var schema = {
  type: 'array',
  minItems: 1,
  maxItems: 10,
  uniqueItems: true
};
```

Sofern keine Arrays, sondern vollständige Objekte validiert werden *Objekte validieren* sollen, erfolgt die Schemadefinition rekursiv: Das äußere Schema beschreibt lediglich, dass es sich um den Typ `object` handelt, die Eigenschaft `properties` enthält hingegen eine Auflistung der Eigenschaften des zu überprüfenden Objekts mit jeweils einem untergeordneten inneren Schema:

```
var schema = {
  type: 'object',
  properties: {
    name: {
      type: 'string',
      minLength: 1
    }
  }
};
```

Eigenschaften, deren Wert nicht als optional angesehen wird, können mit Hilfe der required-Eigenschaft als erforderlich gekennzeichnet werden. Wird required auf den Wert true gesetzt, muss die entsprechende Eigenschaft einen Wert enthalten und darf nicht undefined sein:

```
var schema = {
  type: 'object',
  properties: {
    name: {
      type: 'string',
      required: true
    }
  }
};
```

Die Eigenschaft additionalProperties gibt schließlich an, ob das zu validierende Objekt beliebige zusätzliche Eigenschaften enthalten darf, die nicht vom Schema abgedeckt werden. Standardmäßig sind diese erlaubt.

Um dieses Verhalten zu ändern, muss der Wert von additionalProperties entweder auf false gesetzt oder explizit ein Schema für die zusätzlichen Eigenschaften angegeben werden.

Schema beschreiben   Zu guter Letzt kann jedes Schema noch die beiden optionalen Eigenschaften title und description enthalten. Diese dienen dazu, einem Schema einen Namen und eine ausführliche Beschreibung zuzuordnen.

15.1.4   Schema validieren

Nachdem ein Schema definiert wurde, kann ein entsprechender Validator erzeugt werden. Dazu muss die Funktion amanda aufgerufen werden, die den Typ des Schemas als Parameter erwartet. Wie eingangs bereits erwähnt, werden derzeit allerdings nur Schemata im JSON-Format unterstützt:

```
var validator = amanda('json');
```

Validierung ausführen   An dem neu erzeugten Validator steht anschließend die Funktion validate zur Verfügung, die dazu dient, eine Validierung auszuführen. Diese Funktion erwartet außer dem zu validierenden Objekt und dem gewünschten Schema noch einen Callback, der potenziell während der Validierung aufgetretene Fehler verarbeitet:

```
validator.validate(data, schema, function (err) {
  // ...
});
```

15.1.5 Fehler behandeln

Standardmäßig bricht Amanda die Validierung beim Auftreten des ersten Fehlers ab. Der Callback erhält in diesem Fall ein Fehlerobjekt, das unter der Eigenschaft 0 ein weiteres Objekt mit allen Informationen über den aufgetretenen Fehler enthält.

Fehlerinformationen ermitteln

Besonders interessant davon sind die Eigenschaften property und propertyValue, die den Namen und den Wert der fehlerhaften Eigenschaften enthalten, sowie die Eigenschaften attributeName und attributeValue, die den Namen und den Wert der fehlgeschlagenen Regel enthalten.

Darüber hinaus kann mit Hilfe der Eigenschaft message eine von Amanda erzeugte Fehlermeldung abgefragt werden.

Alle Fehler zurückgeben

Falls die Validierung nicht nach dem Auftreten des ersten Fehlers abgebrochen werden soll, muss dem Aufruf der validate-Funktion ein weiteres Parameterobjekt übergeben werden:

```
var options = {
  singleError: false
};
validator.validate(data, schema, options, function (err) {
  // ...
});
```

In diesem Fall werden alle gefundenen Fehler zurückgegeben. Die Anzahl der gefundenen Fehler kann über die Eigenschaft length des Fehlerobjekts abgefragt werden:

```
validator.validate(data, schema, function (err) {
  if(!err) return;
  for(var i = 0; i < err.length; i++) {
    console.log(err[i].message);
  }
});
```

Eigene Fehlermeldungen definieren

Gelegentlich kann es wünschenswert sein, anstelle der von Amanda standardmäßig verwendeten Fehlermeldungen eigene zu definieren. Dies geschieht ebenfalls über das Parameterobjekt, wobei dessen Eigenschaft messages verwendet wird.

Diese Eigenschaft enthält ein Objekt, das für jede Art der Prüfung eine weitere Eigenschaft enthält. So existiert beispielsweise eine Eigenschaft type, um die Fehlermeldung für alle Typfehler zu definieren.

Fehlermeldungen können dabei als Zeichenkette oder als Funktion hinterlegt werden. Innerhalb einer Zeichenkette stehen die Platzhalter {{property}}, {{propertyValue}} und {{attributeValue}} zur Verfügung, innerhalb einer Funktion die entsprechenden Parameter property, propertyValue und attributeValue:

```
var options = {
  messages: {
    type: function (property, propertyValue, attributeValue) {
      return propertyValue + ' must be a/an ' + attributeValue;
    }
  }
};
```

15.2 Lingua

15.2.1 Was ist Lingua?

Lingua[6] ist ein Modul für Express, das der Internationalisierung von Webanwendungen dient. Dazu verwaltet es sprachbezogene Ressourcendateien und wechselt sprachabhängig zwischen diesen hin und her.

Als Basis dient dazu die voreingestellte Sprache des Webbrowsers. Die tatsächlich verwendete Sprache kann vom Anwender allerdings jederzeit von Hand geändert werden.

15.2.2 Installation und Konfiguration

Die Installation von Lingua erfolgt auf dem gewohnten Weg mit Hilfe von npm in den lokalen Kontext der Webanwendung:

```
$ npm install lingua
```

Lingua importieren   Anschließend kann Lingua mit Hilfe der require-Funktion in die Webanwendung importiert werden:

```
var lingua = require('lingua');
```

Lingua und Express integrieren   Dies allein genügt jedoch nicht, da Lingua für die Verwendung im Rahmen von Express noch konfiguriert werden muss. Zu diesem Zweck wird Lingua in Verbindung mit der app.use-Funktion von Express aufgerufen.

Als Parameter muss zum einen die Sprache angegeben werden, auf die im Falle einer angeforderten, aber nicht verfügbaren Sprache zurückgegriffen wird, zum anderen der Pfad zu dem Verzeichnis, das die Ressourcendateien mit den Übersetzungen für die unterschiedlichen Sprachen enthält:

```
app.use(lingua(app, {
  defaultLocale: 'de-DE',
  path: __dirname + '/i18n'
}));
```

6. *https://github.com/akoenig/express-lingua*

15.2.3   Ressourcendateien

Innerhalb des Verzeichnisses, das mit Hilfe der Eigenschaft path konfiguriert wurde, muss für jede unterstützte Sprache eine eigene Ressourcendatei hinzugefügt werden. Der Name einer Ressourcendatei entspricht dabei dem Bezeichner der Sprache innerhalb des Webbrowsers,
also beispielsweise de-DE, en-US oder de, ergänzt um die Dateinamenserweiterung .json.

Um Lingua und daher auch die Webanwendung erfolgreich starten
zu können, muss zumindest die Ressourcendatei für die in der Eigenschaft defaultLocale definierte Standardsprache vorliegen. Fehlt diese,
bricht Lingua den Anwendungsstart mit einer entsprechenden Fehlermeldung ab.

Die Struktur einer Ressourcendatei folgt der Struktur eines *Struktur von*
Objekts, wobei eine einzelne Eigenschaft jeweils den Bezeichner für ein *Ressourcendateien*
zu übersetzendes Element und der Wert das tatsächliche, übersetzte
Textfragment darstellt.

Da Lingua für die Ressourcendateien das Datenformat JSON verwendet, können Eigenschaften auch weitere Objekte enthalten, so dass
Bezeichner verschachtelt und daher Namensräume gebildet werden
können:

```
{
  "title": "Hallo Welt",
  "content": {
    "description": "Eine kleine Beschreibung"
  }
}
```

15.2.4   Statische Texte ausgeben

Um einen statischen Text auf einer Webseite auszugeben, muss der
zugehörige Bezeichner als Eigenschaft des von Lingua automatisch zur
Verfügung gestellten lingua-Objekts verwendet werden. Der Wert dieser Eigenschaft entspricht dann dem übersetzten Textfragment.

Die zu verwendende Syntax hängt davon ab, welches konkrete
Modul für das Parsen der Vorlagen verwendet wird. In Jade wird der
bereits bekannte Ausdruck #{} verwendet:

```
h1 #{lingua.title}
p #{lingua.content.description}
```

Zu beachten ist, dass Lingua sämtliche übersetzten Textfragmente initial in den Arbeitsspeicher lädt und dort zwischenspeichert, weshalb
die Webanwendung nach jeder Änderung einer Ressourcendatei beendet und neu gestartet werden muss.

15.2.5   Dynamische Texte ausgeben

Gelegentlich ist es erforderlich, zur Laufzeit Variablen in ein Textfragment einzufügen. Hierfür bietet Lingua die Möglichkeit, Platzhalter innerhalb von Textfragmenten zu verwenden, die dann später zur Laufzeit durch den eigentlichen Text ersetzt werden.

Die Definition eines derartigen Platzhalters erfolgt, indem dessen Name innerhalb eines Textfragments in geschweiften Klammern angegeben wird:

```
{
  "greeting": "Hallo {name}!"
}
```

Dynamische Texte verwenden

Jede Eigenschaft, deren Wert mindestens einen solchen Platzhalter enthält, wird von Lingua nicht in eine Zeichenkette, sondern in eine Funktion übersetzt, die ein Datenobjekt erwartet.

Die Eigenschaften dieses Datenobjekts werden dann zur Laufzeit in die tatsächlichen Werte für die gleichnamigen Platzhalter überführt. Wird also beispielsweise das Datenobjekt

```
var person = {
  name: 'Golo'
};
```

definiert, kann das in der Ressourcendatei unter dem Schlüssel greeting hinterlegte Textfragment innerhalb einer in Jade geschriebenen Webseite wie folgt ausgegeben werden:

```
#{lingua.greeting(person)}
```

Lingua erkennt, dass das Textfragment einen Platzhalter namens name enthält, und setzt für diesen den Wert der gleichnamigen Eigenschaft des übergebenen Datenobjekts ein.

15.2.6   Sprache auswählen

Wird nichts anderes angegeben, verwendet Lingua die Sprache des Webbrowsers, sofern für diese Sprache eine Ressourcendatei zur Verfügung steht. Andernfalls wird auf die in Lingua voreingestellte Standardsprache ausgewichen.

Wird also beispielsweise eine Webanwendung, für die eine deutsch- und eine englischsprachige Ressourcendatei vorliegen und bei der Englisch als Standardsprache festgelegt wurde, mit einem französischsprachigen Webbrowser aufgerufen, so wird die Webanwendung zunächst in Englisch angezeigt.

Der Anwender kann die verwendete Sprache jedoch bei Bedarf eigenständig auswählen und ändern. Dazu genügt es, an eine beliebige Adresse der Webanwendung den Parameter language anzuhängen und diesem die gewünschte Sprache als Wert zuzuweisen.

Sprache auswählen

Auf diesem Weg kann beispielsweise auf einfache Art mit Hilfe eines Links die von einer Webanwendung verwendete Sprache geändert werden:

```
<a href="?language=de-DE">de-DE</a>
<a href="?language=en-US">en-US</a>
```

Die vom Anwender getroffene Auswahl wird darüber hinaus in einem Cookie persistiert, so dass die gewünschte Sprache auch beim nächsten Aufruf der Webanwendung automatisch ausgewählt wird und der Anwender die Sprachauswahl nicht erneut vornehmen muss.

15.3 Passport

15.3.1 Was ist Passport?

Passport ist ein Modul für Connect und Express, das der Authentifizierung von Benutzern dient. Es unterstützt außer der klassischen Authentifizierung mit Hilfe von Benutzername und Kennwort auch die verbreiteten Standards *OpenID*[7] und *OAuth*[8].

Daher können auf einfache Weise zahlreiche verschiedene Authentifizierungsanbieter integriert werden, unter anderem auch Twitter, Facebook und GitHub.

15.3.2 Installation und Konfiguration

Die Installation von Passport erfolgt auf dem gewohnten Weg mit Hilfe von npm in den lokalen Kontext der Webanwendung:

```
$ npm install passport
```

Danach kann Passport mit der require-Funktion in die Webanwendung importiert werden:

```
var passport = require('passport');
```

Anschließend muss Passport im Konfigurationsblock von Connect beziehungsweise Express initialisiert werden. Dazu dient die Funktion initialize, die in Verbindung mit der use-Funktion aufgerufen wird:

Passport initialisieren

---

7. *http://openid.net/*
8. *http://oauth.net/*

```
app.use(passport.initialize());
```

Prinzipiell wird nun jede eingehende Anfrage einzeln authentifiziert. Dies kann beispielsweise bei REST-basierten Diensten durchaus sinnvoll sein, stellt für Webanwendungen in der Regel jedoch nicht das gewünschte Verhalten dar: Eine einmal erfolgte Authentifizierung soll dort gelten, bis sich der Anwender abmeldet.

Deshalb wird die Authentifizierung bei Webanwendungen üblicherweise in der Session gespeichert, wozu die Funktion `session` von Passport dient. Wichtig ist, dass diese Funktion nach der `initialize`-Funktion und dem Initialisieren der Session durch Express aufgerufen wird:

```
app.use(passport.initialize());
app.use(passport.session());
```

Außerdem erfordert Passport, dass die beiden Funktionen `serialize-User` und `deserializeUser` implementiert werden. Diese dienen dem Speichern beziehungsweise Wiederherstellen des angemeldeten Anwenders in beziehungsweise aus der Session.

In der Regel genügt es, die ID des Anwenders beim Speichern zu extrahieren und den Anwender beim Wiederherstellen wieder anhand seiner ID aus einer Datenquelle wie beispielsweise einer Datenbank zu laden:

```
passport.serializeUser(function (user, done) {
  var id = // ...
  done(null, id);
});
passport.deserializeUser(function (id, done) {
  var user = // ...
  done(null, user);
});
```

15.3.3 Ressourcen schützen

Um eine Ressource zu schützen, genügt es zu überprüfen, ob die eingehende Anfrage bereits authentifiziert wurde oder nicht.

Da Passport derzeit nicht über eine integrierte Funktion zu diesem Zweck verfügt[9], kann die folgende Funktion als Hilfsmittel verwendet werden:

---

9.   Genau genommen wird an dieser Stelle keine Authentifizierung durchgeführt, sondern eine Autorisierung. Da der Fokus von Passport ausschließlich auf Authentifizierung liegt und dem Autor kein empfehlenswertes Framework zur Autorisierung unter Node.js bekannt ist, wird dieses Thema hier lediglich angerissen.

```
var ensureAuthentication = function (req, res, next) {
  if(req.isAuthenticated()) {
    return next();
  }
  res.redirect('/login');
};
```

Falls die eingehende Anfrage bereits authentifiziert wurde, lässt sie diese passieren, so dass die Ausführung mit dem nächsten für die Anfrage zuständigen Modul fortgesetzt wird.

Andernfalls wird der Anwender auf die Anmeldeseite der Webanwendung weitergeleitet. Abhängig davon, welche Art der Authentifizierung dort konfiguriert wurde, verläuft der nachfolgende Anmeldevorgang auf unterschiedliche Art.

15.3.4 Benutzername und Kennwort

Die einfachste Form der Authentifizierung stellt die klassische Kombination aus Benutzername und Kennwort dar, die über ein Formular auf einer Webseite erfragt und im Hintergrund zumeist mit Daten aus einer Datenbank verglichen werden.

Dieses Vorgehen wird von Passport als *Local Strategy* bezeichnet, wobei der Begriff *Strategie* in Passport generell für verschiedene Arten der Authentifizierung steht. Damit diese verwendet werden kann, muss zunächst ein weiteres Modul installiert werden, nämlich *passport-local*[10]:

```
$ npm install passport-local
```

Danach kann der Konstruktor für die Strategie in die Webanwendung importiert werden:

```
var LocalStrategy = require('passport-local').Strategy;
```

Die Verwendung gestaltet sich danach ausgesprochen einfach: Zum einen muss die Strategie konfiguriert werden, zum anderen muss die Anmeldeseite auf diese Strategie verweisen.

Zum Konfigurieren der Strategie wird eine neue Instanz von dieser erstellt und der use-Funktion von Passport übergeben. Der Konstruktor der Strategie erwartet eine Funktion als Parameter, welche die vom Anwender eingegebenen Daten prüft und anschließend einen Callback aufruft:

Strategie konfigurieren

---

10. *https://github.com/jaredhanson/passport-local*

```
passport.use(new LocalStrategy(
  function (username, password, done) {
    // ...
  }
));
```

Der Aufruf des Callbacks folgt dabei den folgenden Regeln:

▨ Schlägt die Prüfung der vom Anwender eingegebenen Daten aus technischen Gründen fehl, wird der Callback mit dem entsprechenden Fehlerobjekt aufgerufen.

▨ Sind die vom Anwender eingegebenen Daten keine gültigen Anmeldedaten, wird der Callback mit null als erstem und false als zweitem Parameter aufgerufen. Als dritter Parameter kann bei Bedarf eine Fehlermeldung übergeben werden.

▨ War die Anmeldung hingegen erfolgreich, wird der Callback mit null als erstem und dem Anwender als zweiten Parameter aufgerufen.

Die minimale Variante der Funktion für eine Local Strategy besteht daher aus folgendem Code:

```
passport.use(new LocalStrategy(
  function (username, password, done) {
    var user = // ...
    if(!user) {
      return done(null, false);
    }
    done(null, user);
  }
));
```

Strategie verwenden Um die Strategie nun schließlich zu verwenden, muss zunächst eine Anmeldeseite für die Webanwendung erstellt werden, die ein Formular enthält. Dieses Formular muss Felder für den Benutzernamen und das Kennwort enthalten, wobei als Bezeichner für diese Felder die beiden von Passport vorgegebenen Begriffe username und password verwendet werden müssen:

```
form(method='POST')
  input(type='text', name='username')
  input(type='password', name='password')
  button(type='submit') Anmelden
```

Außerdem muss eine Route definiert werden, die das Formular nach einer POST-Anfrage entgegennimmt und daraufhin die Authentifizierung ausführt.

Dazu dient die authenticate-Funktion von Passport, der als Strategie local übergeben wird. Außerdem muss dieser Funktion als zweiter

Parameter ein Objekt übergeben werden, das festlegt, wohin der Anwender nach einer erfolgten oder fehlgeschlagenen Authentifizierung weitergeleitet wird:

```
app.post('/login', passport.authenticate('local', {
  successRedirect: '/',
  failureRedirect: '/login'
}));
```

War die Authentifizierung erfolgreich, fügt Passport dem req-Objekt die Eigenschaft user hinzu, hinter der sich ein Objekt mit den aus der Datenbank geladenen Daten befindet. Auf diesem Weg kann im weiteren Verlauf jederzeit auf den aktuell angemeldeten Anwender zugegriffen werden.

Wird die Webanwendung zu einem späteren Zeitpunkt auf ein anderes Authentifizierungsverfahren umgestellt, betrifft dies lediglich die Anmeldeseite und die dahinterliegende Route. Für den gesamten Rest der Webanwendung bleibt die eigentliche Authentifizierung vollkommen transparent.

15.3.5 OpenID

Um anstelle von Benutzername und Kennwort das OpenID-Verfahren zur Authentifizierung zu verwenden, muss zunächst das Modul passport-openid installiert werden. Dies erfolgt wiederum auf dem gewohnten Weg mit Hilfe von npm in den lokalen Kontext der Webanwendung:

```
$ npm install passport-openid
```

Danach kann der Konstruktor für die OpenID-Strategie wiederum mit Hilfe der require-Funktion in die Webanwendung importiert werden:

```
var OpenIdStrategy = require('passport-openid').Strategy;
```

Die Konfiguration der OpenID-Strategie erfolgt ähnlich der Konfiguration der lokalen Strategie: Der Konstruktor wird aufgerufen, und es wird eine Funktion definiert, welche die erfolgreich authentifizierte ID des Anwenders entgegennimmt, um einen passenden Datensatz aus der Datenbank zu laden.

Strategie konfigurieren

Da der Anwender in jedem Fall zu einem externen OpenID-Anbieter weitergeleitet wird, muss diesem mitgeteilt werden, in wessen Auftrag die Authentifizierung erfolgt und wohin der Rücksprung erfolgen soll. Beide Informationen werden dem Konstruktor über ein Parameterobjekt mitgeteilt:

```
passport.use(new OpenIdStrategy({
    returnUrl: 'http://www.example.com/auth/openid/return',
    realm: 'http://www.example.com'
}, function (identifier, done) {
    var user = // ...
    done(null, user);
}
));
```

Strategie verwenden Die dem Parameterobjekt übergebenen Adressen können prinzipiell frei gewählt werden, allerdings muss eine passende Route für die Rücksprungadresse konfiguriert werden:

```
app.get('/auth/openid/return', passport.authenticate('openid', {
    successRedirect: '/',
    failureRedirect: '/login'
}));
```

Die eigentliche Anmeldeseite enthält wiederum ein Formular, in das der Anwender seine persönliche OpenID einträgt. Das Feld hierfür muss den Bezeichner `openid_identifier` tragen:

```
form(action='/auth/openid', method='POST')
    input(type='text', name='openid_identifier')
    button(type='submit') Anmelden
```

Auch für dieses Formular muss eine passende Route konfiguriert werden:

```
app.post('/auth/openid', passport.authenticate('openid'));
```

Nachdem der Anwender nun seine persönliche OpenID in das Formular eingetragen und dieses an den Server gesendet hat, wird er zu seinem jeweiligen OpenID-Anbieter weitergeleitet, der die eigentliche Authentifizierung übernimmt.

Sobald der Aufruf von diesem an die Rücksprungadresse zurückgeleitet wird, nimmt Passport die Anfrage wieder entgegen und leitet abhängig vom Erfolg der Authentifizierung an die gewünschte Adresse weiter.

Profil abrufen Bei Bedarf können zusätzlich Profildaten von dem OpenID-Anbieter des Anwenders abgerufen werden. Hierzu muss beim Konfigurieren der Strategie die zusätzliche Eigenschaft `profile` im Parameterobjekt angegeben und die Funktion entsprechend erweitert werden:

```
passport.use(new OpenIdStrategy({
    returnUrl: 'http://www.example.com/auth/openid/return',
    realm: 'http://www.example.com',
    profile: true
}, function (identifier, profile, done) {
    var user = // ...
    done(null, user);
}
));
```

Das profile-Objekt enthält dann je nach Verfügbarkeit der Daten unter anderem die ID des Anwenders, dessen virtuellen und richtigen Namen und dessen E-Mail-Adresse.

Welche dieser Daten allerdings im konkreten Fall verfügbar sind, hängt stark vom jeweils verwendeten OpenID-Anbieter und den Sicherheitseinstellungen des Anwenders ab.

15.3.6 Andere Authentifizierungsanbieter

Nahezu alle anderen von Passport unterstützten Authentifizierungsanbieter arbeiten nach dem gleichen Prinzip. Dies gilt insbesondere auch für OAuth, das von den meisten Strategien als Basis verwendet wird.

Eine vollständige Liste aller unterstützten Authentifizierungsstrategien findet sich auf der GitHub-Seite von Passport.[11] In der Dokumentation der jeweiligen Strategie findet sich auch die Erklärung, wie diese in Passport integriert werden kann.

15.3.7 Abmelden

Um dem Anwender die Möglichkeit zu geben, sich aus einer Webanwendung wieder abzumelden, wird eine zusätzliche Route konfiguriert. Diese ruft die von Passport bereitgestellte Funktion logout auf und leitet den Anwender danach auf eine vorgegebene Webseite wie beispielsweise die Startseite der Webanwendung weiter:

```
app.get('/logout', function (req, res) {
  req.logout();
  res.redirect('/');
});
```

15.4 Das Beispielprojekt

15.4.1 Anforderungen und Einschränkungen

Die bisherige Implementierung von silkveil.js soll in diesem Kapitel erweitert werden. Folgende Anforderungen werden gestellt:

- Die vom Anwender vorgenommenen Eingaben beim Hinzufügen neuer Mappings werden validiert.   *Anforderungen*
- Die Webanwendung von silkveil.js verfügt über eine deutsch- und eine englischsprachige Benutzeroberfläche.

---

11. *https://github.com/jaredhanson/passport#strategies-1*

▤ Das Hinzufügen und Entfernen von Mappings erfordert eine Authentifizierung, so dass Unberechtigte ausgeschlossen werden. Diese können lediglich bestehende Mappings aufrufen.

Einschränkungen   Die in den vorherigen Kapiteln definierten Einschränkungen gelten auch in diesem Kapitel.

15.4.2   Implementierung

Die erste Anforderung, die implementiert wird, ist die Validierung beim Hinzufügen eines neuen Mappings. Hierfür wird zunächst Amanda als Abhängigkeit in der Datei `package.json` hinterlegt:

```
[...]
"kue": "0.4.0",
"amanda": "0.4.2"
},
[...]
```

Schemata definieren   Umleitungen und Downloads stellen zwei unterschiedliche Arten von Mappings dar und erfordern dementsprechend verschiedene Pflichtfelder. Deshalb bietet es sich an, zwei verschiedene Schemata anzulegen.

Da bereits Schemadefinitionen, die lediglich wenige Regeln umfassen, äußerst umfangreich werden können, wird eine weitere Datei namens `schemas.js` erzeugt, in der die Schemata abgelegt werden:

```
var schemas = {
  redirect: {
    type: 'object',
    properties: {
      alias: {
        type: 'string',
        format: 'alphanumeric',
        required: true
      },
      url: {
        type: 'string',
        format: 'uri',
        required: true
      },
      action: {
        type: 'string',
        pattern: /^redirect$/,
        required: true
      },
      type: {
        type: 'string',
        enum: [ 'permanent', 'temporary' ],
        required: true
      },
```

```
        constraints: {
          type: 'object',
          properties: {
            validFrom: {
              type: 'string',
              format: 'date-time'
            },
            validBefore: {
              type: 'string',
              format: 'date-time'
            }
          }
        }
      }
    }
  },
  download: {
    type: 'object',
    properties: {
      alias: {
        type: 'string',
        format: 'alphanumeric',
        required: true
      },
      url: {
        type: 'string',
        format: 'uri',
        required: true
      },
      action: {
        type: 'string',
        pattern: /^download$/,
        required: true
      },
      fileName: {
        type: 'string',
        required: true
      },
      contentType: {
        type: 'string',
        pattern: /^[-\w]+\/[-\w\+]+$/,
        required: true
      },
      forceDownload: {
        type: 'boolean',
        required: true
      },
      constraints: {
        type: 'object',
        properties: {
          validFrom: {
```

```
                type: 'string',
                format: 'date-time'
              },
              validBefore: {
                type: 'string',
                format: 'date-time'
              }
            }
          }
        }
      }
    };
    module.exports = schemas;
```

Mappings validieren   Mit Hilfe dieser beiden Schemata können Mappings beim Hinzufügen nun validiert werden. Dazu müssen zunächst Amanda und die Datei schemas.js in die Webanwendung importiert werden. Zu diesem Zweck wird die Datei app.js folgendermaßen ergänzt:

```
[...]
kue = require('kue'),
amanda = require('amanda');
[...]
var actions = require('./actions.js');
var schemas = require('./schemas.js');
var app = express();
var jobs = kue.createQueue();
var validator = amanda('json');
app.configure(function () {
  [...]
```

Anschließend muss die createMapping-Funktion in der Datei app.js angepasst werden, so dass die Validierung ausgeführt wird und gegebenenfalls das tatsächliche Speichern verhindert.

Stattdessen wird eine Liste aller fehlgeschlagenen Felder an den Client gesendet, der diese daraufhin in der grafischen Benutzeroberfläche entsprechend markieren kann.

Für diese Liste wird wider Erwarten kein Array, sondern ein Objekt verwendet. Der Grund hierfür liegt darin, dass Amanda potenziell verschiedene Fehler innerhalb eines Feldes erkennt und das Feld in einem derartigen Fall dem Array mehrfach hinzugefügt würde. Durch die Verwendung eines Objekts ist jedes Feld nur höchstens einmal enthalten.

Außerdem dürfen die Eingabefelder nicht mehr standardmäßig geleert werden, sondern nur noch, wenn die Validierung erfolgreich durchlaufen wurde. Zu diesem Zweck wird die neue Funktion now.clearInputForm aufgerufen:

```
[...]
everyone.now.createMapping = function (mapping) {
  var that = this;
  validator.validate(mapping, schemas[mapping.action], {
    singleError: false
  }, function (err) {
    if(err) {
      var fields = {};
      for(var i = 0; i < err.length; i++) {
        var field = err[i].property.substring(
          Math.max(0, err[i].property.indexOf('.') + 1));
        fields[field] = field;
      }
      that.now.showErrors(fields);
      return;
    }
    that.now.clearInputForm();
    if(mapping.constraints) {
      [...]
  });
};
[...]
```

In der Ansicht index.jade muss zunächst die neue Funktion now.show-Errors definiert werden, die das Fehlerobjekt entgegennimmt und für jedes einzelne Feld prüft, ob ein Fehler aufgetreten ist. Allen fehlerhaften Feldern wird dann dynamisch die CSS-Klasse error angehängt, bei allen fehlerfreien Feldern wird sie entfernt:

Darstellung anpassen

```
  [...]
};
now.showErrors = function (fields) {
  $.each(
    [
      'alias', 'url', 'action', 'type', 'fileName', 'contentType',
      'forceDownload', 'validFrom', 'validBefore'
    ], function (index, id) {
      if(!fields[id]) {
        $('#' + id).removeClass('error');
      } else {
        $('#' + id).addClass('error');
      }
    }
  );
};
now.mappingDeleted = function (alias) {
  [...]
```

Außerdem muss der Code zum Leeren der einzelnen Felder in die neue Funktion now.clearInputForm verschoben werden. Diese Funktion setzt außerdem sämtliche Felder auf einen fehlerfreien Status zurück:

```
[...]
});
now.clearInputForm = function () {
  $.each(
    [
      'alias', 'url', 'fileName', 'contentType', 'validFrom',
      'validBefore'
    ], function (index, id) {
      $('#' + id).val(' ');
    }
  );
  $.each(
    [
      'alias', 'url', 'action', 'type', 'fileName', 'contentType',
      'forceDownload', 'validFrom', 'validBefore'
    ], function (index, id) {
      $('#' + id).removeClass('error');
    }
  );
};
now.showErrors = function (fields) {
  [...]
```

Zu guter Letzt wird der Datei core.styl noch die Fehlerklasse error hinzugefügt:

```
[...]
$lightgray = #ccd
$red = #f00
$lightred = #fdd
box-sizing()
  [...]
    padding 7px
    .error
      background-color $lightred
      border-color $red
    h3
      [...]
```

Wird nun versucht, ein neues Mapping mit fehlerhaft ausgefüllten Feldern hinzuzufügen, markiert silkveil.js die jeweiligen Felder beim Speichern entsprechend (siehe Abb. 15–1).

Abb. 15–1

*Fehlerhaft ausgefüllte
Felder werden beim
Speichern markiert.*

Nachdem die Validierung erfolgreich implementiert wurde, wird als
Nächstes die Anforderung umgesetzt, die Webanwendung von silk-
veil.js mit einer deutsch- und englischsprachigen Benutzeroberfläche
auszustatten.

*Lingua installieren und
konfigurieren*

Dazu muss zunächst Lingua in der Datei package.json als Abhängigkeit hinzugefügt werden:

```
[...]
"amanda": "0.4.2",
"lingua": "0.3.0"
},
[...]
```

Als Nächstes wird Lingua in die Webanwendung importiert und mit
Express integriert, wobei als Standardsprache de-DE definiert wird.
Dazu wird die Datei app.js folgendermaßen erweitert:

```
[...]
amanda = require('amanda'),
lingua = require('lingua');
[...]
app.set('views', __dirname + '/views');
app.use(lingua(app, {
  defaultLocale: 'de-DE',
  path: __dirname + '/i18n'
}));
app.use(redirect);
[...]
```

Ressourcendateien erstellen

Nun können die Ressourcendateien erstellt werden. Zu diesem Zweck wird der Webanwendung zunächst ein neues Verzeichnis namens `i18n` hinzugefügt. In diesem Verzeichnis kann danach die Datei `de-DE.json` erstellt werden.

Da derzeit nur wenige Textfragmente übersetzt werden müssen, wird auf eine weitere Strukturierung mit Hilfe von Namensräumen verzichtet. Außerdem werden einige Bezeichner wie beispielsweise `permanent` oder `temporary` nicht übersetzt, da es sich um etablierte Fachbegriffe handelt:

```
{
  "action": "Vorgang",
  "alias": "Alias",
  "constraints": "Auflagen",
  "contentType": "MIME-Type",
  "fileName": "Dateiname",
  "forceDownload": "Download erzwingen",
  "new": "Neu",
  "type": "Typ",
  "url": "URL",
  "validFrom": "Gültig ab",
  "validBefore": "Gültig bis"
}
```

Anschließend wird eine Kopie der Datei `de-DE.json` erzeugt und als `en-US.json` gespeichert. Die Bezeichner in dieser Kopie bleiben gleich, lediglich die übersetzten Textfragmente werden angepasst:

```
{
  "action": "Action",
  "alias": "Alias",
  "constraints": "Constraints",
  "contentType": "Content type",
  "fileName": "File name",
  "forceDownload": "Force download",
  "new": "New",
  "type": "Type",
  "url": "URL",
  "validFrom": "Valid from",
  "validBefore": "Valid before"
}
```

Darstellung anpassen

Damit die übersetzten Textfragmente auch in der grafischen Benutzeroberfläche angezeigt werden, muss die Datei `index.jade` angepasst werden. In dieser Datei müssen alle hartcodierten Textfragmente durch die entsprechenden Aufrufe von Lingua ersetzt werden:[12]

```
[...]
  h3
    | #{lingua.new}
    a(href='#', id='createMapping') +
[...]
```

Zu guter Letzt wird dem Anwender noch die Möglichkeit geboten, die aktuell von silkveil.js verwendete Sprache zu wechseln. Dazu wird die Datei layout.jade um zwei Links ergänzt:

Sprache wechseln

```
[...]
  h1 silkveil.js
  h2
    | Protect your downloads |
    a(href='?language=de-DE') de-DE
    | |
    a(href='?language=en-US') en-US
  #content
    [...]
```

Im Webbrowser kann die angezeigte Sprache von silkveil.js nun vom Anwender umgeschaltet werden (siehe Abb. 15–2).

Abb. 15–2

silkveil.js verfügt über eine deutsch- und eine englischsprachige Benutzeroberfläche.

---

12. Da diese Anpassungen stets nach dem gleichen Schema erfolgen, wird an dieser Stelle lediglich für ein Textfragment exemplarisch gezeigt, wie die Anpassung erfolgen muss. In der Praxis müssen natürlich sämtliche Textfragmente durch entsprechende Ausdrücke ersetzt werden.

Nachdem diese Anpassungen einmal vorgenommen wurden, beschränkt sich der Aufwand für das Erweitern um eine weitere Sprache in Zukunft auf das Anlegen einer entsprechenden Ressourcendatei und das Hinzufügen eines passenden Links in der Datei layout.jade.

Passport hinzufügen

Als dritte und letzte Anforderung wird nun noch die Authentifizierung hinzugefügt, so dass das Hinzufügen und Löschen neuer beziehungsweise bestehender Mappings nicht mehr für jedermann frei zugänglich ist.

Zunächst wird dazu Passport als Abhängigkeit in der Datei package.json eingetragen. Die eigentliche Authentifizierung wird mit der *BasicStrategy*[13] durchgeführt, welche die im http-Protokoll enthaltene Basic-Authentifizierung[14] implementiert:

```
[...]
"lingua": "0.3.0",
"passport": "0.1.10",
"passport-http": "0.1.3"
},
[...]
```

Anschließend können Passport und die BasicStrategy in die Webanwendung importiert werden:

```
[...]
lingua = require('lingua'),
passport = require('passport'),
BasicStrategy = require('passport-http').BasicStrategy;
[...]
```

Authentifizierung konfigurieren

Als Nächstes kann Passport initialisiert werden, wozu die Datei app.js um folgende Zeile ergänzt werden muss:

```
[...]
}));
app.use(passport.initialize());
app.use(redirect);
[...]
```

Außerdem wird in der gleichen Datei eine Liste aller erlaubten Anwender hinterlegt und die Authentifizierungsfunktion definiert:

---

13. *https://github.com/jaredhanson/passport-http*
14. Die http-Basic-Authentifizierung muss ohne Verwendung des https-Protokolls als unsicher gelten, da das Kennwort im Klartext übertragen wird. In einem realen Projekt muss daher entweder zusätzlich das https-Protokoll oder alternativ eine andere Authentifizierungsstrategie verwendet werden.

```
  [...]
});
var users = {
  golo: 'secret'
};
passport.use(new BasicStrategy(function (userid, password, done) {
  if(!users[userid]) {
    return done(null, false);
  }
  if(users[userid] !== password) {
    return done(null, false);
  }
  done(null, {
    username: userid
  });
}));
function deliverDefaultImage() {
  [...]
```

Um die Authentifizierung schließlich zu verwenden, genügt es, die Definition der gewünschten Route in der Datei app.js um den Aufruf von Passport zu ergänzen:

Authentifizierung verwenden

```
  [...]
}
app.get('/', passport.authenticate('basic', {
    session: false
  }), function (req, res) {
    res.render('index');
    [...]
```

Die Unterstützung für Sessions wird an dieser Stelle explizit deaktiviert, da der Webbrowser bei den in das http-Protokoll integrierten Authentifizierungsarten ohnehin bei jeder Anfrage die Anmeldedaten erneut überträgt.

Wird nun silkveil.js im Webbrowser aufgerufen, so erfordert das Anzeigen der Startseite eine Authentifizierung (siehe Abb. 15–3). Auf diese Art können Mappings nur noch hinzugefügt beziehungsweise gelöscht werden, wenn sich der Anwender zuvor anmeldet.

Alle bereits definierten Mappings können jedoch nach wie vor auch ohne vorherige Authentifizierung abgerufen werden.

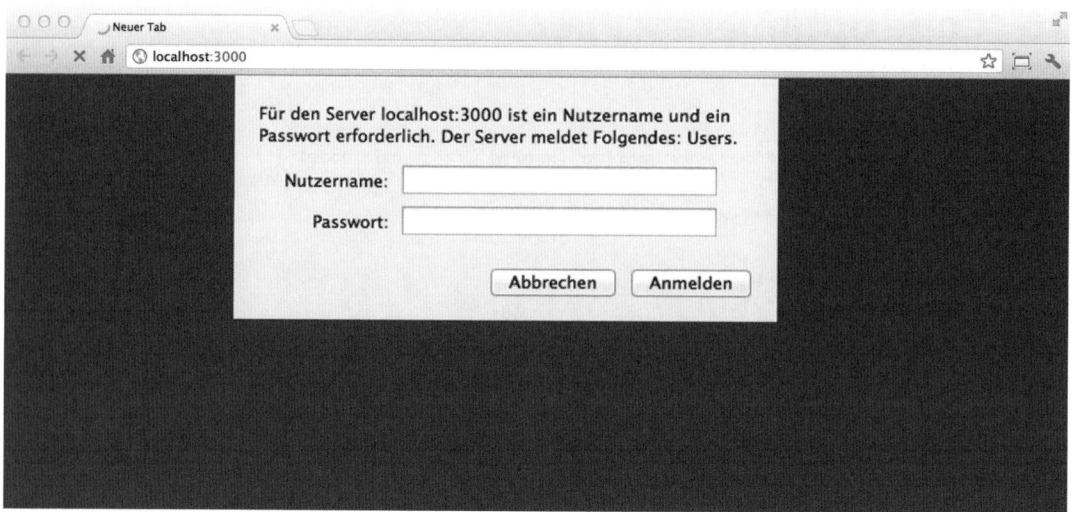

Abb. 15–3
silkveil.js erfordert eine
Authentifizierung.

15.5 Zusammenfassung

Webanwendungen werden in der Regel entwickelt, um ein fachliches Problem eines Anwenders zu lösen. Dazu müssen allerdings außer den primären häufig auch sekundäre, nichtfachliche Anforderungen erfüllt werden.

Die Module Amanda, Lingua und Passport bieten vorgefertigte Lösungen für die drei Querschnittsbelange Validierung, Internationalisierung und Authentifizierung.

Amanda unterstützt das Prüfen von Datenobjekten anhand eines vorgegebenen Schemas, wobei Schemata derzeit zwingend als JSON-Objekt formuliert werden müssen. Amanda kann außer in Node.js auch direkt im Webbrowser ausgeführt werden.

Lingua verwaltet sprachbezogene Ressourcendateien und schaltet zwischen diesen je nach gewünschter Sprache um. Neben statischen können auch dynamisch zur Laufzeit erzeugte Textfragmente verwendet werden.

Passport schließlich schützt bestehende Ressourcen vor unberechtigtem Zugriff, wofür zahlreiche verschiedene Authentifizierungsstrategien wie beispielsweise OpenID und OAuth unterstützt werden.

16 Code optimieren: Piler

Nachdem alle Funktionen in eine Webanwendung eingebaut wurden, wird der entwickelte Code vor der Auslieferung häufig noch einmal optimiert. Dies umfasst einerseits das manuelle Aufräumen im Code, andererseits aber auch automatisierte Vorgänge.

Da JavaScript anders als viele andere Sprachen nicht kompiliert wird, wird in der Regel der Quellcode ausgeliefert. Allerdings ist dies nicht immer gewünscht: Im Hinblick auf den Schutz des geistigen Eigentums besteht stattdessen häufig der Wunsch, den ausgelieferten Code vor unberechtigten Blicken und Veränderungen zu schützen.

Um darüber hinaus die Ausführung auch bei langsamen Netzwerkverbindungen zu beschleunigen, werden JavaScript-Dateien häufig komprimiert, was als *minifizieren* bezeichnet wird. Dieser Vorgang kann praktischerweise mit dem zuvor genannten Wunsch kombiniert werden, denn minifizierter Code ist zugleich auch schlecht lesbar.

Da Node.js auf JavaScript basiert, können die für diesen Zweck gängigen Werkzeuge wie beispielsweise *JSHint*[1] und *UglifyJS*[2] ohne Weiteres verwendet werden. Zusätzlich stehen allerdings auch Node.js-spezifische Lösungen wie beispielsweise *Piler*[3] zur Verfügung.

16.1 Piler

16.1.1 Installation und Konfiguration

Prinzipiell dient Piler dem Minifizieren von JavaScript- und CSS-Dateien zur Laufzeit der Webanwendung. Intern verwendet Piler dabei das Modul *uglify-js*[4], das die Brücke von UglifyJS zu Node.js schlägt.

---

1. *http://www.jshint.com/*
2. *http://marijnhaverbeke.nl/uglifyjs*
3. *http://epeli.github.com/piler/*
4. *https://github.com/mishoo/UglifyJS*

Die Installation von Piler erfolgt auf dem gewohnten Weg mit Hilfe von npm in den lokalen Kontext der Webanwendung:

```
$ npm install piler
```

Danach kann Piler wie gewohnt mit Hilfe der require-Funktion importiert werden:

```
var piler = require('piler');
```

Piler erfordert Express. Dies allein genügt jedoch nicht, da Piler derzeit nur in Verbindung mit Express verwendet werden kann. Aus diesem Grund muss zusätzlich auch Express installiert und konfiguriert werden.

16.1.2 JavaScript-Dateien verarbeiten

Bevor JavaScript-Dateien verarbeitet werden können, muss zunächst ein hierfür zuständiges dediziertes Objekt erzeugt werden. Dies erfolgt mit Hilfe der createJSManager-Funktion. Außerdem muss dieses Objekt anschließend an die Express-Anwendung gebunden werden, wozu dessen bind-Funktion dient:

```
var clientjs = piler.createJSManager();
app.configure(function () {
  clientjs.bind(app);
});
```

Ausgabeverzeichnis festlegen Falls die von Piler minifizierten JavaScript-Dateien als statische Ressourcen von einem Webserver wie beispielsweise Nginx ausgeliefert werden sollen, kann zusätzlich ein Ausgabeverzeichnis definiert werden, in das die erzeugten Dateien abgelegt werden:

```
var clientjs = piler.createJSManager({
  outputDirectory: __dirname + '/static'
});
```

Stammpfad festlegen Außerdem kann mit Hilfe dieses Parameterobjekts auch ein Stammpfad festgelegt werden, der allen von Piler erzeugten Pfaden automatisch vorangestellt wird:

```
var clientjs = piler.createJSManager({
  outputDirectory: __dirname + '/static',
  urlRoot: '/content/'
});
```

Von Piler erzeugte Dateien werden dann zur Entwicklungszeit mit dem Präfix /content/dev versehen, im Produktionsbetrieb hingegen mit /content/min. Entfällt die Angabe urlRoot, verwendet Piler standardmäßig das Präfix /piler/dev beziehungsweise /piler/min.

Um nun tatsächlich JavaScript-Dateien an den Webbrowser auszuliefern, müssen diese dem `clientjs`-Objekt zunächst hinzugefügt werden. Hierfür stehen verschiedene Funktionen zur Verfügung:

Dateien vorbereiten

- `addFile`:
  Die `addFile`-Funktion erwartet als Parameter den Pfad zu einer
  Datei im lokalen Dateisystem und fügt diese Datei der Ausgabe
  hinzu.

- `addUrl`:
  Diese Funktion nimmt hingegen die Adresse einer Datei entgegen,
  so dass beispielsweise Dateien von anderen Servern integriert und
  ausgeliefert werden können.

- `addOb`:
  Die Funktion `addOb` nimmt ein Objekt entgegen und fügt dessen
  Eigenschaften und deren Werte dem `window`-Objekt des Webbrow-
  sers hinzu.

- `addExec`:
  Die `addExec`-Funktion erwartet eine Funktion, die an den Webbrowser übergeben und dort beim Laden der jeweiligen Webseite
  ausgeführt wird.

- `addRaw`:
  Diese Funktion nimmt eine Zeichenkette entgegen, die beliebigen
  JavaScript-Code enthalten kann. Dieser Code wird an den Web-
  browser übergeben.

Die Aufrufreihenfolge der einzelnen Funktionen bestimmt die Reihen-
folge, in der die einzelnen JavaScript-Dateien und -Elemente an den
Webbrowser gesendet werden. Die einzige Ausnahme hierzu stellt die
`addUrl`-Funktion dar, die stets als erste verarbeitet wird.

Entwicklungs- und Produktionszeit

In der Entwicklungszeit werden Dateien von Piler nicht minifiziert,
damit die Fehlersuche nicht unnötig erschwert wird. Außerdem wird
jede einzelne Datei als eigenständiges `script`-Element ausgegeben. Im
Produktionsbetrieb werden die Dateien hingegen minifiziert und in
eine gemeinsame Datei zusammengefasst.

Außerdem werden alle generierten Dateinamen mit einem Parameter versehen, der einen Zeitstempel enthält. Auf diese Weise stellt Piler
sicher, dass im Falle einer neuen Version der Dateien der Cache des
Webbrowsers invalidiert wird.

Dateien ausliefern

Damit die dem `clientjs`-Objekt hinzugefügten Dateien auch tat-
sächlich an den Webbrowser ausgeliefert werden, muss die `renderTags`-
Funktion dieses Objekts aufgerufen und ihr Ergebnis an die jeweilige
Jade-Vorlage weitergereicht werden:

```
res.render('index', {
  js: clientjs.renderTags();
});
```

Innerhalb der Jade-Vorlage muss das Ergebnis schließlich noch ausgegeben werden, wozu die folgende Anweisung dient. An dieser Stelle werden dann die von Piler zur Laufzeit erzeugten script-Elemente eingefügt:

```
!{js}
```

Dateien für die aktuelle Anfrage bereitstellen

Werden JavaScript-Dateien nicht für jeden Aufruf benötigt, sondern nur gelegentlich, können die Funktionen addOb und addExec alternativ auch direkt am res-Objekt aufgerufen werden. Dies gilt dann allerdings ausschließlich für die aktuelle Anfrage.

16.1.3 CSS-Dateien verarbeiten

CSS-Dateien werden in Piler prinzipiell nach dem gleichen Schema verarbeitet. Zunächst muss auch für diese ein dediziertes Objekt erzeugt werden.

Dies erfolgt mit Hilfe der createCSSManager-Funktion. Außerdem muss dieses Objekt anschließend an die Express-Anwendung gebunden werden, wozu wiederum dessen bind-Funktion dient:

```
var clientcss = piler.createCSSManager();
app.configure(function () {
  clientcss.bind(app);
});
```

Ausgabeverzeichnis festlegen

Auch für CSS-Dateien ist es möglich, ein Ausgabeverzeichnis und den Stammpfad festzulegen. Erfolgt dies nicht, gelten die gleichen Regeln und Standardvorgaben wie auch bei JavaScript-Dateien.

Dateien vorbereiten

Um nun tatsächlich CSS-Dateien an den Webbrowser auszuliefern, müssen diese dem clientcss-Objekt hinzugefügt werden, wofür ähnliche Funktionen wie zuvor zur Verfügung stehen. Einzig auf die Funktionen addObj und addExec wurde verzichtet, da deren Verwendung für CSS keinen Sinn ergibt:

- addFile:
  Die addFile-Funktion erwartet als Parameter den Pfad zu einer Datei im lokalen Dateisystem und fügt diese Datei der Ausgabe hinzu.
- addUrl:
  Diese Funktion nimmt hingegen die Adresse einer Datei entgegen, so dass beispielsweise Dateien von anderen Servern integriert und ausgeliefert werden können.

▧ addRaw:

Diese Funktion nimmt eine Zeichenkette entgegen, die beliebige
CSS-Anweisungen enthalten kann. Diese Anweisungen werden
unverändert an den Webbrowser übergeben.

Auch für CSS-Dateien gilt, dass die Aufrufreihenfolge der einzelnen
Funktionen die Reihenfolge bestimmt, in der die einzelnen CSS-
Dateien und -Elemente an den Webbrowser gesendet werden. Die einzige Ausnahme hierzu stellt wiederum die addUrl-Funktion dar, die
stets als erste verarbeitet wird.

Damit die dem clientcss-Objekt hinzugefügten Dateien auch tat-   *Dateien ausliefern*
sächlich an den Webbrowser ausgeliefert werden, muss die renderTags-
Funktion dieses Objekts aufgerufen und ihr Ergebnis an die jeweilige
Jade-Vorlage weitergereicht werden:

```
res.render('index', {
  css: clientcss.renderTags();
});
```

Innerhalb der Jade-Vorlage muss das Ergebnis schließlich noch ausgegeben werden, wozu die folgende Anweisung dient. An dieser Stelle
werden dann die von Piler zur Laufzeit erzeugten link-Elemente eingefügt:

```
!{js}
```

16.1.4   CSS-Dateien in Echtzeit aktualisieren

Da Piler mit Hilfe der Funktion renderTags sowohl das Erzeugen der
script- als auch das der link-Elemente einer Webseite verwaltet, können auf diesem Weg zusätzliche Funktionen von Piler eingefügt werden, wie beispielsweise die Echtzeitaktualisierung von CSS-Dateien.

Die Idee hinter dieser Funktion ist, Websockets zu verwenden, um
auf dem Server vorgenommene CSS-Änderungen in Echtzeit an den
Webbrowser zu übermitteln. Dieser kann daraufhin die Darstellung
der Webseite anpassen, ohne dass diese neu geladen und vollständig
aktualisiert werden muss.

Dazu ist lediglich ein Aufruf der Funktion liveUpdate am Objekt   *liveUpdate-Funktion*
clientjs erforderlich, wobei das clientcss-Objekt als Parameter übergeben wird:

```
app.configure('development', function () {
  clientjs.liveUpdate(clientcss);
});
```

Intern verwendet Piler zum Erzeugen der Websockets das Modul Socket.io, so dass dieses Vorgehen auch auf älteren Webbrowsern funktioniert, die Websockets nicht nativ unterstützen. In diesen Webbrowsern wird dann auf verschiedene alternative Technologien zurückgegriffen.

Bestehenden Websocket integrieren

Falls Socket.io innerhalb der Webanwendung bereits verwendet wird, muss das bestehende io-Objekt an die Funktion liveUpdate als zweiter Parameter übergeben werden:

```
var io = require('socket.io').listen(app);
clientjs.liveUpdate(clientcss, io);
```

16.1.5   Namensräume verwenden

Gelegentlich kann es wünschenswert sein, JavaScript- beziehungsweise CSS-Dateien zu logischen Gruppen zusammenzufassen, die entweder vollständig oder gar nicht an den Webbrowser ausgeliefert werden.

Beispielsweise könnten auf diese Art alle Dateien, die für den Administrationsbereich einer Webanwendung benötigt werden, ausschließlich dann ausgeliefert werden, wenn sich der Anwender in diesem Administrationsbereich aufhält.

Namensräume definieren

Zu diesem Zweck unterstützt Piler Namensräume, wobei ein Namensraum einer derartigen logischen Gruppe entspricht. Um eine Datei einem Namensraum zuzuordnen, muss der jeweils verwendeten add-Funktion der Name des Namensraums als erster Parameter übergeben werden:

```
clientjs.addFile('admin', __dirname + '/files/admin.js');
```

Wird die Funktion renderTags nun wie gehabt ohne Parameter aufgerufen, werden die dem Namensraum admin zugeordneten Dateien nicht mit ausgeliefert.

Namensräume verwenden

Um diese Dateien auszuliefern, muss der Namensraum beim Aufruf der renderTags-Funktion übergeben werden. Wichtig hierbei ist, dass alle Dateien, die nicht explizit einem Namensraum zugeordnet wurden, immer ausgeliefert werden:

```
res.render('index', {
  js: clientjs.renderScriptTags('admin')
});
```

Falls mehrere Namensräume ausgeliefert werden sollen, können der renderTags-Funktion weitere Namensräume übergeben werden, die jeweils per Komma voneinander getrennt werden.

Dieses Vorgehen funktioniert nicht nur für JavaScript-Dateien: Das Verwalten von CSS-Dateien in Namensräumen erfolgt auf die gleiche Art.

Namensräume für CSS-Dateien

16.1.6   Code zwischen Client und Server teilen

Da Node.js wie auch der Webbrowser JavaScript verstehen und verarbeiten, liegt es nahe, die Funktionen von Piler zu nutzen, um Code zwischen Client und Server zu teilen und gemeinsam zu verwenden.

Zum einen muss Code auf diese Weise lediglich einmal geschrieben werden, zum anderen muss aber auch die entsprechende Datei nicht in zwei verschiedenen Verzeichnissen bereitgestellt werden: Stattdessen kümmert sich Piler darum, die für den Server zugreifbare Datei auch an den Client auszuliefern.

Problematisch ist dabei allerdings das Verwenden von Modulen, da Node.js im Gegensatz zu den gängigen Webbrowsern das `module.exports`-Objekt kennt. Infolgedessen können die gängigen Webbrowser die typische Definition eines Moduls für Node.js nicht verarbeiten.

Kein module.exports im Webbrowser

Um dieses Problem zu lösen, bieten sich verschiedene Verfahren an. Am einfachsten ist die Verwendung eines Entwurfsmusters, das auf die Existenz von `module.exports` prüft, dieses gegebenenfalls verwendet und das Modul alternativ als Eigenschaft des `window`-Objekts zur Verfügung stellt.[5]

Eine andere Möglichkeit, mit diesem Problem umzugehen, besteht in der Verwendung eines vom Node.js-Standard abweichenden Modulsystems. Ein solches wird beispielsweise von dem Projekt *RequireJS*[6] angeboten.

RequireJS

Dieses ersetzt das Modulsystem von Node.js durch eine eigene Variante, die in der gleichen Form jedoch zusätzlich auch im Webbrowser zur Verfügung steht. Auf diesem Weg können die gleichen Module in beiden Umgebungen geladen und ausgeführt werden.

Voraussetzung hierfür ist allerdings, dass die verwendeten Module den *Asynchronous Module Definition*-Standard (AMD) erfüllen[7] oder in einen zu diesem Standard kompatiblen Wrapper verpackt werden.

Asynchronous Module Definition

---

5. *http://caolanmcmahon.com/posts/writing_for_node_and_the_browser*
6. *http://requirejs.org/*
7. *https://github.com/amdjs/amdjs-api/wiki/AMD*

16.1.7 Andere Compiler integrieren

Piler unterstützt neben nativen JavaScript- und CSS-Dateien auch Dateien in den Formaten *CoffeeScript*[8], Stylus und *LESS*[9].

CoffeeScript verwenden

Um CoffeeScript-Dateien zu verwenden, ist keine weitere Konfiguration von Piler erforderlich. Es genügt, anstelle einer Datei mit der Dateinamenserweiterung `.js` eine Datei mit der CoffeeScript-eigenen Dateinamenserweiterung `.coffee` anzugeben.

Piler erkennt dies automatisch und übersetzt die Datei zur Laufzeit in JavaScript. Da der Compiler für CoffeeScript von Haus aus in Piler integriert ist, ist keine zusätzliche Installation erforderlich.

Stylus und LESS verwenden

Ähnlich sieht es bei der Verwendung von Stylus- und LESS-basierten Stylesheets aus, wobei hierfür geringfügig mehr Aufwand erforderlich ist. Da die jeweiligen Compiler nicht in Piler integriert sind, müssen diese bei Bedarf nachinstalliert werden:

```
$ npm install stylus
$ npm install less
```

Allerdings entfällt die Konfiguration, da Piler diese eigenständig vornimmt, falls das jeweilige Modul gefunden wird.

16.2 Das Beispielprojekt

16.2.1 Anforderungen und Einschränkungen

Die bisherige Implementierung von silkveil.js soll in diesem Kapitel erweitert werden. Folgende Anforderungen werden gestellt:

Anforderungen

▪ Alle clientseitig verwendeten JavaScript- und CSS-Dateien werden minifiziert, so dass silkveil.js in kürzerer Zeit und mit weniger Bandbreite geladen werden kann.

Einschränkungen

Die in den vorherigen Kapiteln definierten Einschränkungen gelten auch in diesem Kapitel.

---

8. *http://coffeescript.org/*
9. *http://lesscss.org/*

16.2.2   Implementierung

Um Piler in silkveil.js verwenden zu können, wird als Erstes die entsprechende Abhängigkeit in der Datei `package.json` hinterlegt:

```
[...]
"passport-http": "0.1.3",
"piler": "0.4.0"
},
[...]
```

Anschließend kann Piler in die Datei `app.js` integriert werden. Dazu muss zunächst das Modul mit Hilfe der `require`-Funktion geladen werden. Außerdem müssen die entsprechenden Objekte zum Verwalten der JavaScript- und CSS-Dateien erzeugt und an die Webanwendung gebunden werden:

Piler integrieren

```
[...]
BasicStrategy = require('passport-http').BasicStrategy,
piler = require('piler');
[...]
var validator = amanda('json');
var clientjs = piler.createJSManager();
var clientcss = piler.createCSSManager();
app.configure(function () {
  clientjs.bind(app);
  clientcss.bind(app);
  app.set('view engine', 'jade');
  [...]
```

Darüber hinaus kann die Integration von Stylus entfernt werden, da diese von Piler eigenständig durchgeführt wird.

Als Nächstes können die auszuliefernden JavaScript- und CSS-Dateien vorbereitet werden, indem sie den Objekten `clientjs` und `clientcss` bekannt gemacht werden. Prinzipiell wird dabei für alle Dateien die `addFile`-Funktion verwendet, lediglich für die Integration von NowJS wird die `addUrl`-Funktion benötigt:

Dateien vorbereiten

```
[...]
app.use(deliverDefaultImage());
});
clientjs.addUrl('/nowjs/now.js');
clientjs.addFile(
  __dirname + '/public/scripts/jquery-1.7.2.min.js');
clientjs.addFile(__dirname + '/public/scripts/jade.min.js');
clientcss.addFile(__dirname + '/public/styles/reset.css');
clientcss.addFile(__dirname + '/public/styles/text.css');
clientcss.addFile(__dirname + '/public/styles/960.css');
clientcss.addFile(__dirname + '/public/styles/core.styl);
var users = {
  [...]
```

Darstellung anpassen   Schließlich muss noch die Darstellung angepasst werden. Dazu muss zum einen der Aufruf der render-Funktion um die Aufrufe der beiden renderTags-Funktionen wie folgt erweitert werden:

```
[...]
app.get('/', passport.authenticate('basic', { session: false }),
  function (req, res) {
    res.render('index', {
      js: clientjs.renderTags(),
      css: clientcss.renderTags()
    });
  }
);
```

Zum anderen müssen in der Datei layout.jade alle vorhandenen Referenzen auf JavaScript- und CSS-Dateien entfernt und durch die von der render-Funktion übergebenen Platzhalter js und css ersetzt werden:

```
[...]
head
  title silkveil.js
  !{css}
  !{js}
body
  [...]
```

Wird silkveil.js nun im Webbrowser geladen, übernimmt Piler das Ausliefern der clientseitig verwendeten JavaScript- und CSS-Dateien und minifiziert diese, sofern Node.js im Produktionsmodus ausgeführt wird.

16.3 Zusammenfassung

Piler ermöglicht das komfortable Verwalten von clientseitig verwendeten JavaScript- und CSS-Dateien und minifiziert diese zur Laufzeit. Dazu integriert sich Piler in Express.

Außer auf lokal im Dateisystem des Servers liegende Dateien kann auch auf Dateien von anderen Servern zugegriffen werden. Zudem bietet Piler die Möglichkeit, Funktionen zwischen Server und Client zu teilen, so dass serverseitiger Code auf einfache Weise im Webbrowser wiederverwendet werden kann.

JavaScript- und CSS-Dateien können darüber hinaus in Namensräumen organisiert werden, um logische Gruppen zu bilden, die entweder vollständig oder gar nicht ausgeliefert werden. Dies dient vor allem dazu, Funktionsbereiche zu kapseln, die nicht bei jedem Aufruf verwendet werden.

Für CSS-Dateien bietet Piler die Möglichkeit, serverseitige Änderungen an diesen mit Hilfe von Websockets an den Webbrowser in Echtzeit zu übertragen, so dass dieser die Darstellung anpassen kann, ohne die eigentliche Webseite neu laden und vollständig aktualisieren zu müssen.

Nachwort

Als ich mich im Jahr 1999 zum ersten Mal mit JavaScript beschäftigt habe, war JavaScript in meiner Einschätzung ein zwar durchaus amüsanter, aber zugleich wenig ernsthafter Zeitvertreib.

Ich habe JavaScript nicht als ernst zu nehmende Sprache wahrgenommen, sondern eher als eine minderwertige Variante der von mir zum damaligen Zeitpunkt so hochgeschätzten C-basierten Sprachen.

JavaScript ist nicht C-basiert.

Wie viele andere Entwickler habe auch ich den Kardinalfehler begangen, aufgrund der puren Existenz geschweifter Klammern und des Semikolons darauf zu schließen, ich hätte die Sprache verstanden. Was für ein Idiot war ich damals!

Der erste Knacks wurde diesem einfachen und falschen Weltbild im Jahr 2005 zugefügt, als ich Jonathan Weiß kennenlernte, der damals an einer Art webbasierter Tabellenkalkulation[1] arbeitete.

Webanwendungen in JavaScript

Als er mir zeigte, woran er arbeitete, war ich voller Ehrfurcht, überrascht und erstaunt: Eine dermaßen komplexe und flüssig arbeitende grafische Benutzeroberfläche wie diese hätte ich in JavaScript niemals für möglich gehalten!

Dennoch vergingen weitere vier Jahre, bis ich im Frühjahr 2009 beschloss, mich endlich einmal ernsthaft mit JavaScript auseinanderzusetzen. Wiederum war Jonathan mir eine große Hilfe, indem er mir regelmäßig mit Rat und Tat zur Seite stand. Nach und nach lernte ich JavaScript nicht nur besser kennen, sondern erkannte auch, wie abwegig meine vorherige Einschätzung gewesen war.

JavaScript ist elegant, mächtig, ...

Inzwischen bin ich zu der Überzeugung gelangt, dass JavaScript eine elegante und ausgesprochen mächtige Sprache ist, dafür allerdings einen hohen Preis fordert: Als Entwickler ist es zwingend erforderlich, ein hohes Maß an Disziplin an den Tag zu legen, andernfalls verwandelt sich der Code allzu schnell in ein nicht wartbares Geflecht aus Kraut und Rüben.

... und erfordert ein hohes Maß an Disziplin.

---

1. Das zugehörige Produkt trägt inzwischen den Namen *Jedox Web*, eine Demo findet sich unter *http://www.jedox.com/de/demos-und-videos/produkt-demos.html* im Abschnitt *Jedox Spreadsheet live*.

Von JavaScript zu Node.js

Ein weiteres Jahr später begann ich, mich zunehmend über die Notwendigkeit zu ärgern, für Webanwendungen stets mehrere Sprachen verwenden zu müssen: in meinem Fall JavaScript und C#. Also machte ich mich auf die Suche nach einem Weg, C# in den Webbrowser zu bringen. Das Ergebnis war ernüchternd.

Mein nächster Ansatz war, die Sprache JavaScript auf .NET zu verwenden, aber die hierfür verfügbaren Möglichkeiten wirkten alle wenig überzeugend.

Also habe ich schließlich nach einer alternativen Plattform zu .NET gesucht, um JavaScript auch serverseitig auszuführen: Im Frühjahr des Jahres 2010 bin ich auf diese Weise auf Node.js gestoßen.

Node.js als kompaktes Framework ...

Was mir auf Anhieb gefallen hat, war die Einfachheit: Ein verhältnismäßig kleines, kompaktes Framework, das es auf äußerst einfache Art und mit nur wenigen Zeilen Code ermöglicht, skalierbare, hochperformante und echtzeitfähige Webanwendungen zu entwickeln.

... mit unübersichtlichem Ökosystem

Was mich hingegen abgeschreckt hat, war der Umfang des Ökosystems: Ich weiß nicht mehr, wie viele Module ich durchforstet, ausprobiert, getestet und doch wieder verworfen habe, bis ich zu dem Satz an Werkzeugen gefunden habe, den ich heute schätze und empfehle.

Node.js & Co.

All dies war die Motivation, *Node.js & Co.* zu schreiben: Ich wollte meine Erfahrungen und mein mühsam erworbenes Wissen weitergeben, um anderen einen schnelleren und einfacheren Einstieg in Node.js zu ermöglichen. Ich hoffe, dass mir dies mit dem vorliegenden Buch geglückt ist.

Dennoch ist all dies erst der Anfang einer langen Reise: Node.js hat am 25. Juni 2012, wenige Tage vor Abgabe des Manuskripts, die Version 0.8.0 erreicht.[2] Die wesentlichen Neuerungen beziehen sich auf eine verbesserte Performance und eine höhere Stabilität; am Kern von Node.js ändern sich inzwischen nur noch Kleinigkeiten.

Das zeigt, dass Node.js in weniger als drei Jahren einen Stand erreicht hat, der als Grundlage für umfangreiche Entwicklungen dienen kann. Nicht zuletzt aufgrund der großartigen Community[3] und den bisherigen Erfolgsgeschichten[4] bin ich fest davon überzeugt, dass Node.js eine bedeutsame Zukunft beschieden ist.

Für diese Zukunft wünsche ich Ihnen viel Spaß und Erfolg!

Golo Roden
Riegel am Kaiserstuhl, im Juli 2012

---

2.   *http://blog.nodejs.org/2012/06/25/node-v0-8-0/*
3.   *http://www.heise.de/developer/artikel/developer_artikel_1352310.html*
4.   *http://venturebeat.com/2011/08/16/linkedin-node/*

Index

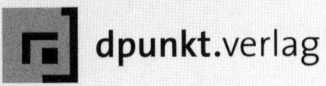